インド特許実務ハンドブック　第2版

日本弁理士
安田恵【著】

インド特許弁理士
Dr.Vinit BAPAT【著】

発明推進協会

はじめに

　本書は、インドの特許実務に携わる弁理士、企業の知財担当者、その他インド特許制度に興味がある方を対象としています。

　インドでは、法解釈が確立されていない条項や手続が多く存在します。インドの特許意匠商標総局が発行する各種マニュアル、ガイドラインを参照しても、条文の引き写しに近い説明しかなかったり、具体的な手続方法が説明されていなかったり、最新の特許規則改正に対応できていないといった種々の問題があり、これらのマニュアルは必ずしも実務の助けになるものではありません。マニュアルに説明がない問題を解決するために現地代理人に質問しようにも、インド特許法の基本的な知識が不足していると、的確な質問ができず、回答の妥当性を判断することもできません。

　このような問題に対処するためには、インド特許法の基本的事項を理解しておくべきでしょう。こうした事情から、インドで特許権を取得・維持する際に多くの特許実務家が疑問に思うであろうことを中心に、インド特許法の基礎知識と、実務上必要な事項をまとめた情報を提供したいと考え、本書を上梓した次第です。本書は以下のような特徴を有しています。

・特許法と権利化実務のポイントを直感的に理解できるよう、図面及びイラストを多用しました。
・条文、規則、マニュアルにない実務的手続を積極的に説明しました。
・実務指針が一著者の見解に偏らないよう、また、内容の正確さを期して日本弁理士とインド特許弁理士の共著とし、著者らの統一見解を説明しました。

　本書がインド特許実務家の一助になれば、著者としてこれ以上の喜びはありません。

2023年5月

著者一同

改訂事項

　2018年に発行した初版を既に御購入いただいた方もいらっしゃるかと思いますが、初版発行後の特許規則の改正や審査基準の改訂、知的財産審判委員会（IPAB）の廃止等により、インドの特許実務は激変しています。第2版はこれらに対応すると同時に新たな裁判例等も網羅し、より実務に即した内容となっています。初版と第2版の主な違いは以下のとおりです。

- 2019年規則改正、2020年規則改正（一次改正・二次改正）、2021年規則改正に対応（p.2など）
- 「特許庁の特許実務及び手続の手引」（2019年改訂）に対応（p.45,69,72,101など）
- 2019年以降の重要高裁判決、デリー高裁IPD判決の内容を反映（p.102,116,136,158,166,206,210,216,257,267,268,284）
- 関連外国出願情報提供の最新運用に対応（pp.69-70）
- 書面手続から電子的手続に移行した実務上の留意点を網羅（p.46,48,83など）
- 優先権書類の翻訳文の取扱いに関する改正内容を解説（pp.95-96）
- 国内実施状況報告制度の最新運用に対応（pp.236-239）
- 早期審査対象の改正のポイントを掲載（pp.189-191）
- 庁手数料減免対象の拡充に対応（pp.41-42）
- 小規模団体の定義改正に対応（p.41）
- IPABの廃止、高裁裁判所における知的財産部門（IPD）の創設について解説（pp.16-17,215-217, p.273,284）
- 裁判管轄の解釈を解説（pp.216-217, p.284）
- 直近の審決例や高裁判決に対応した分割出願の実務を解説（pp.98-102,104-105）
- 期間延長の解釈や実務の説明を補充（pp.115-119）
- 最新統計情報を更新（pp.324-329）
- 最新の特許法と特許規則の英日対照表を追加（pp.341-361）
- 日印PPHの最新情報を解説（p.191）

凡　例

１．法律名の表記
（１）単に特許法及び特許規則というときは、以下のとおり、インドの特許法及び特許規則を意味します。

　特許法：　1970年特許法（2021年審判改革法）

　特許規則：2003年特許規則（2021年改正）

　IPD 規則：2022年デリー高等裁判所知的財産部規則

（２）他国の特許法を意味するときは、「日本特許法」のように、頭に国名を付して表記しました。インドの特許法であることを明示したいときは、「インド特許法」のように表記しています。

２．条文の表記
（１）特に断りがない限り、単に「○条」（○は英数字）、「規則○条」というときは、特許法及び特許規則を意味します。

　○条：　　1970年特許法（2021年審判改革法）○条

　規則○条：2003年特許規則（2021年改正）○条

（２）2021年審判改革法による改正前の特許法、2021年改正前の特許規則を意味するときは、「××年改正特許法○条」「××年改正特許規則○条」と表記しました。

（３）インドの憲法、その他の法律、他国の法律、又は条約を意味するときは、「憲法○条」「所得税法○条」「日本特許法○条」「パリ条約○条」のように、頭に法律名、国名、条約名などを付して表記しています。

３．様式及び手数料
　様式：　　2003年特許規則（2021年改正）の別表２に規定された様式

　手数料：2003年特許規則（2021年改正）の別表１に規定された手数料

4．手続マニュアル

MPPP：特許庁の実務及び手続マニュアル Version 3.0（2019年11月26日
改訂版）

MPPP（Ver. 01.11）：特許庁の実務及び手続マニュアル Version 01.11
（2011年3月22日）

MoPP：英国の特許実務マニュアル

5．ガイドライン

CRI 審査ガイドライン：　　コンピュータ関連発明（CRI）審査ガイドラ
イン（2017年）

医薬発明審査ガイドライン：医薬品分野における特許出願審査ガイドラ
イン（2014年10月）

調査・審査ガイドライン　　：特許出願の調査及び審査のためのガイドラ
イン（2015年）

6．図中の表記

特許庁：　　　　　　　　　　　　インド特許庁

FER（First Examination Report）：　　最初の審査報告

SER（Subsequent Examination Report）：後続の審査報告

7．特許法及び特許規則の日英対照表

　特許法及び特許規則の日英対照表（抜粋）を資料に収録しました。原文
は、インドの特許意匠商標総局のウェブサイト（https://ipindia.gov.in）に
掲載されている HTML 形式の条文を転載したものです。日本語訳は、遠
藤誠著『インド知的財産法』（2014年 日本機械輸出組合）に記載の条文和訳、
日本特許庁のウェブサイト内の「外国知的財産権情報」に記載の日本語訳
を参照して作成しました。

　なお、HTML 形式の条文は、現行法のベースとなる改正前1970年特許
法及び改正前2003年特許規則に、現在に至るまでに公布された改正特許法・
改正特許規則（特許法又は特許規則の一部を改正する法律）を反映させた統
合版の特許法及び特許規則です。

インド政府から正式に公布された特許法及び特許規則は、インド政府の官報であるガゼット（Gazette of India）に公告されたものであり、HTML形式の条文はインド政府から正式に公布された特許法及び特許規則ではありません。

　HTML形式の統合版には編集ミスも見受けられるため、著者は可能な限り条項の内容確認を行いましたが、正確な条文内容については以下の法律及び特許規則の原文も確認してください。

　特許法：1970年特許法（1970年第39号）、1999年改正特許法（1999年第17号）、2002年改正特許法（2002年第38号）、2005年改正特許法（2005年第15号）、2021年審判改革法

　特許規則：2003年特許規則、2005年改正特許規則、2006年改正特許規則、2012年改正特許規則、2013年改正特許規則、2014年改正特許規則、2016年改正特許規則、2017年改正特許規則、2019年改正特許規則、2020年第一次改正特許規則、2020年第二次改正特許規則、2021年改正特許規則

目　次

第1章　インド特許制度の概要

1.1節　法制度の概要

●知的財産権

　インドにおいては、人の知的創作活動によって生まれた成果物は知的財産権として、特許法、意匠法、商標法、著作権法[1]、商品地理的表示（登録及び保護）法[2]、植物品種及び農民権利保護法[3]、半導体集積回路配置法[4]などの知的財産権法によって保護されます。また、未登録商標、営業秘密は、コモンローに基づいて保護されます。本書では、これらの知的財産権法のうち、技術的創作の成果物を保護する特許法について説明します。

　また、インド特許実務の理解を容易にするため、必要に応じてインドの特許実務と、日本の特許実務の違いを説明します。

●特許権

　特許権は、その技術分野にかかわらず新規性・進歩性・産業上の利用可能性を有する装置又は方法の発明に対して付与されます〈2条(1)(j)〉。特許権は発明を奨励し、発明がインドにおいて商業的に実施されることを保証するために、発明者又は出願人に付与される権利です〈83条(a)〉。

●法源

（1）1970年特許法

　1970年特許法(Patents Act, 1970)は、特許権付与の根拠となる法律です（以下、特許法）。特許法は、1972年4月20日に施行され、WTO・TRIPS協定（以下、TRIPS協定）の実施義務を履行するために、1999年、2002年、2005年に段階的に改正され、これらの改正特許法とともに現行の特許法を構成しています（次ページ図1参照）。

1　The Copyright Act, 1957. ［原文］
2　The Geographical Indications of Goods（Registration and Protection）Act, 1999. ［原文］
3　The Protection of Plant Varieties and Farmers' Rights Act, 2001. ［原文］
4　The Semiconductor Integrated Circuits Layout-Design Act, 2000. ［原文］

　また、2021年審判改革法[5]により、審判手続関連の条項が改正されました。(1.3節参照)

（2）2003年特許規則

　2003年特許規則(The Patents Rules, 2003)は、特許法の目的を達成するために中央政府によって制定された規則(以下、特許規則）をいいます(159条)。特許規則は、2005年、2006年、2012年、2013年、2014年、2016年、2017年、2019年、2020年(一次改正、二次改正)、2021年に一部改正され、これらの改正特許規則とともに現行の特許規則を構成しています(図1参照)。2003年特許規則及び2005年特許規則は、それぞれ2002年改正特許法及び2005年改正特許法を実施するために必要な手続を規定しています。

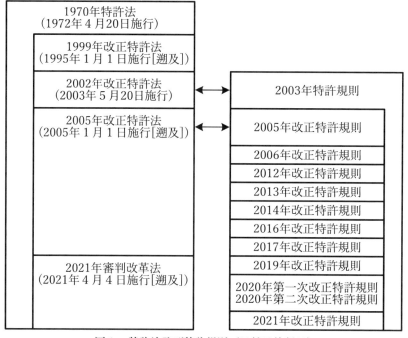

図1：特許法及び特許規則（日付は施行日）

5　THE TRIBUNALS REFORMS ACT, 2021.［原文］

（3）高等裁判所知的財産部規則

　デリー高等裁判所は、知的財産審判委員会の廃止（1.3節参照）を受けて2022年デリー高等裁判所知的財産部規則[6]を制定し、知的財産権に関連する事件を扱う専門の知的財産部門（IPD：Intellectual Property Division）を創設しました。2022年デリー高等裁判所知的財産権部規則は、この知的財産部門における各種知財関連手続を定めた規則です（以下、IPD 規則）。

　デリー高等裁判所に続き、マドラス高等裁判所も、2022年マドラス高等裁判所知的財産部規則[7]を制定し、知的財産部門を設置しました。

●加盟条約

　インドは、以下に示す条約に加盟しています。

表1：インドが加盟している特許に関する条約と発効日

条約名	インド発効日
パリ条約	1998年12月 7 日
特許協力条約	1998年12月 7 日
TRIPS 協定	1995年 1 月 1 日
生物多様性条約[8]	1994年 5 月19日
ブダペスト条約[9]	2001年12月17日

　これらの条約への加盟により、特許出願人はパリルート及び PCT ルートでインドに特許出願を行うことができます。また、内国民待遇の原則及び最恵国待遇の原則に従った特許の保護が与えられ、一定の保護水準が担保されています（TRIPS 協定27条）。例えば医薬品などの物質特許も保護対象となっています。

　インドは、国際特許分類に関するストラスブール協定には未加盟です。

6　Delhi High Court Intellectual Property Rights Division Rules, 2022.［原文］
7　Madras High Court Intellectual Property Rights Division Rules, 2022.［原文］
8　Convention on Biological Diversity.［原文］
9　Budapest Treaty on the International Recognition of the Deposit of Microorganisms for the Purposes of Patent Procedure.［原文］

●各種マニュアル及びガイドライン

(1)手続マニュアル

　インド特許庁は、各種特許手続の透明性及び統一を図るために、「特許庁の実務及び手続マニュアル[10]」(以下、MPPP)を公表しています(2019年11月26日改訂)。MPPP は、インド特許庁における実務指針を示すもの(内部規定)であるため、判例又は条文上の法的根拠のない指針も多く、法的拘束力を有するものではありません。

　なお、各種マニュアルやガイドラインの草案が意見募集のために公表され、その後、確定版が公表されることなく、そのまま実務指針として機能していることもあります。

(2)ガイドライン

　インド特許庁は、特定の技術分野における特許審査実務の統一性を図るために、以下のガイドラインを公表しており、特許調査及び審査、特許審査ハイウェイの手続のためのガイドラインを公表しています。

　ただし、これらのガイドラインは内部規定であり、法的拘束力を有するものではありません。

- 「コンピュータ関連発明(CRI)審査ガイドライン(2017年)[11]」(以下、CRI 審査ガイドライン)
- 「医薬品分野における特許出願審査ガイドライン(2014年10月)[12]」(以下、医薬発明審査ガイドライン)
- 「バイオテクノロジー関連特許出願審査ガイドライン[13]」(2013年3月)
- 「伝統的知識及び生物学的材料に関する特許出願処理についてのガイドライン[14]」
- 「特許出願の調査及び審査のためのガイドライン(2015年)[15]」(以下、調査・審査ガイドライン)

10　Manual of Patent Office Practice and Procedure (MPPP), Version 3.0 26th November, 2019 ［原文］

11　Guidelines for Examination of Computer Related Inventions (CRIs). ［原文］
　　本ガイドラインは、これまでに4回、2013年6月、2015年8月、2016年2月、2017年6月に発行されており、現在のガイドラインも暫定的なものと考える専門家がいる。

（3）英国特許法及び特許実務マニュアル

　インド特許法は旧英国特許法（1949年特許法）を参考にして作られています。英国はインドに比べて、蓄積された判例及び事例が多く、法解釈や実務的対応の参考になります。

　・特許実務マニュアル（MoPP：Manual of Patent Practice[16]）
　・英国特許法（The Patents Act 1977[17]）
　・旧英国特許法（The Patents Act 1949[18]）

（4）その他の情報源

　次ページ表2のウェブサイトから、特許法、特許規則、各種マニュアル、ガイドライン、その他インドの知的財産権に関する有用な情報を無料で入手することができます。（9.4節参照）

12　Guidelines for Examination of Patent Applications in the Field of Pharmaceuticals.［原文］

13　Guidelines for Examination of Biotechnology Applications for Patent.［原文］

14　Guidelines for Processing of Patent Applications Relating to Traditional Knowledge and Biological Material.［原文］

15　GUIDELINES FOR SEARCH AND EXAMINATION OF PATENT APPLICATIONS INDIAN PATENT OFFICE.［原文］

16　https://www.gov.uk/government/publications/patents-manual-of-patent-practice（最終アクセス日：2023年4月1日）

17　https://www.gov.uk/government/publications/the-patents-act-1977（最終アクセス日：2023年4月1日）

18　http://www.legislation.gov.uk/ukpga/1949/87/pdfs/ukpga_19490087_en.pdf（最終アクセス日：2023年4月1日）

表2：インドの知的財産権に関する情報源

ウェブサイト	URL	二次元バーコード
特許意匠商標総局	https://ipindia.gov.in/	
特許意匠商標総局の モバイルアプリ	https://ipindiaonline.gov.in/ feedback/MobileApp/Index	
WIPO 「WIPO Lex」India	https://wipolex.wipo.int/en/ members/profile/IN	
日本特許庁 「諸外国の法令・条 約など」	https://www.jpo.go.jp/system/ laws/gaikoku/mokuji.html#asia	
日本貿易振興機構 （ジェトロ） インドの「知的財産 に関する情報」	https://www.jetro.go.jp/world/ asia/in/ip/	

（最終アクセス日：2023年4月1日）

1.2節　インド特許法の特徴

●概要

　インドは TRIPS 協定に加盟しているため、特許権の保護水準は、同協定が求める最低基準に達しています（TRIPS 協定27条）。インド特許法においては、日本特許法と同様、その技術分野にかかわらず新規性・進歩性・産業上の利用可能性を有する発明に対して特許権が付与されます。

　また、インドは、最先の出願人に特許権を付与する先願主義、特許要件の実体審査を行う実体審査制度、出願公開制度、審査請求が行われるのを待って特許の審査（実体審査及び方式審査）を開始する審査請求制度などを採用しており、インドと日本の特許制度の基本的な枠組みはおおむね共通しています。

　しかし、インド特許法は、英国法の影響を受けつつ、発展途上国として独自の進化を遂げている側面があり、日本特許法と相違する手続や規定が多く存在します。

●出願権の証拠〈7条(2)〉

　真正かつ最初の発明者から特許出願を行うための出願権を譲り受けた者は、特許出願を行うことができます〈6条(1)〉。例えば従業員が完成させた発明について出願権の譲受人である雇用主が特許出願を行う場合、出願権が適切に譲渡されたことを示す証拠をインド特許庁に提出することが雇用主に義務付けられています〈7条(2)〉。

　出願権は、日本特許法における特許を受ける権利に相当する権利です。

●不特許事由（3条、4条）

　特許を受けることができる発明の主題は、装置又は方法に係るものであって、3条及び4条に掲げられたものに該当しないことが求められます。

　3条は特許法上の「特許を受けられない発明（inventions not patentable）」（以下、不特許事由）として15個列挙しています。

　3条は、新規性及び進歩性とは異なる特許要件を規定しており、3条の要件は、特許性（patentability）要件とも呼ばれています。

●拒絶理由解消期間（21条）

　特許法においては、所定の期間内に特許出願を特許権付与可能な状態にしなければ、特許出願は放棄されたものとみなされます。以下、この所定の期間を拒絶理由解消期間と呼びます[19、20]。

　拒絶理由解消期間は、最初の審査報告〈FER：First Examination Report（日本の拒絶理由通知書に相当）〉の発送日〈the date of issue（dispatch）：FERに記載された日〉から6か月です〈21条、規則24B条(5)〉。この期間は申請及び追加費用の納付により1回に限り最大3か月延長することができます〈規則24B条(6)〉。

　なお、延長期間は1か月単位で申請できます。（4.7節参照）

●聴聞（14条）

　インドにおいて聴聞（hearing）は、特許審査手続を構成する重要な手続の一つです。自然的正義の原則[21]は、「公正な告知」（fair notice）と「聴聞」を要求しています[22]。

　出願人から聴聞の申請があれば、インド特許庁は出願人に不利な決定を行う前に出願人に聴聞を受ける機会を与えなければなりません。インド特許庁は職権で聴聞を設定することもできます。

19　21条に規定された期間は日本では慣習的に「アクセプタンス期間」と呼ばれることが多い。しかし、特許法や特許規則に「アクセプタンス期間」に相当する記載がないため、インドの特許弁理士には「acceptance period」の用語が通じないことがある。さらに、「アクセプタンス期間」は2005年改正特許法により廃止された「アクセプタンス制度」との混同が生ずる。そこで、本書では、特許法21条の期間を「拒絶理由解消期間」と呼ぶこととした。

20　ババット・ヴィニット「近年におけるインド特許規則改正―実務への影響と考察―」（「A.I.P.P.I.」2016年61号）pp.1054-1066

21　「自然的正義（とくに通常裁判所以外の機関による）裁判に対する司法審査の際に援用される指導原理。アメリカよりイギリスでよく用いられる言葉。第1に、裁判官が偏見（bias）をもっていないことが要求される。Nemo judex in causa sua（何ぴとも自ら関係する事件の裁定者たるをえず）、実際上偏見がなかったというだけではなく、『公正らしさの外観』も備わっていることが要求される。第2に、『公正な告知』（fair notice）と『聴聞』（hearing）が要求される。Audi alteram partem（相手方当事者の言い分を聞け）。第3に、別段の強い理由がないかぎり公開審理が要求される」（田中英夫『英米法辞典』1991年 東京大学出版会）。

22　例えばIPAB審決 OA/24/2009/PT/DEL.

　出願人は、拒絶理由解消期間内に応答書を提出し、聴聞を申請すれば、拒絶査定が行われる前に聴聞を受ける機会が出願人に付与され(14条)、拒絶理由解消期間経過後も特許出願をインド特許庁に係属させることができます。(4.7節参照)

　聴聞手続は、日本の面接審査とは性格が異なり、実務的な対応手続も大きく異なります。

●願書及び明細書の補正(57条、59条)

　特許出願人又は特許権者は、申請により特許出願の願書及び明細書を補正することができます(57条)。補正申請は、特許権付与前及び特許権付与後のいずれにおいても行うことができ、時期的な要件は日本特許法に比べて緩やかです。ただし、拒絶査定後は、拒絶査定取消訴訟提起時においても補正を行うことができない点に留意する必要があります。

　明細書の補正は、59条に定められた要件を満たす必要があり、内容的には日本特許法に比べて厳しく制限されています。具体的には、特許の権利範囲を定めるクレームの範囲を拡大する補正又は発明の技術的特徴を変更するような補正は認められていません。

●異議申立制度(25条)

　瑕疵ある特許権付与を防止するための仕組みとして、付与前異議申立制度〈25条(1)〉と、付与後異議申立制度〈25条(2)〉が規定されています。

　次ページの表3は、インドの付与前異議申立制度と日本の情報提供制度の違い、表4は、インドの付与後異議申立制度と日本の特許異議申立制度の違いを示したものです。

　付与前異議申立制度においては、出願公開後、特許権付与前であれば、何人も特許出願を拒絶すべきことを陳情することができ、瑕疵ある特許権付与を防止することができます。付与前異議申立制度は、インド特許庁による特許出願の審査を補助するものと捉えることができます。付与前異議申立制度は、匿名で異議申立てを行えないこと、異議申立理由が必須であること、異議申立人は聴聞を受ける権利を有するなど、日本の情報提供と大きく異なります。

　また、付与後異議申立制度においては、特許権付与の公告後1年の期間（日本では6か月）が満了するまでの間、利害関係人は特許権付与に対する異議を申し立てることができ、瑕疵ある特許権を取り消すことができます。

表3：付与前異議申立制度と日本の情報提供制度の違い

	付与前異議申立制度（インド）	情報提供制度（日本）
請求人	何人	何人
匿名性	匿名での申立て不可	匿名で情報提供可
時期	出願公開後、特許権付与前	いつでも
理由	異議申立理由は必須	刊行物提出理由は任意
聴聞	聴聞を受ける権利あり	面接の機会なし

表4：付与後異議申立制度と日本の特許異議申立制度の違い

	付与後異議申立制度（インド）	特許異議申立制度（日本）
請求人	利害関係人	何人
時期	特許付与公告後1年以内	特許公報発行日から6か月以内
聴聞	聴聞を受ける権利あり	書面審理が原則

●特許発明の国内実施報告義務（146条）

　特許法は、特許発明の商業的実施状況を定期的に報告することを特許権者及び実施権者に義務付けています（146条）。特許権者及び実施権者に対してインドにおける特許発明の適正な実施を促すための制度です。

　インド特許庁は、特許権者及び実施権者から提供された特許発明の実施状況に関する情報を公開することができます〈146条（3）〉。実施状況の報告を怠ると罰金の対象となり、実施状況の虚偽報告を行った者には罰金若しくは禁固、又はこれらが併科されます（122条）。

●強制実施権制度（84条）

　特許法は、強制実施権制度（compulsory license）を採用しています。特許発明に関する公衆の合理的な需要が充足されていないなど特許権付与の目的に反する状況にある場合、利害関係人の請求により、インド特許庁はこの利害関係人に対して強制実施権を付与することができます（84条等）。

　また、強制実施権を付与してから2年が経過しても公衆の需要が充足されていない状況が継続している場合、インド特許庁は特許権を取り消すことができます(85条：不実施による特許権の取消し)。インドにおいて実際に強制実施権が設定された事例が1件あります。なお、不実施によって特許権が取り消された事例はありません。

　日本にも、公共の利益のため特に必要がある場合、裁定によって強制的に通常実施権を設定する制度がありますが(日本特許法93条)、強制実施権付与の実体的要件は異なります。また、日本では不実施によって特許権が取り消されることはありません。

1.3節　インド特許庁

●商工省と特許意匠商標総局

　商工省と特許意匠商標局の構成は図2のとおりです。インド政府の商工省[23]には、産業国内取引促進局[24]と呼ばれる内局があり、特許意匠商標総局[25]は、産業国内取引促進局の外局として設置されています。特許意匠商標総局は、特許庁[26]、商標登録局[27]、地理的表示登録局[28]、著作権登録局[29]、半導体集積回路配置登録局[30]、知的財産管理研究所[31]を所掌しています。

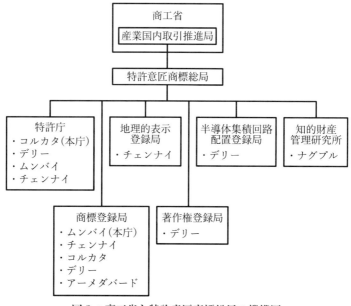

図2：商工省と特許意匠商標総局の機構図

23　Ministry of Commerce & Industry.［原文］
24　DPIIT: Department for Promotion of Industry and Internal Trade.［原文］
25　Office of the Controller General of Patents, Designs and Trademarks.［原文］
26　Patent Office.［原文］
27　Trademarks Registry.［原文］
28　Geographical Indications Registry.［原文］
29　Copyright Office.［原文］
30　Semiconductor Integrated Circuits Layout-Design Registry.［原文］
31　RGNIIPM: Rajiv Gandhi National Institute of Intellectual Property Management.［原文］

●インド特許庁

　中央政府は、適切な場所にインド特許庁の本庁及び支庁を置くことができます(74条)。インドには現在、4か所(コルカタ、デリー、ムンバイ及びチェンナイ)にインド特許庁が設置されています。各インド特許庁は、図3に示すように、所定の地域を管轄し、特許出願を受け付けています。本庁はコルカタに置かれ、支庁がデリー、ムンバイ及びチェンナイに置かれています。各インド特許庁は、どの技術分野の特許出願も受け付け、審査します。特許出願人は、所定の要件を満たせば、出願先のインド特許庁を任意に選択することができます。

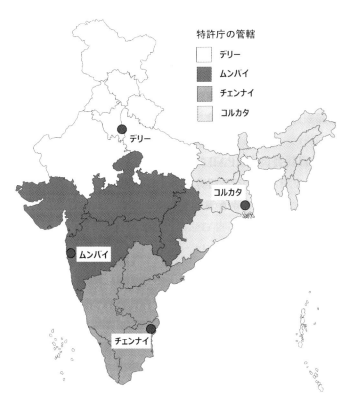

図3：各インド特許庁の所在地及び管轄

1.4節　管理官と審査官の役割

●内部組織構成

　図4は特許庁の内部組織構成を簡略化して示したものです。中央政府は、組織のトップである特許意匠商標総局長官を任命します〈73条、商標法3条(1)〉。また、中央政府は、適当な数の技術系職員(officer)及び審査官(Examiner)を任命することができ〈73条(2)〉、技術系職員は長官の監督指揮の下、長官の職務を履行します〈73条(3)〉。特許法上の「管理官」(Controller)は特許意匠商標総局長官を意味し〈2条(1)(b)〉、「管理官」には長官の職務を履行する技術系職員も含まれます〈2条(2)(a)〉。

　管理官は審査官の上官に当たり、審査する特許出願案件を審査官に割り当て、審査官の業務を指揮監督します。審査官は、方式審査、先行技術調査、実体審査を行い、審査報告草案を管理官に提出します。管理官は、審査官による調査結果及び審査報告草案に基づいて、特許又は拒絶の判断を行い、その内容を記載した審査報告を出願人に発送します。

　このように、審査官は、日本の審査官とは異なる業務を行っており、どちらかといえば管理官のほうが日本の審査官に近いといえます。

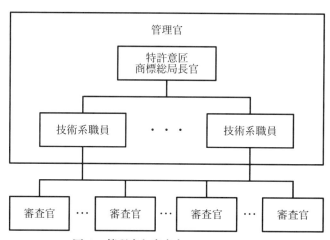

図4：管理官と審査官のヒエラルキー

●審査官と管理官の職務分担

（1）審査官

審査官の職務は以下のとおりです。

（ⅰ）先行文献調査を行う。

（ⅱ）新規性又は進歩性の有無を審査します。新規性及び進歩性を否定する場合、先行文献の該当パラグラフを指摘し、理由を述べなければなりません。その他の拒絶理由の有無も審査します。

（ⅲ）審査官は同一発明が特許出願されていないかどうか、庁内のデータベースで調査を行います。

（ⅳ）審査結果の報告書（編集不可）と、審査報告草案[35]（編集可能）を管理官に提出します。審査官が作成した審査結果の報告書と審査報告草案は部外者に対しては秘密扱いとされます（144条）。

（ⅴ）願書又は明細書の補正が行われた場合、同様に審査を行い、審査結果の報告書及び審査報告草案を管理官に提出します。出願人の対応により、拒絶理由が解消した場合、その旨を管理官に報告します。

（2）管理官

管理官の職務は以下のとおりです。

（ⅰ）審査結果の報告書と審査報告草案を検討します。

（ⅱ）指摘漏れの拒絶理由があれば、それを審査報告草案に追加し、逆に不適切な拒絶理由があれば、それを審査報告草案から除外します。検討及び修正した同報告草案を審査報告として出願人に発送します。

（ⅲ）審査報告に対して出願人から反論があった場合、拒絶理由が解消されたかどうかを、まずは審査官に検討させます。拒絶理由が解消されていない旨の報告を受けた管理官は、拒絶理由とともに聴聞の開催を知らせる聴聞通知（hearing notice）を出願人に送付します。

（ⅳ）必要に応じて聴聞を行います。審査官が聴聞に同席するか否かに関して特に規定はありませんが、その判断は管理官の裁量に委ねられています。

35　Draft of gist of objections.

（ⅴ）特許又は拒絶の査定を行います。審査官に、査定を行う権限はありません。

（ⅵ）また、各種期間延長、願書又は明細書の補正を認めるかどうかを決定します。

●審査官と管理官はどのような人物か？

審査官と管理官は国家公務員であり、インド国籍を有する必要があります。

審査官になるためには国家試験に合格する必要があります。本試験は、予備筆記試験、本筆記試験、面接試験から構成され、理学系の修士〈高校卒業＋一般大学（3年）＋修士（2年）〉又は工学系大学の学位〈高校卒業＋工学系大学（5年）〉を有することが受験資格です。インドでは博士号を持っている審査官の割合が高く、新規に採用された審査官はナグプルにある知的財産管理研究所での研修終了後、インド特許庁に配属されます。

管理官は原則として公募されません。審査官の職を数年務めた者が管理官に昇格します。

特許意匠商標総局長官は商工省大臣が任命します。2010年までは特許意匠商標総局の管理官の中から1人の管理官が特許意匠商標総局長官として任命されていました。2010年以降は知的財産について専門外の外部の官僚が特許意匠商標総局長官として任命されるようになりました。しかし、2022年には、博士号及び特許弁理士の資格を有し、知的財産及びイノベーションを専門とする大学の教授が特許意匠商標総局長官として任命されるようになりました。

1.5節　管理官の権限

●民事裁判所の権限

　管理官は、以下の事項に関して、訴訟を審理する民事裁判所と同一の権限を有します(77条)。この観点でインドの管理官は日本の審査官とは異なります。

　（ⅰ）何人かを召喚し、出頭を強制し、宣誓の上、尋問すること。

　（ⅱ）書類の開示及び提出を求めること。

　（ⅲ）宣誓供述書の形式で証拠を受領すること。

　（ⅳ）証人尋問又は書類審査の嘱託書を発給すること。

　（ⅴ）費用額を裁定すること。

　（ⅵ）自己の決定を再検討すること。

　（ⅶ）当事者の一方に発した命令を破棄すること。

●再検討権限

　管理官は、何人からの申請により、自己が行った決定(拒絶査定を含む。)を再検討することができます〈77条(1)(f)〉。例えば拒絶査定を受けた出願人は、拒絶査定の再検討を申請することができます。

（1）再検討開始の理由

　再検討開始の理由は以下のとおりです。

　（ⅰ）十分な注意を払ったにもかかわらず、決定が発せられた時点で知らなかった、又は提供できなかった新たな重要な事実又は証拠を発見した場合。

　（ⅱ）記録上、明らかな誤記若しくは錯誤又はその他の十分な理由がある場合。

（2）手続

　再検討を要求しようとする申請人は、決定の通知の日から１か月以内（又は１か月を超えない付加期間以内）に、再検討を求める理由を記載した陳述書を添付した申請書を提出しなければなりません。

（3）管理官の決定に対する請求

出願人は、拒絶査定や、その他の管理官が行った決定に対して管理官に再検討要求を行うことができます。

このため、管理官の拒絶査定に明白な誤りがある場合、77条(1)(f)の再検討要求を行うことも考えられますが、通常は同じ管理官が審査に当たるため、拒絶査定に誤りがあることを示す明白な理由がない場合、所望の効果が得られない可能性が高いため、拒絶査定取消訴訟を行うべきでしょう。

●不備の除去に係る権限

管理官は、以下の要件を満たす場合、出願人の手続上の不備を除去することができます（規則137条）。

（i）補正について、特別規定がない書類の不備であること。

（ii）何人の権利も害さずに取り除くことができる不備であること。

（iii）管理官が適切と認めること。

（iv）管理官が指示する条件に従うこと。

ただし、審査請求期限など、期間延長が認められていない期限徒過は、原則として取り除くことができない不備とされます。（2.21節参照）

●誤記などの訂正

管理官は、特許証、願書又は明細書、登録簿における誤記を、利害関係人の請求により訂正することができます（78条）。また、管理官は職権で誤記を訂正することができます。

●管理官による裁量権の行使

管理官は、当事者に不利な裁量権を行使する場合、この当事者に聴聞を受ける機会を与えなければなりません（80条）。聴聞を希望する当事者、例えば出願人は、手続について指定されている期間の満了の少なくとも10日前に、管理官に聴聞の請求を行わなければなりません（80条ただし書）。管理官は、当事者に対して聴聞開催日の10日以上前に聴聞を開催する旨の通知を行い、通知後に聴聞を行わなければなりません（規則129条）。

1.6節　特許弁理士の登録及び業務

　インド特許弁理士[36]は、インド特許庁が管理する特許弁理士登録簿（register of patent agents）に氏名が登録された者をいいます（125条）。

●特許弁理士の登録資格

　特許弁理士の登録資格は以下のとおりです。（ⅰ）又は（ⅱ）の条件を満たす者は、特許弁理士登録をインド特許庁に申請できます（規則111条）。
（ⅰ）インド特許庁が行う弁理士試験（規則110条）に合格した者〈126条（1）（c）（ⅱ）〉
（ⅱ）インド特許庁で管理官又は審査官として10年以上業務に携わった者で登録申請時に当該地位を保持していない者〈126条（1）（c）（ⅲ）〉

　特許弁理士登録簿に登録された特許弁理士にはインド特許庁から特許弁理士登録証書が交付されます（規則111条）。特許弁理士登録証書には氏名、住所、特許弁理士登録番号、登録日が記載されます。図5は特許弁理士登録証書の一例です。

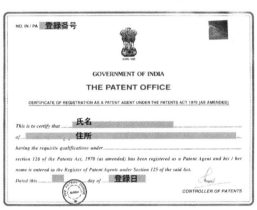

図5：特許弁理士登録証書

36　バパット・ヴィニット「インドの特許代理人と特許代理人制度」（「パテント」2015年 68巻 8号）pp.79-87

●弁護士による特許弁理士登録

　弁護士[37]が特許弁理士として登録されるために必要な特許弁理士登録資格は、表5に示すように変遷がありました。

表5：弁護士の特許弁理士登録資格

根拠法	理工系の学位	特許弁理士試験
1970年特許法（2002年改正前）	不要	不要
2002年改正特許法	必要	不要
2005年改正特許法	必要	必要（判例あり）

（1）2002年改正前

　弁護士は特許弁理士として登録される資格があり、特許弁理士試験に合格する必要はなく、理工系の学位も不要でした。

（2）2002年改正後

　理工系の学位を有する弁護士のみが特許弁理士として登録される資格がありました。理工系の学位を有しない弁護士は特許弁理士として登録されなくなりました。

（3）2005年改正後

　理工系の学位を有する弁護士であっても、特許弁理士として登録されるためには、特許弁理士試験に合格することが必要となりました。

　過去、特許弁理士として登録するために、インド特許庁が行う特許弁理士試験に合格することを弁護士登録者に義務付ける2005年改正の126条が憲法違反であるか否かが争われ、マドラス高等裁判所のシングルベンチにより、改正126条が憲法違反であると判示されていました（*SP. Chockalingam v. Controller of Patents & Anr.*）。この判決に対してインド特許庁が上訴しました。

37　1961年弁護士法（Advocates Act, 1961）に定義されている。

　マドラス高等裁判所のディビジョンベンチは、シングルベンチの判決を破棄し、改正126条が憲法違反ではないと判示しました。

　その結果、弁護士であっても、特許代理人としての登録資格を得るためには弁理士試験に合格することが必要であることが確定しました[38]。なお、弁理士試験を受験するためには理工系の学位も必要です。

●特許弁理士登録簿

　特許弁理士登録簿には、氏名、住所、事務所に所属している場合は事務所の住所、最終学歴、登録日、登録の有効期限日などの情報が記録されます(規則108条)。特許弁理士登録簿の内容はインド特許庁のウェブサイトで公開されており(規則120条)、誰でも閲覧することができます。(9.7節参照)

　ただし、特許弁理士登録簿には、特許弁理士がどの資格を根拠に登録されたかは記録されておらず、その者が理工系のバックグランドを有するか否かは確認できません。

●特許弁理士の権限

　特許弁理士は、管理官に対する特許関連手続の業務を行うことができ、管理官に係属する手続に関連した書類を作成することができます(127条)。また、書面で委任された特許弁理士は、管理官に対する申請及び通信に署名することができます(128条)。

●代理行為の制限

　特許弁理士として登録されていない者は、特許弁理士として業務に従事し、自己を特許弁理士として称してはなりません。

　さらに、特許弁理士として登録されていない者は、自己が特許弁理士として記載され、又は称されることを許してはなりません〈129条(1)〉。違反者には罰金が科されます(123条)。

　特許弁理士としての業務とは、次ページ(ⅰ)〜(ⅲ)の行為をいいます〈129条(2)説明書〉。

（ⅰ）インド若しくは他の地域[39]において特許出願し、又は特許を取得すること。

（ⅱ）明細書又は他の書類を作成すること。

（ⅲ）特許の効力又は侵害に関して、学術的若しくは技術的内容以外の助言をすること。

　ただし、弁護士は、特許弁理士ではなくても、当事者の代理として管理官の面前で聴聞に参加することができます〈132条(b)〉。

●**特許弁理士による過失**

　特許弁理士の過失に対する扱いに関して明確な規定はありませんが、弁護士の資格を有する特許弁理士である場合、その者の過失に対してインド弁護士会(The Bar Council of India)[40]に不服申立てを行うことができます。インドのほぼ全ての特許事務所に弁護士が在籍しており、委任状に弁護士の氏名が含まれる場合が多いです。委任状に弁護士の氏名が含まれる場合、インド弁護士会に不服申立てを行うことができます。

39　内外出願も上記特許弁理士としての業務に含まれている。「他の地域」に関する判例はなく、その意味は必ずしも明確ではない。

40　http://www.barcouncilofindia.org/（最終アクセス日：2023年4月1日）。

第2章　特許出願

2.1節　特許出願関連手続全体の流れ

●特許出願手続の流れ

（1）特許出願

　特許権の付与を受けようとする者は、インド特許庁に特許出願を行う必要があります。特許出願の方法には、通常の特許出願（9条：直接出願）、条約出願（135条：パリ条約の優先権を主張して行う出願）、国内段階出願〈138条（4）：PCTの国内移行手続〉などがあります。通常の特許出願には、本出願（明細書が完備）と仮出願（クレーム、明細書が完備されていない）があり、仮出願を行った場合、その出願日から12か月以内に本出願を行わなければなりません。（2.2節、2.19節参照）

（2）特許出願の公開

　特許出願は、優先日から18か月が経過するまで秘密扱いとなり、その後、公開されます（11A条）。出願公開は、特許出願の審査開始の要件です。出願人は、早期公開請求を行うことによって、特許出願を早期公開、すなわち、優先日から18か月が経過する前に公開させることができます。早期公開させることで審査の開始時期を早めることができます。（4.1節参照）

　なお、出願人は、特許権付与前であれば特許出願を取り下げることができます。優先日から15か月が経過する前に特許出願の取下げを請求することで、その公開前に取り下げることができます〈11A条（3）（c）〉。

（3）特許出願の審査と審査請求

　特許出願の審査（実体審査及び方式審査）を受けるためには、優先日から48か月以内に審査請求（RFE：Request For Examination）を行う必要があります〈11B条（1）〉。出願公開され、審査請求が行われた特許出願は、審査請求順に審査されます（12〜15条、18条）。審査請求は利害関係人も行うことができます。所定期間内に審査請求を行わなかった場合、特許出願は取り下げられたものとみなされます。

（8）追加特許の出願

　出願人は、自身の特許権又は特許出願に係る発明の改良、又は変更について、追加特許の出願を行うことができます（54条）。（2.20節参照）

（9）特許権付与

　拒絶理由が全て解消すると出願人に特許権が付与されます。出願人には特許権付与の通知（notice of grant）とともに、特許証が交付されます〈43条（1）〉。特許権が付与された事実は公告（publication of grant）されます〈43条（2）〉。なお、特許料の納付は特許権付与の要件ではありません。（5.1節参照）

（10）特許出願の拒絶と拒絶査定取消訴訟・再検討要求

　聴聞後も拒絶理由が解消しなかった場合、特許出願は拒絶され（15条）、拒絶査定の通知（notice of refusal）が出願人に発送されます。出願人は拒絶査定に不服がある場合、拒絶通知の発送日から3か月以内に高等裁判所に拒絶査定取消訴訟を提起することができます（117A 条）。（4.8節参照）

　また、出願人は、拒絶査定について管理官に再検討を要求することができます〈77条（1）（f）〉。（1.5節参照）

●特許権の維持

　特許権を維持するためには、特許権者は更新手数料を納付しなければなりません〈53条（2）〉。（5.1節参照）

　また、特許権者及び実施権者は、インドにおける特許発明の実施状況を毎年インド特許庁に報告しなければなりません。実施状況の報告を怠った場合、100万インドルピー以下の罰金に処されます〈122条（1）〉。虚偽の報告を行った場合、6か月以下の禁固若しくは罰金に処され、又はこれらが併科されます〈122条（2）〉。（5.3節参照）

●特許権の放棄

　特許権者は特許権の継続中に、申請により、いつでも特許権を放棄することができます（63条）。

第2章　特許出願

2.1節　特許出願関連手続全体の流れ

●特許出願手続の流れ

（1）特許出願

　特許権の付与を受けようとする者は、インド特許庁に特許出願を行う必要があります。特許出願の方法には、通常の特許出願（9条：直接出願）、条約出願（135条：パリ条約の優先権を主張して行う出願）、国内段階出願〈138条（4）：PCTの国内移行手続〉などがあります。通常の特許出願には、本出願（明細書が完備）と仮出願（クレーム、明細書が完備されていない）があり、仮出願を行った場合、その出願日から12か月以内に本出願を行わなければなりません。（2.2節、2.19節参照）

（2）特許出願の公開

　特許出願は、優先日から18か月が経過するまで秘密扱いとなり、その後、公開されます（11A条）。出願公開は、特許出願の審査開始の要件です。出願人は、早期公開請求を行うことによって、特許出願を早期公開、すなわち、優先日から18か月が経過する前に公開させることができます。早期公開させることで審査の開始時期を早めることができます。（4.1節参照）

　なお、出願人は、特許権付与前であれば特許出願を取り下げることができます。優先日から15か月が経過する前に特許出願の取下げを請求することで、その公開前に取り下げることができます〈11A条（3）（c）〉。

（3）特許出願の審査と審査請求

　特許出願の審査（実体審査及び方式審査）を受けるためには、優先日から48か月以内に審査請求（RFE：Request For Examination）を行う必要があります〈11B条（1）〉。出願公開され、審査請求が行われた特許出願は、審査請求順に審査されます（12〜15条、18条）。審査請求は利害関係人も行うことができます。所定期間内に審査請求を行わなかった場合、特許出願は取り下げられたものとみなされます。

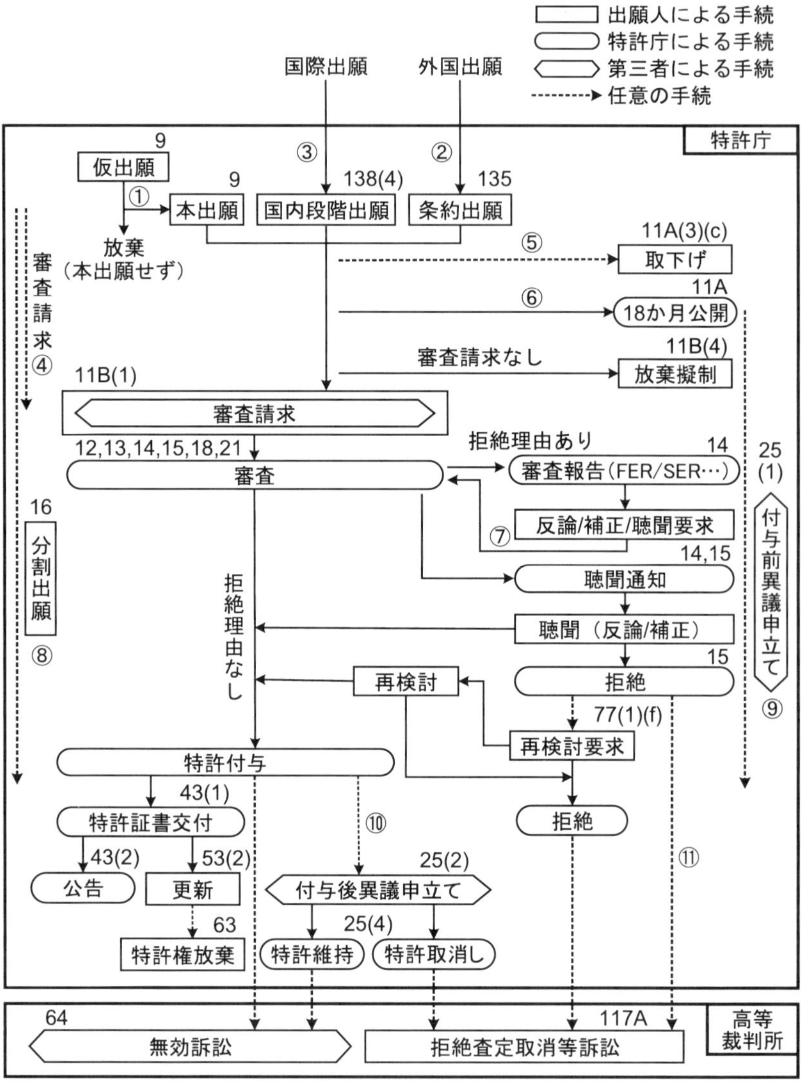

図1：インド特許出願の流れ

① 出願日から12か月以内　⑦ FER発効日から6か月（延長可）
② 優先日から12か月以内　⑧ 特許付与まで
③ 優先日から31か月以内　⑨ 特許付与まで
④ 優先日から48か月以内　⑩ 特許付与から12か月以内
⑤ 優先日から15か月以内　⑪ 通知日から3か月以内（高裁が許可する付加期間内）
⑥ 優先日から18か月後　　アラビア数字は条文の番号を示す

審査請求を行う期限を徒過した場合、原則として、救済措置はありません。（4.2節、2.21節参照）

所定の要件を満たせば、出願人は、早期審査請求を行うこともできます。（4.3節参照）

（4）審査報告

審査結果は、審査報告（日本の拒絶理由通知に相当）として出願人に発送されます（14条）。最初の審査報告の発送日は、拒絶理由解消期間の起算日になります。（4.4節、4.5節参照）

（5）拒絶理由解消期間と応答書提出

拒絶理由解消期間は、最初の審査報告の発送日から原則6か月であり、1か月単位で最長3か月延長できます（拒絶理由解消期間は最長9か月まで延長可能）。出願人は、この期間内に全ての拒絶理由を解消する応答書（意見書による反論、補正書、聴聞の請求などを含む。）を提出し、特許出願を特許権付与可能な状態にしなければなりません（21条）。応答せずに拒絶理由解消期間が経過すると特許出願は取り下げられたものとみなされます。原則として、応答せずに拒絶理由解消期限を徒過した場合の救済措置はありません。（4.7節、2.21節参照）

（6）聴聞

拒絶理由が解消されていない場合、出願人から請求があれば、聴聞日時が通知され、聴聞が実施されます（14条）。聴聞の実施後、更に聴聞応答書（意見書による反論及び補正書）を提出することができ、提出された聴聞応答書に基づいて特許出願が審査されます。（4.7節参照）

（7）分割出願

出願人は、1つの特許出願に2つ以上の発明が含まれている場合、特許権付与前であれば、この特許出願を2つ以上の特許出願に分割することができます（16条）。特許権が付与され、又は特許出願が拒絶された後は分割出願を行うことはできません。（2.18節参照）

（8）追加特許の出願

出願人は、自身の特許権又は特許出願に係る発明の改良、又は変更について、追加特許の出願を行うことができます(54条)。(2.20節参照)

（9）特許権付与

拒絶理由が全て解消すると出願人に特許権が付与されます。出願人には特許権付与の通知(notice of grant)とともに、特許証が交付されます〈43条(1)〉。特許権が付与された事実は公告(publication of grant)されます〈43条(2)〉。なお、特許料の納付は特許権付与の要件ではありません。(5.1節参照)

（10）特許出願の拒絶と拒絶査定取消訴訟・再検討要求

聴聞後も拒絶理由が解消しなかった場合、特許出願は拒絶され(15条)、拒絶査定の通知(notice of refusal)が出願人に発送されます。出願人は拒絶査定に不服がある場合、拒絶通知の発送日から3か月以内に高等裁判所に拒絶査定取消訴訟を提起することができます(117A 条)。(4.8節参照)

また、出願人は、拒絶査定について管理官に再検討を要求することができます〈77条(1)(f)〉。(1.5節参照)

●特許権の維持

特許権を維持するためには、特許権者は更新手数料を納付しなければなりません〈53条(2)〉。(5.1節参照)

また、特許権者及び実施権者は、インドにおける特許発明の実施状況を毎年インド特許庁に報告しなければなりません。実施状況の報告を怠った場合、100万インドルピー以下の罰金に処されます〈122条(1)〉。虚偽の報告を行った場合、6か月以下の禁固若しくは罰金に処され、又はこれらが併科されます〈122条(2)〉。(5.3節参照)

●特許権の放棄

特許権者は特許権の継続中に、申請により、いつでも特許権を放棄することができます(63条)。

　特許権放棄の申請は公告され、これに対して利害関係人は異議を申し立てることができます。所定の期間内に異議申立てがなかった場合、管理官は特許権を取り消します。(5.5節参照)

●異議申立てと無効訴訟・反訴

　何人も、特許出願の公開後、特許権付与前に、特許出願の拒絶を求めて付与前異議申立てを行うことができます〈25条(1)〉。(7.1節参照)

　利害関係人は、特許権付与の公告後12か月以内に、付与後異議申立理由を有する特許の取消しを求めて付与後異議申立てを行うことができます〈25条(2)〉。(7.2節参照)

　利害関係人は、特許権が付与された後はいつでも、無効理由を有する特許の取消しを求めて無効訴訟を提起することができます(64条)。また、特許権侵害訴訟における被告は、無効理由を有する特許の取消しを求めて反訴を提起することができます(64条)。(7.3節参照)

　特許権付与後の特許取消し手段、すなわち付与後異議申立て、無効訴訟、反訴を並行して進めることはできず、使用する特許取消し手段を1つ選択しなければならない点に留意する必要があります。(7.2節参照)

2.2節　特許出願の種類

　特許出願には以下の種類があり、日本の外国語書面出願、変更出願、実用新案登録出願に類するものはありません。

●通常の特許出願（Ordinary Application）

　通常の特許出願には、完全明細書（complete specification）を添付した本出願と、仮明細書（provisional specification）を添付した仮出願の2種類の出願形態があります〈7条(4)〉。

　完全明細書は、日本でいう通常の明細書のことです。仮明細書は、通常の明細書の形式をなしていない発明開示書面です。米国の仮出願に類似する出願形態であり、優先日を確保するために行われます。（2.19節参照）

●条約出願（Convention Application）

　条約出願は、パリ条約の優先権を主張して、インド特許庁に行う特許出願です（135条）。（2.15節参照）

●国内段階出願（National Phase Application）

　国内段階出願はインドを指定する国際出願について、インド特許庁を指定官庁として行う国内移行の特許出願です。

　インド特許庁を受理官庁として国際出願を行い、この国際出願においてインドを指定することもできます。インド国籍を有する者、インドの国内法令に従って設立された法人、インドに現実かつ真正の工業上又は商業上の営業所を有する者はインドに国際出願を行うことができます（PCT 9条、PCT 規則18、19）。共願者の一人が国際出願の資格を有する場合も国際出願を行うことができます。

●分割出願（Divisional Application）

　分割出願は、特許出願の明細書に記載された一部の発明について行う更なる出願（further application）です（16条）。出願人は、単一性違反の拒絶理由などを解消するため、又は自発的に分割出願を行うことができます。

日本の分割出願と類似する制度ですが、主に単一性要件違反を回避するために用いられる出願です。分割が認められるための実体的要件及び手続は、日本の分割要件と大きく異なります。(2.18節参照)

●追加特許（Patent of Addition）の出願

　追加特許の出願は、既に行われた特許出願又は取得された特許の完全明細書に記載されている主発明(main invention)の改良発明(improvement or modification)について行う、同一の出願人による出願です(54条)。(2.20節参照)

2.3節 発明者と出願人

●真正かつ最初の発明者

「真正の発明者(true inventor)」とは、特許出願に係る発明を自身で行った者を意味します。他者から不正に発明を取得した者、他者から発明を知得した者は真正の発明者ではありません。インドの特許法には、法人発明を認める旨の規定はありません。

「最初の発明者(first inventor)」とは、最初に特許出願を行う者を意味します。例えば同一発明 a を、2 人の発明者 A 及び B が独自にそれぞれ創作し、発明者 A は発明 a を秘匿し、発明者 B は発明者 A よりも先に発明 a の特許出願を行った場合、たとえ発明者 A が先発明者であっても、発明者 B が最初の発明者になるといわれています[1](先願主義[2])。

インドへ発明を最初に輸入した者、又はインド国外から発明を最初に伝達した者は「真正かつ最初の発明者」ではありません〈2 条(1)(y)〉。

●出願権(特許出願を行う権利)とその譲受人

特許出願を行う権利である出願権(right to make the application)は、発明完成と同時に発明者に帰属します(6 条(1)(a))。出願権は譲渡が可能であり、出願権の譲受人は特許出願を行うことができます〈6 条(1)(b)、7 条(2)〉。譲受人が特許出願を行う場合、出願権を有することの証拠(proof of right)を提出する必要があります〈7 条(2)〉[3]。(2.7節参照)

なお、譲受人には、譲受人の譲受人も含まれます〈2 条(1)(ab)〉。また、出願権を有する発明者又は譲受人が死亡した場合、この発明者又は譲受人の法律上の代表者[4]が出願権を取得します〈6 条(1)(c)、2 条(1)(ab)〉。

---

1 Shail Jain & R.K. Jain. "Patents Procedures and Practices with Examples of Complete Specifications and Important Judgments" (Universal Law Publishing) p.18。

2 先発明主義でいうところの最初に発明したものであるという説もある。しかし「最初の発明者」の解釈に関する確定的な判例はない。

3 *NTT DoCoMo Inc v. The Controller of Patents and Designs*, OA/39/2011 /PT/CH.

4 「法律上の代表者」とは、死亡した者の財産権を法律上代表する者をいう〈2 条(1)(k)〉。

●出願人

　以上のとおり、次のいずれかに該当する者[5]は特許出願を行うことができます〈6条(1)〉。

　　(ⅰ)真正かつ最初の発明者〈6条(1)(a)〉

　　(ⅱ)発明者からの出願権の譲受人〈6条(1)(b)、2条(1)(ab)〉

　　(ⅲ)出願権を有する故人の法律上の代表者〈6条(1)(c)、2条(1)(k)〉

●共同出願

　上記(ⅰ)～(ⅲ)に該当する者は共同で特許出願を行うことができます〈6条(2)〉。

●職務発明

　インド特許法には、日本特許法35条に当たる職務発明規定はありません。出願権の帰属や対価などは、雇用主と従業員の民法上の契約によります。

●出願人の変更

(1)出願人変更申請

　特許権付与前であればいつでも、出願人変更の申請を行うことによって、出願人を変更することができます〈20条(1)〉。

　出願人変更の申請は様式6を用いて行います〈規則34条(1)〉。また、申請人は、譲渡証書若しくは契約書の原本、認証謄本又は公証謄本の写しを電子的に提出しなければなりません〈規則34条(2)、規則6条(1A)〉。

　ただし、管理官から要求があった場合、その要求日から15日以内に証拠書類の原本を提出しなければなりません〈規則6条(1A)〉。また、管理官は、検証のため、必要と認めるその他の証拠、同意書などを要求することができます。

5　出願人が外国人の場合、相互主義を採用する国の国民である必要がある(134条)。インドと日本は相互主義を採用しており、日本人及び日本法人はその対象となる。

（2）共同出願人の同意

共同出願人がいる場合、出願人を変更するには他の共同出願人の同意が必要です〈20 条（2）〉。

（3）出願人の死亡又は法人の消滅

共同出願人の 1 人が死亡した場合、故人の法律上の代表者の同意があるとき、残された他の共同出願人は、特許出願を自身の名義で処理するよう、出願人の変更を管理官に申請することができます〈20 条（4）〉。

共同出願人が法人である場合の取扱いについては 20 条に明記されていませんが、自然人である共同出願人が死亡した場合と同様の取扱いと考えられます。つまり、共同出願人の一つである法人が倒産した場合、倒産した法人の財産権を法律上代表する者の同意があるとき、残された他の共同出願人は、特許出願を自身の名義で処理するよう、出願人の変更を管理官に申請できると考えられます。

（4）PCT 国際段階での出願人変更

国内段階出願を行う時点で出願人の変更が国際事務局からの通告（PCT/IB/306）に反映されていない場合、様式 6 による申請を行うことによって、出願人変更の効力が生じます。

2.4節　特許出願手続

　特許権の付与を受けようとする者は、英語又はヒンディー語で作成した以下の書類及び手数料をインド特許庁に提出しなければなりません。各書類の提出期限については付録1を参照してください。

　（ⅰ）必須の書類

　・願書（2.5節参照）

　・明細書（完全明細書又は仮明細書）（2.9節、2.19節参照）

　・発明者である旨の宣言書[6]（2.6節参照）

　・手数料（付録3参照）

　（ⅱ）必要に応じて提出する書類

　・出願権の証拠（2.7節参照）

　・委任状（2.8節参照）

　・関連外国出願に関する陳述書及び誓約書（2.12節参照）

　・優先権書類とその翻訳文（2.15~17節参照）

●提出先（インド特許庁）

　特許出願はコルカタ、デリー、ムンバイ、チェンナイにある4つの特許庁のうち、以下（ⅰ）~（ⅲ）の地域を管轄するインド特許庁に行います（規則4条）。

　（ⅰ）出願人の居所、住所又は営業所がある場所

　（ⅱ）発明が生み出された場所

　（ⅲ）インドにおける送達宛先（現地代理人の住所など）

　インドに居住していない、住所及び営業所を有しない日本人又は日本法人は、現地代理人を通じて特許を出願する必要があります。日本の出願人が現地代理人を通じて特許出願する場合、現地代理人の住所が送達先となり、現地代理人の住所を管轄するインド特許庁に出願書類を提出します。

6　条約出願及び国内段階出願を除く、通常の特許出願の場合、「発明者である旨の宣言書」は不要であるが〈規則13条（6）〉、実務上は提出されることが多いため、必須とした。

　なお、「特許出願するにはどのインド特許庁がよいか」と質問されることが多いです。特許出願の審査の質という観点からいうと、どのインド特許庁に特許出願を行っても違いはありません。特許出願は、ほぼ偏りなく各庁の管理官及び審査官に割り振られています。(1.3節参照)

　例えばデリー特許出願に出願しても、4つの特許庁のうち、いずれの特許庁の管理官が審査するのかは分かりません。担当する管理官及び審査官を選択することはできません。

　ただし、拒絶査定取消訴訟の審理を行う高等裁判所を選択したい場合、出願先の特許庁を検討する必要があります。(4.8節参照)

●国家生物多様性局の承認

　インド由来の生物学的素材に関する研究又は情報に基づく発明を特許出願する場合、国家生物多様性局の承認を得る必要があります〈2002年生物多様性法6条(1)〉。(2.13節参照)

●特許出願の効果

　完全明細書又は仮明細書を添付した特許出願を行った場合、その提出日が発明の優先日となります(11条)。日本と異なり、優先権主張を伴わない特許出願のクレームも優先日(priority date)を有します(2.10節参照)。新規性や進歩性などの条項は「優先日」の用語を用いて規定されています。他の特許出願に基づく優先権を主張してインドに特許出願を行った場合、当該他の特許出願の出願日がインドにおける優先日になります。

●特許出願の取下げ

　出願人は、特許権付与前であれば、特許出願を取り下げることができます〈11B条(4)ただし書(i)〉。特許出願の取下請求は、様式29により行います(規則26条)。

　審査報告が発行される前に特許出願を取り下げた場合、審査請求手数料の90%が払い戻されます〈規則7条(4A)〉。なお、取下請求してから審査手数料の払戻しまで3か月〜12か月のタイムラグがあります。

出願公開予定日の３か月前、つまり、優先日から15か月が経過する前に特許出願を取り下げた場合、その特許出願は公開されません〈11A条(3)(c)〉。

●出願番号の表記

（１）新方式

出願番号は12桁の数字(YYYYJTXXXXXX)で表されます。最初の４桁の数字 YYYY は出願年の西暦、数字 J は出願書類を提出したインド特許庁(１：デリー、２：ムンバイ、３：コルカタ、４：チェンナイ)、数字 T は特許出願の種類(１：通常の出願、２：通常出願の分割出願、３：通常出願の追加特許の出願、４：条約出願、５：条約出願の分割出願、６：条約出願の追加特許の出願、７：国内段階出願、８：国内段階出願の分割出願、９：国内段階出願の追加特許の出願)を示しています。最後の６桁の数字は全てのインド特許庁で共通の連番で出願順に割り当てられるシリアルナンバーです。

例えば出願番号が「201917004434」の場合、YYYY=2019は2019年、J=１はデリー特許庁、T＝7は国内段階出願、XXXXXX=004434はシリアルナンバーを表しています。

（２）旧方式

出願番号は英数字(NNNN/XXX/YYYY)で表されます。最初の４桁の数字 NNNN はインド特許庁ごとに付与されるシリアルナンバーです。中央の欧文字 XXX は出願書類が提出されたインド特許庁(KOL：コルカタ、DEL：デリー、MUN：ムンバイ、CHE：チェンナイ)を示しています。国内段階出願の場合、インド特許庁を示す欧文字の末尾に NP(NNNN/XXXNP/YYYY)が付されています。最後の４桁の数字は出願年の西暦を示します。

例えば出願番号が「1750/KOLNP/2015」の場合、YYYY=2015は2015年、XXXNP=KOLNP の KOL はコルカタ特許庁、NP は国内段階出願、NNNN=1750はコルカタ特許庁におけるシリアルナンバーを表しています。

2.5節　願書

　願書は様式1に従って作成し、明細書、その他の必要書類を添付します。
以下の書誌事項を記載し、出願人及び発明者は所要の宣言を行います。

- ・特許出願の種類(様式1の項目2)
- ・出願人の名称、国籍、居住国、住所(様式1の項目3A)
- ・出願人のカテゴリー(様式1の項目3B)
- ・発明者の氏名、国籍、居住国、住所(様式1の項目4)
- ・発明の名称(様式1の項目5)
- ・現地代理人に関する情報(様式1の項目6)
- ・インドにおける書類送達宛先(様式1の項目7)
- ・条約出願:基礎出願番号、出願日など(様式1の項目8)
- ・国内段階出願:国際出願番号、国際出願日(様式1の項目9)
- ・分割出願:原特許出願番号、原出願日(様式1の項目10)
- ・追加特許の出願:主発明の特許出願番号、出願日(様式1の項目11)
- ・宣言(様式1の項目12)

●出願人のカテゴリー

　自然人、スタートアップ企業(start-up)、小規模団体(small entity)、教
育機関(educational institution)、その他の法人(others)に分類される出願
人のカテゴリーによって、出願手数料、審査請求手数料、更新手数料など、
各種手数料が異なります。(付録3参照)

　自然人、スタートアップ企業、小規模団体、教育機関〈これらのカテゴリー
に属する外国人及び外国企業(日本人及び日本企業を含む。)も対象〉がイン
ド特許庁に支払う各種手数料は、その他の法人が支払う標準費用の8割減
となります。また、自然人、スタートアップ企業、小規模団体などは早期
審査請求を行うことができます。(4.3節参照)

(1)スタートアップ企業

　スタートアップ企業とは、以下の(i)又は(ii)の組織をいいます〈規則
2条(fb)〉。

（ⅰ）スタートアップインディア構想における産業国内取引推進局によってスタートアップとして認められたインドのエンティティ（法人、組織、団体など）

（ⅱ）外国のエンティティの場合、スタートアップインディア構想による売上高及び設立／登録期間の条件を満たし、その旨の宣言書を提出したエンティティ

　スタートアップ企業として認められるための条件の詳細は、スタートアップインディアのウェブサイト（https://www.startupindia.gov.in）（最終アクセス日：2023年4月1日）に説明されています。具体的には、スタートアップ企業とは、以下の条件を満たす企業をいいます〈インド政府の通知 G.S.R.127（E）〉。

（ⅰ）企業の設立／登記から10年が経過していないこと。

（ⅱ）企業設立後の売上高が10億インドルピー（100カロールルピー）を超えていないこと〈カロール（crore）：1千万（10,000,000）〉。

（ⅲ）製品やプロセス、サービスの革新、開発、改良に取り組んでいる、又は雇用創出や富の創出の可能性が高い拡張性のあるビジネスモデルの企業であること。ただし、既存事業の分割・再編により作られた企業は除く。

（2）小規模団体

　以下の条件を満たす企業を小規模団体といいます〈規則2条(fa)、2006年マイクロ・スモール・アンド・ミディアム・エンタープライズ促進法7条(1)、MSME の分類のための2020年6月26日付けの通知 No.S.O.2119（E）〉。

（ⅰ）工場及び機械設備への投資額が5億インドルピー（50カロールルピー）を超えていないこと。

（ⅱ）年間売上高が 25億インドルピー（250カロールルピー）を超えていないこと。

（3）教育機関

　教育機関とは、中央法(Central Act)、州法(Provincial Act or State Act)の下で設立された大学を意味し、中央政府、州政府又は連邦直轄領が指定した当局が認めたその他の教育機関を含みます〈規則 2 条(ca)〉。

（4）証拠提出

　スタートアップ企業、小規模団体又は教育機関として特許出願する場合、これらの組織に該当することを示す証拠を様式28により提出しなければなりません〈規則 7 条(1)ただし書〉。

　証明書類としてどのような書類を提出する必要があるかについては特許規則又は特許庁の実務及び手続マニュアルに明記されていませんが、例えば登記事項証明書、財務諸表、スタートアップ、小規模団体、又は教育機関の適格性を有する旨の宣誓書などを用意する必要があります。

　証明書類が英語以外の言語で記載されている場合、証明書類の英訳、その公証などが必要です。その証明手続費用に見合った特許庁手数料の減額効果が得られない可能性があるため、証明書類の準備負担、権利維持予定年数に応じた更新手数料、早期審査請求の効果などを総合的に考慮して、上記カテゴリーで出願するかどうかを決定するとよいでしょう。

●発明者による宣言（出願人が譲受人の場合）

　発明者による宣言とは、発明者が、下記のように本発明の真正かつ最初の発明者であり、かつ、本出願人が発明の譲受人又は法律上の代表者である旨を宣言することをいいます〈様式 1 の項目12(i)〉。

> Declaration by the inventors(s):
> I/We, the above named inventor(s) is/are the true & first inventor(s) for this Invention and declare that the applicant(s) herein is/are my/our assignee or legal representative.

　このような宣言があるため、発明者の署名済みの願書は「出願権の証拠」とすることができるとされています。(2.7節参照)

●出願人による宣言 1（基礎出願の出願人と異なる場合）

　インド特許出願と基礎出願の出願人が異なる場合、基礎出願の出願人は、以下のようにインド特許出願の出願人が譲受人又は法律上の代表者である旨を宣言します〈様式 1 の項目12(ii)〉。

> Declaration by the applicant(s) in the convention country
>
> I/We, the applicant(s) in the convention country declare that the applicant(s) herein is/are my/our assignee or legal representative.

●出願人による宣言 2（その他）

　出願人は、出願人が発明を所有している旨〈7 条(3)〉、願書とともに発明に関する仮明細書又は完全明細書を添付する旨、出願人に関する拒絶の理由が存在しない旨などの宣言を行います〈様式 1 の項目12(iii)〉。

　また、インド由来の生物学的素材に関する研究又は情報に基づく発明を特許出願する場合、国家生物多様性局の承認を得て提出する旨の誓約を行います。（2.13節参照）

●署名

　願書の末尾には、その内容が正確である旨を宣言して署名を行います。この署名は、出願人又は現地代理人が行います（128条）。

2.6節　発明者である旨の宣言書

　「発明者である旨の宣言書」は、真正かつ最初の発明者を明らかにし、出願人がこれを宣言するための書類であり、2.7節で説明する出願権の証拠〈7条(2)〉とは別の書類です。この宣言書によって、特許出願に係る発明者が明らかになります。発明者自身が出願人である場合も、この宣言書を提出しなければなりません。この宣言書に発明者自身の署名は不要であり、原本は不要です。具体的な宣言方法、宣誓書の提出時期は以下のとおりです。

●宣言方法

　発明者である旨の宣言は様式5を用いて行います〈10条(6)、規則13条(6)〉。真の発明者である旨の宣言書の内容は定型化されています。発明者の署名は不要であり、出願人又はインドの現地代理人が署名すればよいとされています(128条)。

［記載例］

> We, 出願人の名称、国籍及び住所
> Hereby declare that the true and first inventor(s) of the invention disclosed in the complete specification filed in pursuance of our application numbered……dated……is/are:
> 発明者の氏名、国籍、住所
>
> We the applicant(s) in the convention country hereby declare that our right to apply for a patent in India is by way of assignment from the true and first inventor(s).

●提出時期

　原則として、完全明細書とともに提出します〈10条(6)、規則13条(6)〉。ただし、期間延長申請書により管理官の許可があれば、出願後1か月以内に提出することもできます〈10条(6)、規則13条(6)〉。

2.7節　出願権の証拠

　出願権の譲受人が特許出願を行う場合、出願人は、出願権を有することを示す「出願権の証拠」を提出しなければなりません〈7条(2)〉。提出方法、提出時期は以下のとおりです。

●出願権の証拠の提出方法

　出願権の証拠の提出には、譲渡証書を提出する方法と、発明者が願書において宣言及び署名する方法[7]があります。

　願書において宣言及び署名する方法の場合、願書において、発明者が真正かつ最初の発明者であり、かつ、出願人がその譲受人である旨を宣言し、発明者が署名することによって、この願書を譲渡証書に代えることができます。願書における宣言及び署名の記載例を以下に示します。

［記載例］

> Declaration by the inventor(s):
>
> I/We, the above named inventor(s) is/are the true & first inventor(s) for this invention and declare that the applicant(s) herein is/are my/our assignee or legal representative.

7　MPPP 項目03.01。厳密に言うと、願書を用いる方法は実務上、認められている運用である。発明者の署名済みの願書を譲渡証書の代わりに用いることができる旨の判例はない。

(a)Date: 日付

(b)Signature: 署名

(c)Name: 氏名

　出願権の証拠の写しを電子的にインド特許庁に提出します。ただし、管理官から要求があった場合、その要求日から15日以内に出願権の証拠の原本をインド特許庁に提出しなければなりません〈規則6条(1A)〉。原本提出期限の15日は延長請求を行うことが可能です(規則138条)。

　原本は出願人側、出願人が外国にいる場合はその外国の現地代理人側、インドの現地代理人側で保管することが考えられますが、要求された日から15日以内に原本を提出する必要があるためインドの現地代理人側で保管するのが無難です。一方、原本の紛失などのリスクを避けるために、要求されていなくてもインド特許庁に提出してしまう方法もあります。

●提出時期

　出願権の証拠は、特許出願時又は出願後6か月以内に提出しなければなりません(規則10条)。なお、出願時に発明者の署名がない願書を提出し、特許出願後、発明者による署名入りの願書を出願権の証拠として提出することも可能です。また、出願権の証拠の提出期限を経過した場合でも、実務上、嘆願書を提出することで(規則137条)、出願権の証拠の追加提出が認められています。出願権の証拠が提出されるまで特許権は付与されません。

●実務の変更

　なお、条約出願については、基礎出願とインド出願の出願人が同一である場合、出願権の証拠を省略できましたが、知的財産審判委員会においてこの実務が否定され[8]、現在は特許出願の種類にかかわらず出願権の証拠の提出が求められています。

8　*NTT DoCoMo Inc v. The Controller of Patents and Designs*, OA/39/2011/PT/CH.

● PCT 規則4.17(ii)に基づく宣誓申立て

　インド特許庁に行った国内段階出願において、PCT 規則4.17(ii)に基づく出願人の資格(出願権)に関する申立てが、出願権の証拠として認められた審決例があります[9]。発明者が退職したなどの事情により発明者の署名を得ることが困難な場合に、出願権の証拠として PCT 規則4.17(ii)の宣誓を用いることが考えられます。

　しかし、現在のところ、PCT 規則4.17(ii)の宣誓を出願権の証拠とする実務は浸透していないようです。可能な限り、発明者が署名した願書、又は譲渡証書のように現状の実務で認められているものを出願権の証拠として提出するのが無難です。

9　IPAB 審決 OA/63/2020/PT/DEL.

2.8節　委任状

　現地代理人に対する委任状(PoA：Power of Attorney)は、様式26に従って作成されます(127条、規則135条)。委任状の種類、提出時期、原本の要否、公証の要否は以下のとおりです。

●委任状の種類

　委任状には、発明の名称などにより特定した事件の代理権を証明する個別委任状(SPoA：Specific Power of Attorney)と、事件を特定せずに包括的な代理権を授与したことを証明する包括委任状(GPoA：General Power of Attorney)があります。委任状には、現地代理人の名前、住所、国籍、弁理士登録番号などを記載します。

●委任状の提出時期

　優先権の利益を保護する必要に鑑み、委任状がなくても特許出願は受理されます。委任状は特許出願後、3か月以内に提出しなければなりません(規則135条)。不提出の場合、委任状が提出されるまで、特許権は付与されません。

●委任状の原本の要否

　基本的に委任状の原本を提出する必要はなく、委任状の写しを電子的にインド特許庁に提出します。ただし、管理官から要求があった場合、その要求日から15日以内に委任状の原本をインド特許庁に提出しなければなりません〈規則6条(1A)〉。原本提出期限の15日は延長請求を行うことが可能です(規則138条)。

●公証

　公証とは、委任状などの私文書が真正なものであることを公証人が証明することをいいます。委任状に対して公証を受ける必要があるか否かについては、特許法、特許規則、MPPPなどに明確な記載がありません。

　実務上、公証を要しないケースが多く、出願人は、公証を得ずに委任状を提出すればよいでしょう。しかし、管理官から委任状の公証を求められた場合、出願人が外国人又は外国法人のときは、「本委任状は、外国（日本）の法律に基づいて外国（日本）で締結されたものであり、インドの法律に基づいて締結されたものではないため、公証は不要である」と反論することで問題が解決されることが多いです。反論が認められなかった場合には、公証を受けた委任状を提出しなければなりません。

●収入印紙

　現地代理人はインドに収入税（stamp duty）を納付するために、委任状に収入印紙を貼るか、委任状を専用の法廷紙（judicial stamp paper）に印字する必要があり[10]、収入印紙代は州によって異なります。4つのインド特許庁はそれぞれ異なる州にあるため、特許出願先のインド特許庁によって収入印紙代が異なります。収入印紙代が不足する場合、管理官からその旨の指摘を受けることがあります。

10　Section 48 of schedule 1 of the 'The Indian Stamp Act 1899'.

2.9節　明細書

　明細書には、完全明細書と仮明細書がありますが、ここでは主に完全明細書の記載方法について説明します。インドでは、方式的要件の遵守が厳しく求められます。仮明細書については2.19節で説明します。

●記載要件の概要

　明細書には、発明の主題を十分に表した発明の名称を頭書しなければなりません〈10条(1)〉。

(1)実施可能要件

　完全明細書には、発明、作用又は用途及びその実施方法を十分かつ詳細に記載しなければなりません〈10条(4)(a)〉。つまり、明細書は当業者が発明を実施することが可能な程度に記載する必要があります〈64条(1)(h)〉。

(2)ベストモード要件

　完全明細書には、発明を実施する最善の方法を開示しなければなりません〈10条(4)(b)〉。

(3)サポート要件

　完全明細書は、クレームで完結する必要があり〈10条(4)(c)〉、クレームは明細書に開示された事項を適正に基礎としなければなりません〈10条(5)〉。「適正に（fairly）」は、特別な記載を要求するものではなく、クレームの発明が明細書に記載されていれば足ります。

●明細書の記載項目

　完全明細書の具体的な記載項目は以下のとおりです（様式2）。

　項目1：発明の名称

　項目2：出願人の名称、国籍、住所

　項目3：詳細な説明の前文(preamble)

　　　　　※完全明細書と仮明細書の種別を示します。

項目4：詳細な説明

項目5：クレーム(2.10節、2.11節参照)

項目6：日付及び署名(出願人又は現地代理人の署名)

項目7：発明の要約

●詳細な説明

詳細な説明(項目4)には、例えば以下の事項を記載します[11]。

(1)技術分野(Technical Field)

「本発明は…に関するものである」の記述から始め、発明の主題を簡潔に示します。

(2)背景技術(Background)

当該分野における技術の発展状況、先行特許及び特許出願に言及し、従来技術の状況を説明します。改良発明の場合、特許出願に係る発明に最も近い先行技術を簡潔に説明します。そして、既存技術の技術的課題を明確に示すとともに、その解決策及び目的を提示し、特許請求に係る発明と先行技術との違いを示します。例えば「・・・は既に提案されているが」の一文から始め、「本発明の主目的は・・・」のように記載します。

(3)発明の概要(Summary of the Invention)

発明の概要及びその実施方法を、新規な特徴が明確となるように記載します。

(4)図面の簡単な説明(Brief Description of the Drawing)

完全明細書に添付する各図面の内容を列挙形式で簡単に説明します。

11　MPPP項目05.03、調査・審査ガイドライン項目3.3.2

（5）発明の詳細な説明（Detailed Description）

　発明の詳細な説明は、当業者（当該技術分野において平均的なスキルや知識を有する者）が発明を実施するために十分なものでなければならず、追加的に実験を行うことなく実施できるものでなければなりません。

　なお、実施可能要件を満たす記載が不可能であり、一般に入手困難な生物学的素材を明細書に記載する場合、ブダペスト条約に基づく国際寄託当局にこの素材を寄託し、一定の要件を満たせば、実施可能要件を満たしたものとみなされます〈10条（4）ただし書（ii）〉。（2.13節参照）

　詳細な説明は、可能な限り明確かつ簡単明瞭に記載します。技術用語を使用することが望ましいでしょう。造語は、その意味が十分に定義されており、一般的に知られた同義語が全くない場合に使用することができます。商品名は、技術用語として使用されている場合を除き、使用すべきではありません。商標も、商品の出所を表示するものであり、発明の説明には適しません。

　このように、詳細な説明には特段の難点はなく、日本特許法に基づいて作成した明細書を英訳すれば、詳細な説明の要件は満たされます。ただし、ソフトウエア関連発明、生物学的素材関連発明、バイオテクノロジー関連発明については特別の注意を要します。（3.7節、3.8節、3.9節参照）

●図面

　明細書には図面を添付することができ、管理官の要求があるときはこれを提出しなければなりません。添付された図面は明細書の一部を構成するものとみなされます〈10条（2）〉。図面は規則15条に従って記載します。図面は線図で描く必要があり、写真や3D CAD等のイメージ画像は認められていません。

［規則15条の要約］

・図面又は略図は明細書自体に記載してはならない。

・図面の写しの少なくとも1通は、丈夫な紙面上に簡潔かつ明確に作成する。電子出願の場合、pdf形式のファイルをアップロードする。

・図面はA4サイズで用意し、各ページの上端及び左端部に少なくと

も4cm、下端及び右端部に少なくとも3cmの余白を設ける。
- 発明を明確に示す程度に十分大きな縮尺とする。寸法は図面に記載してはならない。
- 図面には、連続的又は体系的に番号を付し、各ページの（ⅰ）左側上端部に出願人の名称、（ⅱ）右側上端部に図面の用紙数及び各用紙の連続番号、（ⅲ）右側下端部に出願人又はその現地代理人の氏名を明記し、出願人又は現地代理人が署名をする。
- フローチャートを除き、図面上に説明事項を記載してはならない。

　なお、審査報告にて「図面に出願番号を記載すること」を要求する管理官がいますが、その要求は特許法、規則及びMPPPに基づくものではありません。出願番号は出願後に付与されるものであり、出願時に出願番号を図面に記載できません。このような不合理な要求に対しては反論することができます。
　また、上記のように規則15条に「フローチャートを除き、図面上に説明事項を記載してはならない」とあるため、ボックスに構成の名称（例えば温度センサー）を記載したブロック図に対して異議を唱え、出願を拒絶する管理官がいます。この場合、「ボックス中に記載された構成の名称を削除すると図面の内容が分かりにくくなる」という反論が可能です。もちろん、発明の理解に問題がなければ、ボックスに記載の構成の名称を削除した図面を再提出する対応も考えられます。

●要約書

　完全明細書には要約書を添付しなければなりません〈10条（4）（d）〉。要約書は規則13条（7）に従って記載します。

［規則13条（7）の要約］

- 要約書は、発明の名称で始めなければならない。発明の名称は、その特徴を通常15語以下で記載する。
- 要約書には、発明の属する技術分野、既存の知識と比較した技術的前進（technical advancement）、発明の主要な用途（空論ではない現

実的用途)を明確に記載する。必要な場合、要約書には、発明を特徴付ける化学式を記載する。

・要約書は、通常150語以下で記載する。

・明細書に図面を添付する場合、要約書に添付する図を示す。要約書に記載され、かつ、図面に表された主要な構成の用語には参照符号を付さなければならない。

・特許調査において、明細書の詳細を確認する必要があるかどうかの判断を可能にするような文書を作成しなければならない。

2.10節　クレーム

　インドではクレームの導入語句として定型語句「We Claim」を使用すべきなど、形式的な事項が要求されます。クレームの記載方法と、インドで認められるクレーム形式は以下のとおりです。

●クレームの記載要件

　クレームの記載要件は以下のとおりです。

（ⅰ）明確かつ簡潔であること〈10条(5)〉。

（ⅱ）明細書に開示された事項を適正に基礎としていること〈10条(5)〉。

（ⅲ）単一の発明概念を構成するように連結した一群の発明に係るものであること〈10条(5)〉。（2.11節参照）

●クレームの構造

　クレームは、「詳細な説明」の後に続く新しいページから記載し、導入語句「I/We Claim」で始めます[12]。出願人が1人の場合「I Claim」、出願人が複数、又は出願人が自然人以外の場合「We Claim」を用います。この導入語句で始まっていない場合、クレームは上記導入語句で始めるべき旨の拒絶理由が通知されます。

　クレームは、前文、移行句、本文の3パートからなります[13]。前文では、発明の名称、カテゴリー（製品又は方法）、場合によって発明の目的を明らかにします[14]。移行句は、前文及び本体を連結する「備える」「含む」「・・・からなる」「本質的に・・・からなる」（comprising including, consisting of, consisting essentially of）などの語句を用います[15]。本文では発明を特徴付ける技術的構成を記載しますが、改良発明の場合、ジェプソン形式クレームが推奨されており[16]、「を特徴とする（characterized by）」という語句によって、従来技術と新規の特徴を区別して記載します。

12　MPPP 項目05.03.17(a)、様式2の項目5
13　MPPP 項目05.03.17(n)
14　MPPP 項目05.03.17(o)
15　MPPP 項目05.03.17(p)
16　MPPP 項目05.03.17(q)

移行句の記載に関して、例えば「comprising」を「consisting of」に修正するように要求するなど不当な要求を行う管理官がいます。この要求に対しては、MPPP 項目05.03.17(p)に「comprise」を用いたクレームの例が記載されていることを指摘して反論することができます。

●独立クレーム(Independent Claim)

完全明細書に記載された最初のクレームは、主クレーム(principal claim)とも呼ばれ、独立クレームでなければなりません〈MPPP 項目 05.03.17(r)〉。独立クレームは、発明を構成する製品や方法の最も好ましい実施形態に係る必須の新規の特徴を明確に記載しなければなりません。独立クレームには、従来技術にはない、本件発明に必須の新規の特徴を記載します。独立クレームは、発明がその目的を達成するために必要な構成、動作及び作用を明確に記載しなければなりません。

全てのクレームが単一の発明又は単一の発明概念を構成するように連結した一群の発明に係るものであれば、独立クレームの数に制限はありません〈MPPP 項目05.03.17(s)〉。

●従属クレーム(Dependent Claim)

従属クレームは、独立クレームを限定するものでなければならず、独立クレームの特徴を省略したり、変更又は置換したりするクレームは認められません[17]。

MPPP(Ver.01.11)には従属クレームの一例として「A wrapper as claimed in Claim 1」と記載されていました[18]。このため、多くの管理官は、他のクレームを引用する語句として、従属クレームに「as claimed in」を使用するように要求し、出願人が「according to claim」「set forth in claim」「as in claim」などの文言を使用すると、「as claimed in」を使用すべき旨の拒絶理由が通知されることがあるので、出願時から「as claimed in」と記載するのが無難です。

17　MPPP 項目05.03.17(u)
18　MPPP（Ver.01.11）項目05.03.16(q)

●クレームの数

　クレーム数に制限はありません。しかし、クレームの数が多いため保護しようとする権利範囲が不明確であるとして、クレームの数を減らすことを要求する管理官もいます。権利要求している発明が明瞭で矛盾がなければ、このような要求に対して反論してもよいでしょう。

　出願時にクレーム数が10項を超えている場合、追加料金を納付しなければなりません。また、出願後のクレームの追加補正により、クレーム数が10項を超えた場合、追加料金を納付しなければなりません。

●マルチクレーム（Multiple Dependent Claim）

　マルチクレームとマルチマルチクレームは、ともに認められています。追加手数料は不要です。ただし、発明が不明瞭であるとして、マルチマルチクレームを、マルチクレームに分解するよう要求する管理官もいます。権利要求している発明が明瞭で矛盾がなければ、このような要求に対して反論してもよいでしょう。

　マルチクレーム又はマルチマルチクレームで一般的に使われている「any one of claims 1 to 4」の記載中、「any」の語に対して「クレームの権利範囲が不明確である」と異議を唱え、出願を拒絶する管理官がいます。その場合は「any」を削除することにより、問題は解消しますが、出願時から「one of claims 1 to 4」のように記載するのが無難です。

●参照符号

　明細書に図面が添付されている場合、クレームの発明特定事項には参照符号を付さなければなりません〈規則13条(4)〉。クレームの発明特定事項のうち、図面に表された事項（発明の構成）については、その構成を表す参照符号を、対応する発明特定事項の後ろに付さなければなりません。参照符号は丸括弧で囲んで記載します。

●ミーンズ・プラス・ファンクション・クレーム（MPFクレーム）

　MPFクレームは許容されています。ただし、ミーンズ(手段)の物理的な構造的特徴を明細書に開示しなければなりません。

特にソフトウエア関連発明の場合、明細書が単にコンピュータプログラムのみによって発明の実施をサポートしている場合、MPFクレームにおける手段はコンピュータプログラムそれ自体にすぎないとして拒絶されます[19]。(3.7節参照)

●プロダクト・バイ・プロセス・クレーム(PBPクレーム)

製造方法によって製品(物)の発明を特定するPBPクレームは許容されています。PBPクレームは、プロセスではなく、製品に係る権利を請求するものであるため、たとえプロセスが新規であっても、その製品に新規性がなければ、特許は認められません[20]。

●オムニバスクレーム(Omnibus Claim)

権利の外縁が不明確になるため、オムニバス形式のクレームは認められていません[21]。

●優先日

完全明細書に記載された各クレームは優先日を有します〈11条(1)〉。「優先日」は、言わば出願人が発明の保護を要求した日であり、各クレームの新規性及び進歩性の判断基準日です。厳密には、特許協力条約における「優先日」と異なる概念です。

出願人の請求により、特許権の付与前であればいつでも、特許出願を、出願日から6か月以内の日に後日付(post-date)とすることができます(17条)。ただし、条約出願の場合、特許出願ができたはずの日より後まで優先日を繰り下げることはできません〈136条(3)〉。

19　CRI審査ガイドライン項目4.4.5
20　医薬発明審査ガイドラインの項目7.9、IPAB審決 OA/11/2009/PT/DEL,
　　Order No.200/2012
21　MPPP項目05.03.17(v)

2.11節　発明の単一性

　特許出願は、単一の発明ごとに行わなければなりません〈7条(1)〉。クレームは、単一の発明、又は単一の発明概念を構成するように連結した一群の発明に係るものでなければなりません〈10条(5)〉。複数のクレームが、同一又は対応する「特別な技術的特徴」(先行技術に対して新規性を有する特徴)を有する場合、単一の発明概念を構成します[22]。

●単一性の要件を満たす具体例

　製品(物の発明)が、方法を実施するために特別に設計されているものである場合、これらの製品及び方法は単一性を有します[23]。また、同一カテゴリーの独立した発明でも、単一の発明概念を構成する発明は単一性を有します。

　例えば以下のようなクレームは単一の発明概念を構成し得ます[24]。

・製品と、この製品の製造のために特別に適合された方法
・方法と、この方法を実施するために特別に設計された装置
・物品を作るための型と、この型を作るための方法と、この型を利用して物品を作るための方法
・プラグとコンセントからなるロッキングシステムと、プラグの独立クレームと、コンセントの独立クレーム
・受信機及び送信機から構成される放送システムと、受信機及び送信機
・薬剤又は医薬品と、この医薬品の生成方法と、薬剤を含む合成物

●実務的対応

　独立クレームが2つ以上ある場合、最初の審査報告において形式的に単一性要件違反の拒絶理由が指摘される例があります。日本の特許実務では、特別な場合を除き、単一性要件違反の拒絶に対して真っ向から反論し、単一性要件を主張することは少ないですが、インドでは、問題となっている

22　調査・審査ガイドライン項目3.3.4
23　MPPP 項目09.03.08(3)
24　MPPP 項目09.03.08(4)

クレームの技術的関連性を確認し、単一の発明概念を構成するように連結した一群の発明に該当するようであれば、その旨を反論することができます。反論によって、単一性の要件違反を解消できることは珍しくありません。

　単一性の要件違反を解消するもう 1 つの方法は分割出願を行うことです。なお、自発的に分割出願を行う場合、親出願の完全明細書が単一の発明概念を構成しない複数の発明を含んでいることを立証する責任は出願人にありますが、単一性の要件違反を指摘されている場合、そのような責任を出願人が負う必要はありません。

2.12節　関連外国出願情報提供制度

　インド特許出願に係る発明と同一又は実質的に同一の発明について行った外国出願(以下、関連外国出願)がある場合、出願人は関連外国出願のステータス情報及び外国特許庁における審査結果に関する詳細な情報を管理官に提供しなければなりません(8条)。

　これらの情報を関連外国出願情報と呼びます。8条は特許審査の便宜のために導入された義務規定であるため、本制度は「8条の義務」とも呼ばれています。

　この情報提供義務違反は異議申立理由(付与前異議申立理由及び付与後異議申立理由)及び無効理由[25]です。8条の条文構造、趣旨、具体的な手続方法は以下のとおりです。

●8条の条文構造

　8条は、次ページの表1に示すように2つの条項からなり、大きく分けて2つの情報を要求しています。第1の情報〈8条(1)〉は、関連外国出願の明細事項を記載した「陳述書」(関連外国出願のステータス情報)〈8条(1)(a)〉であり、様式3により提出します〈規則12条(1)〉。

25　8条の不作為によって、特許権を取り消すべきであると判示された事例もあったが〈CS(OS) No.930 of 2009〉、近年は、単に8条の義務規定違反があったという一事をもって、特許が取り消されるべきではないとの合理的な判断がなされている〈*Maj. (Retd.) Sukesh Behl & Anr. v. Koninklijke Philips Electronics*, Delhi High Court, FAO(OS) No. 16 of 2014〉。

様式 3 には、この明細事項を管理官に随時通知し続ける旨の「誓約書」〈8 条(1)(b)〉が含まれます。第 2 の情報〈8 条(2)〉は、関連外国出願の審査結果に関する「所定の明細」〈国際調査報告書(ISR)、国際出願の国際調査機関の見解書(WO/ISA)、関連外国出願に対する拒絶理由通知書、許可されたクレームなどの審査結果関連書類〉です。

表 1 : 8 条の条文構造

条文		概要
8 条(1)	(a)	関連外国出願の明細事項(各国のステータス情報)を記載した「陳述書」の提出義務
	(b)	関連外国出願の明細事項を管理官に随時通知し続ける旨の「誓約書」の提出義務
8 条(2)		関連外国出願の「所定の明細」(審査結果関連書類)を要求する権限

●立法趣旨

8 条は、インターネットがない時代に審査官による審査の便宜のために導入されたものであり、審査官や管理官が外国特許庁で提起された特許性に関する審査結果及び許可されたクレーム及びその権利範囲を知ることを担保するための規定です[26]。

関連外国出願情報の提供は、出願人の義務です。8 条は、独占権を享受する出願人の行為が誠実かつ公正であることを確認するためのものであり、出願人の義務を軽減する解釈は採用されません[27]。煩わしい手続であっても、出願人は 8 条を遵守し、関連外国出願情報を提供しなければなりません。

●各提出書類の特徴

8 条が要求する各提出書類の特徴は次ページの表 2 のとおりです。

26　IPAB 審決 ORA/22/2011/PT/KOL Order No.161/2013 など。
27　IPAB 審決 ORA/22/2011/PT/KOL Order No.161/2013 パラグラフ 67

表2：8条が要求する各提出書類の特徴

	8条(1)	8条(2)
提出書類	(ⅰ)「陳述書」(各国のステータス情報) (ⅱ)「誓約書」	「所定の明細」(審査結果関連書類と、その翻訳文など)
性質	自主的に提出	要求時に提出
期限	出願日から6か月以内、インド出願後に行われた関連外国出願の出願日から6か月以内、登録時まで随時	要求日から6か月以内
違反	異議申立理由、無効理由、侵害訴訟における無効抗弁理由	異議申立理由、無効理由、侵害訴訟における無効抗弁理由

●陳述書及び誓約書〈8条(1)〉

　陳述書は様式3に従って作成します。陳述書には、関連外国出願の明細事項(以下、明細事項)として、外国出願の出願国、出願日、出願番号、出願の状態、公開日、登録日を記載します(記入例参照)。様式3により提出する陳述書及び誓約書は、出願人が自主的に提出しなければなりません。陳述書及び誓約書の提出期限は出願時、又は出願日から6か月以内です〈規則12条(1A)〉。また、陳述書の提出後に関連外国出願を行った場合、その出願日から6か月以内に陳述書を提出する必要があります〈規則12条(2)〉。

［記入例］

Name of the country	Date of application	Application No.	Status of the Application	Date of Publication	Date of Grant
JAPAN	04/04/2013	2013-111111	Pending	09/10/2014	–
PCT	03/04/2014	PCT/JP2014/315315	Pending	09/10/2014	–

　「Name of the country」欄には、関連外国出願を行った外国の国名を記載します。関連外国出願には、例えば国内優先権主張出願、分割出願、米国の継続出願、優先権を主張して他国に行った特許出願、国際出願に係る国内移行出願などがあります。

　例えば日本出願に基づいて国際出願を行った場合、「Japan」及び「PCT」
を記載します。国際出願は、指定国への特許出願の束としての性格を有し
ており、国際出願を行った場合、国際調査報告及び国際予備審査報告など
が作成されることを考えると、国際出願の情報も関連外国出願を行った国
に準じて「PCT」などと記載すべきでしょう。

　「Date of Application」欄には、関連外国出願の出願日を記載します。
国際出願にて各国へ国内移行を行っている場合、国際出願日又は各国への
国内移行日を記載します。条文及び規則には、国際出願日又は国内移行日
のどちらを出願日として記載すべきかについては明記されていませんが、
各国における審査手続の進捗を確認する趣旨からすれば、国内段階出願日
を記載すべきと考える管理官もいます[28]。いずれにしても両方の日付を記
載することは事務負担を増加させ、誤記などを招くのみであり、いずれか
一方の日付を記載すれば足ります。

　「Status of the Application」欄に記載すべき内容について、条文や規則、
マニュアルには明記されていませんが、例えば係属中「Pending」、放棄
「Abandoned」、取下げ「Withdrawn」、特許登録「Granted」、拒絶「Rejected」
など、対応する各国の出願の状態を記載ます。

［審査報告で管理官から要求されたときに提出する更新された明細事項の
記入例］

Name of the country	Date of application	Application No.	Status of the Application	Date of Publication	Date of Grant
JAPAN	04/04/2013	2013-111111	Pending	09/10/2014	−
PCT	03/04/2014	PCT/JP2014/315315	Pending	09/10/2014	−
U.S.A.	03/04/2014	14/715,715	Withdrawn	19/03/2015	−
CHINA	03/04/2014	201480021234.7	Granted	04/02/2015	02/11/2016

28　国際出願日を記載しても多くの場合、問題になることはないが、管理官に
　よっては、国内移行日に修正するよう、指摘されることがある。

　最初の審査報告において管理官から要求があった場合、明細事項に変化があるとき、更新された明細事項を記入した陳述書を管理官に提出します。その際、特許出願の状態(ステータス)が変化した国の明細事項を記入した陳述書を提出すればよいでしょう。もちろん、状態が変化していない他の全ての関連外国出願の明細事項も合わせて記入した陳述書を提出するようにしても構いません。

●陳述書の提出タイミング

　次ページの図2は、明細事項を記述した陳述書の提出タイミングの一例を示したものです。出願人は、まず特許出願と同時、又は特許出願から6か月以内に様式3による陳述書及び誓約書を提出します〈提出(1)〉。

　例えばインド出願時において既に国Aに特許出願している場合、インド出願を行うときに国Aにおける特許出願のステータス情報を記載した陳述書を提出します。

　インド出願時において既に行っている特許出願(国A)としては、優先権の主張に用いた基礎出願及び／又は国際出願が考えられます。

　また、インド特許出願後、追加で外国出願を行った場合、インド出願の出願日から6か月以内又はその外国出願の出願日から6か月以内に、更新された陳述書を提出します〈提出(2)〉。

　例えばインド出願後、国B、国C、国Dの順に特許出願を行った場合、この中で一番先の国Bの出願の出願日から6か月以内に、国Aにおける更新された最新のステータス情報と国B〜国Dにおける特許出願のステータス情報を記載した陳述書を提出します。

　その後、最初の審査報告(FER)が通知され、FERで陳述書の提出が要求された場合、その通知の日から6か月以内に更新された陳述書を提出します〈提出(3)〉。既に通知している明細事項〈8条(1)〉に変更が生じている場合、管理官の要求に従って、最新の明細事項を記入した陳述書を提出します。例えば国Dにおいて、報告済みの特許出願に基づく分割出願を行った場合、国A〜国Dにおける更新された最新のステータス情報と国Dにおける分割出願を含む最新のステータス情報を記載した陳述書を提出します。明細事項に変更が生じていない場合、その旨を回答するだけで済みます。

　なお、上述の提出タイミングは一例であり、その他のタイミングで陳述書を提出することもあります。例えば「提出(3)」における通知後であっても、関連外国出願の明細事項に変更が生じた場合、自主的に最新の陳述書を提出することが望ましいです。

　聴聞手続時に、関連外国出願の最新のステータス情報を記載した陳述書を提出します〈提出(4)〉。具体的には、聴聞後に提出する応答書とともに陳述書を提出することができます。

　提出期限を徒過して陳述書を提出した場合、提出時期の要件を満たしていないことを理由に受理できないとして拒絶されることがあります。この場合、所定の手数料とともに嘆願書(petition)を提出すれば期限途過に係る拒絶理由は解消します(規則137条)。なお、特許権が付与された後に、陳述書を追加的に提出できる旨の規定はありません。

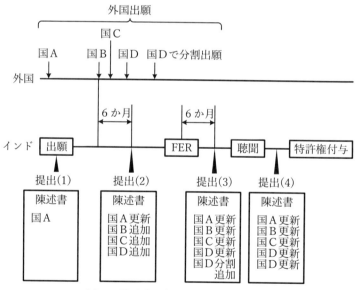

図2：陳述書の提出タイミングの例

●所定の明細〈8条(2)〉

　関連外国出願における出願の処理に関する所定の明細は、管理官が出願人に提出することを要求できる情報です。

　例えば FER において関連外国出願における拒絶理由通知書、拒絶査定、特許査定などの審査結果が記載された書面の写し、許可されたクレームなどの提出を要求されます。これらの審査結果関連書類が英語で記載されていない場合、その翻訳文（英訳）も提出しなければなりません。

　なお、翻訳に関しては、完全かつ適切な翻訳である旨の宣誓書は不要です。このため、逐語訳である必要はなく、機械翻訳又は要点を翻訳したものでも構わないと考える現地代理人もいます。

　例えばワン・ポータル・ドシエ（OPD）の英訳（機械翻訳）を利用することが考えられます。機械翻訳でもよい旨が規則又は MPPP に明記されているわけではありませんが、機械翻訳を提出し、応答書に「機械翻訳を提出しているが、要求があれば人手による翻訳を提出する用意がある」と補足説明することができます。

　要点の翻訳としては、新規性・進歩性及び発明の特許性〈規則12条(3)〉に関する審査官の判断が説明されていれば足ります。

　8条(2)によって提出すべき審査結果関連種類には、PCT 国際段階における国際調査報告（ISR）及び国際調査機関の見解書（WO/ISA）の写しも含まれます[29]。

　所定の明細、すなわち審査結果関連書類は、管理官から要求があった場合に、要求された情報を提供すればよいでしょう。通常、最初の審査報告において、審査結果関連書類の提出が要求されます。まれに、聴聞通知において、審査結果関連書類の提出を要求されることがあります。提出期限は、要求日から6か月以内です〈規則12条(3)〉。

　管理官の要求には以下のとおり3パターンあります。

〈特定特許庁パターン〉

　ある管理官は、所定の明細を要求する際に「…filed in all the major Patent offices such as USPTO, EPO and JPO etc.…」と述べ、米国特許商標庁、欧州特許庁及び日本特許庁など、特定の特許庁の審査結果関連書類を提出すべきことを出願人に要求します。

29　IPAB 審決 ORA/18/2010/PT/MUM, Order No.166/2012.

〈主要特許庁パターン〉

　また、他の管理官は、所定の明細を要求する際に「…filed in all the major Patent offices…」と述べ、主要特許庁の審査結果関連書類を提出すべきことを出願人に要求します。この要求パターンでは、具体的な特許庁の国名が特定されていません。

〈全特許庁パターン〉

　さらに他の管理官は、所定の明細を要求する際に「…filed in all countries outside India…」と述べ、全ての国の審査結果関連書類を提出すべきことを出願人に要求します。

　特定特許庁パターンでは、米国特許商標庁、欧州特許庁及び日本特許庁の審査結果関連情報を提出すれば足りるように思えますが、「etc.」の記載があるため、これらの主要な三特許庁の情報で十分かどうか疑問が残ります。

　主要特許庁パターンでは、主要特許庁の例示がありませんが、米国特許商標庁、欧州特許庁及び日本特許庁に加え、中国国家知識産権局及び韓国特許庁を加えた主要5か国の特許庁の情報を提出すればよいと考えられています。全特許庁パターンでは、出願国数にかかわらず全ての国の情報を例外なく提出しなければならないと解釈できます。

　このように管理官の要求内容が微妙に異なり、主要特許庁という用語の解釈も曖昧であるため、どの国の特許庁の情報を提出すればよいか、不確かな状態です。運用が不確かな状況の中で手続負担を軽減し、必要な情報を提出する対応方法の一例としては、米国特許商標庁、欧州特許庁、日本特許庁における「所定の明細」を提出しておき、「管理官が必要と考えるのであればその他の特許庁における所定の明細（審査結果関連情報）を提出する準備がある」旨を応答書に記載しておく方法があります。また、WIPO CASE から審査結果関連書類を入手することができる旨を主張する方法があります。管理官から追加の要求がない場合、出願人は本義務を果たしたことになります。万一、管理官が、8条(2)の要求を満たしていないと判断した場合であっても、後続の審査報告又は聴聞を受けるタイミングで、不足する審査結果関連書類を追加的に提出する機会を確保することができます。

　なお、8条(2)に基づいて管理官から、主要特許庁のいずれか1つについて審査結果の詳細を求められることがあります。文言通りに読めば、日本の審査結果が肯定的で、欧州の審査結果が否定的なケースであれば、日本特許庁の審査結果の詳細のみを提出すればよいとも解釈できます。

　しかし、8条の趣旨からすれば、出願人は、進歩性を否定するその審査結果の詳細も積極的に提出すべきです[30]。

● 8条(2)の取扱いの変化

(1)運用の改善

　近年、インド特許庁は、WIPO が提供する優先権書類のデジタル・アクセス・サービス(DAS)の参加庁となりました。

　また、特許審査に関する情報(ドシエ情報)を各国で共有するためのドシエ情報共有システム「WIPO-CASE」(WIPO-Centralized Access to Search and Examination)を通じて、主要特許庁(日米欧中韓など)の審査結果を取得及び共有できるようになりました。こうした中、出願手続事務負担の軽減の観点から運用の改善が図られ、審査報告において8条(2)の情報を要求しない例が見受けられるようになりました。

(2)特許庁の実務及び手続マニュアル(MPPP)改訂

　2019年には、MPPP が改訂され、8条(2)の要件に関する指針が示されました。指針の概要は以下のとおりです[31]。

　(ⅰ)管理官は、審査結果関連書類が WIPO CASE 及び DAS に存在し、インド特許庁が当該書類にアクセスできる旨の陳述を出願人が行ったか否かを確認し、当該陳述がない場合、出願人は審査結果関連書類の提出を要求するものとします。

　(ⅱ)管理官は、優先権書類が DAS から取得可能かどうかを確認するものとします。当該書類を取得可能であれば、優先権書類に関する更なる情報を出願人に求めないようにすることができます。

30　IPAB 審決 ORA/22/2011/PT/KOL, Order No.161/2013 パラグラフ75
31　MPPP 項目09.03.06

　(ⅲ)管理官は WIPO CASE に加盟している特許庁(オーストラリア、ブ
　　　ルネイ・ダルサラーム、カナダ、チリ、欧州特許庁、インド、イス
　　　ラエル、日本、ニュージーランド、韓国、シンガポール、WIPO 国
　　　際局、英国、米国)で利用できる審査結果関連書類を利用するもの
　　　とします。

　(ⅳ)上記指針にかかわらず、管理官は8条(2)に規定された審査結果関
　　　連書類を要求できます。審査結果関連書類は、調査及び／又は審査
　　　報告書、認可又は拒絶されたクレーム、補正書などが含まれます。

　(ⅴ)WIPO CASE 及び WIPO DAS において利用可能な審査結果関連書
　　　類を包袋にアップロードするものとします。

●審査報告における関連外国出願情報の要求例

例1：陳述書(様式3)及び所定の明細の双方が要求されているケースです。

Statement & Under Taking (Form 3 Details)	Details regarding application for Patents which may be filed outside India from time to time for the same or substantially the same invention should be furnished within Six months from the date of filing of the said application under clause (b) of sub section(1) of section 8 and rule 12(1) of Indian Patent Act. Details regarding the search and/or examination report including claims of the application allowed, as referred to in Rule 12(3) of the Patent Rule, 2003, in respect of same or substantially the same invention filed in all countries outside India along with appropriate translation where applicable, should be submitted within a period of Six months from the date of receipt of this communication as provided under section 8(2) of the Indian Patents Act.

例２：陳述書(様式３)のみが要求されているケースです。

Statement & Under Taking (Form 3 Details)	The period within which the applicant shall file the statement and undertaking under sub-section (1) of section 8 is six months from the date of filing the application. Annexure to form 3 has not been filed in accordance to rule 12 (1A) of The Patent Act.

(注)例２のような形式でも、審査報告の別の箇所で、所定の明細〈８条(2)〉を要求している場合があるため、見落とさないように注意すべきです。

●義務違反と特許権取消し

(1)異議申立理由及び無効理由

　８条の義務規定違反は、付与前異議申立理由〈25条(1)(h)〉、付与後異議申立理由〈25条(2)(h)〉、無効理由〈64条(1)(m)〉であり、侵害訴訟における無効抗弁理由〈107条(1)〉でもあります。

　実際、８条(1)及び(2)に係る義務の不作為によって、特許権が取り消された事例があります[32]。この事件において、特許出願人は、インドへ国内段階出願を行い、８条(1)の陳述書及び誓約書を提出しました。しかし、インド出願後に行った欧州特許出願に係る明細事項の追加提出を怠りました。また、管理官から要求があったにもかかわらず、出願人は、出願時の陳述内容に変更がない旨を回答し、主要特許庁のステータス情報を記入した陳述書を提出しませんでした。審判において、これらの不作為が立証され、この特許権は８条に基づいて取り消されました。

(2)特許権取消しの裁量権

　８条は義務規定であり、出願人は８条の義務を遵守しなければなりませんが、８条の義務に違反する不作為があっても、直ちにその特許権が取り消されるものではなく、特許権を取り消すか否かは裁判所の裁量です[33]。

32　IPAB 審決 ORA/14/2009/PT/MUM, Order No.207/2012.
33　FAO (OS) 16/2014、CS (OS) 586/2013.

64条(1)の条文は、裁判所が64条に掲げる理由によって、特許権を取り消すことが「できる(may)」と規定されているためです。

8条に係る不作為が故意又は意図的なものでない場合(単なる事務手続ミスなど)、裁判所の裁量権によって特許権取消請求を退けることができ、特許権者は救済され得ます[34]。

(3)特許権取消請求の立証責任・立証事項

8条に基づく特許権の取消しを請求する者は、8条の義務規定違反である旨を主張するだけでは不十分です。

また、インド特許庁に提供されなかった関連外国出願情報(出願人が提供できたであろう関連外国出願情報)を宣誓供述書とともに提示するだけでは不十分です。請求人は、具体的事実を申し立てて、インド特許庁に提供されなかった関連外国出願情報が、インドに特許出願された発明と同一又は実質的に同一の発明に関連するものであることを主張しなければなりません[35]。

また、出願人の故意又は悪意を主張立証しなければなりません。故意又は悪意によって関連外国出願情報が提供されなかったことを示す証拠がないとして、8条に基づく特許権取消請求を退けた事例があります[36]。

(4)審査基準に明記された判例

2019年にMPPPが改訂され、以下の参考判例が列挙されています[37]。上記と同内容の法理が審査基準に明記されました。

（ⅰ）*Hoffman - La Roche Ltd. v. Cipla* 〈CS (OS) No.89/2008〉.

（ⅱ）*Koninklijke Philips Electronics v. Maj. (retd.) Sukesh Behl & anr* 〈CS (OS) No. 2206 of 2012〉.

（ⅲ）*Maj. (retd.) Sukesh behl & anr. v. Koninklijke philips electronics* 〈FAO (OS) No.16 of 2014〉.

（ⅳ）*Fresenius Kabi Oncology Limited v. Glaxo Group Limited & Anr* 〈IPAB-ORA 17 of 2012/PT/KOL〉.

●コメント

　８条が義務規定である点は重要です。上述のとおり、関連外国出願情報
の提供漏れによる特許権取消しを過度に心配する必要はありませんが、関
連外国出願情報の情報提供義務を軽視すべきではありません。特にインド
出願の審査結果に大きな影響を与え得る否定的な情報は、漏れなく確実に
提供すべきです。また、意図的なものでない瑕疵については裁判所の裁量
権で救済されますが、多大な裁判費用と時間がかかるので、可能な限り漏
れのない報告を心掛けるべきです。

34　FAO（OS）16/2014.
35　IPAB 審決 ORA/22/2011/PT/KOL, Order No.161/2013 パラグラフ75
36　CS（OS）586/2013 パラグラフ106
37　MPPP 項目09.03.06

2.13節　生物学的素材を利用した発明の特許出願

　インド由来の生物学的素材を利用した発明を特許出願する場合、特許権が付与されるまでに国家生物多様性局(NBA：National Biodiversity Authority)の承認を得なければなりません。生物学的素材を利用した発明であって、実施可能要件を満たすことが困難な場合、特許出願前に当該素材を国際寄託当局[38](IDA：International Depositary Authority)に寄託することで明細書の実施可能要件を満たすことができます。

●2002年生物多様性法

　2002年生物多様性法(The Biological Diversity Act, 2002)は、生物多様性の保全、生物多様性の構成要素の持続可能な利用、遺伝資源の利用から生ずる利益の公正かつ衡平な配分を目的とする法律です。

●国家生物多様性局の事前の承認
(1)承認
　インド由来の生物学的素材に関する研究又は情報に基づく発明を特許出願するには NBA の承認が必要です〈2002年生物多様性法6条(1)〉。外国由来の生物学的素材に係る発明の場合、NBA の承認は不要です。

(2)願書による宣誓
　出願人は「明細書で開示されている発明は、インド由来の生物学的素材を利用しており、特許権が付与されるまでに国家生物多様性局から承認を経て、これを提出する」旨を願書において宣誓しなければなりません(様式1の項目12)。

(3)期限
　宣誓のとおり、特許権が付与されるまでに NBA の承認を得て、特許権付与前に許可証を提出しなければなりません。

38　http://www.wipo.int/budapest/en/idadb/ (最終アクセス日：2023年4月1日)

（4）拒絶

　インド由来の生物学的素材を利用した発明であるにもかかわらず、前述の宣誓がされていない場合、あるいは NBA の許可証が提出されていない場合、これらの不備を指摘する審査報告が出願人に通知されます。

（5）罰則

　生物多様性法６条(1)に違反した者は、５年以下の拘禁刑若しくは100万ルピー以下の罰金に処され、又はこれらが併科されます。なお、損害が100万ルピーを超える場合、損害額に見合った罰金が科されます〈2002年生物多様性法55条(1)〉。

●生物学的素材の寄託
（1）明細書の記載要件と寄託

　生物学的素材に係る発明を実施可能に記載することが事実上困難であり、しかも一般にその素材が入手困難である場合には、その生物学的素材をIDAに寄託し、後述の要件を満たせば、明細書の実施可能要件を具備したものとみなされます〈10条(4)(d)ただし書(ii)〉。

（2）寄託に係る要件

　生物学的素材の寄託はインドの特許出願前に行い、その寄託について明細書に言及しなければならず、この言及は出願日から３か月以内に行わなければなりません〈規則13条(8)〉。なお、この言及は早期公開請求の前に行う必要があります〈規則13条(8)ただし書〉。

　利用した生物学的素材の特徴を明細書に記載しなければなりません。また、生物学的素材を正確に特定できるように、生物学的素材を寄託したIDAの名称及び住所と、IDAへの当該素材の寄託日及び寄託番号を明細書に記載しなければなりません。

　特許出願後又は優先日後、生物学的素材を寄託したIDAで生物学的素材の分譲を受けることが可能でなければなりません。生物学的素材の出所及び地理的原産地を明細書に開示する必要があります。

●生物学的素材の出所及び地理的原産地の開示

（1）生物学的素材の出所などの開示

　出願人は、生物学的素材に係る発明を特許出願する場合、生物学的素材の出所及び地理的原産地を明細書に記載しなければなりません。

（2）異議申立理由及び無効理由

　生物学的素材の出所開示要件違反は、異議申立理由及び無効理由です〈25条(1)(j)、(2)(j)、64条(1)(p)〉。また、生物学的素材の出所及び地理的原産地を誤って記載した場合も異議申立理由及び無効理由となるため、注意を要します。

2.14節　外国出願許可制度

　国防に関連する機密情報の国外流出を防ぐため、外国へ特許出願（以下、外国出願）を行おうとする者に対して、外国出願許可（FFL：Foreign Filing License）の取得が義務付けられています。インド居住者は、原則として外国出願許可を取得しなければ外国出願を行い、又はさせてはなりません（39条）。39条に違反して外国出願を行った場合、インド特許出願は放棄されたものとみなされ（40条）、禁固若しくは罰金に処され、又はこれらが併科されます（118条）。外国出願許可の制度は米国、英国などにも存在しますが、外国出願許可の取得が義務付けられる対象は各国で異なる点に留意すべきです。

●外国出願許可の取得義務を有する者
（1）インド居住者

　外国出願許可の取得が義務付けられる者は「インド居住者」（person resident in India）です。インド国籍、市民権の有無は無関係です。例えばインド国籍を有する発明者が外国に居住している場合、外国出願許可を取得する必要はありません。また、「者」（person）には、法人であるか否かを問わず、政府、会社又は個人からなる団体若しくは組織が含まれます（一般約款法3条[39]）。

39　The General Clauses Act, 1897.［原文］

（a）インド居住者と非居住者の共同出願

　インド居住者とインド非居住者が共同で外国出願を行う場合の取扱いについての規定はありません。しかし、秘密保持規定に関連する39条の性質上、インド居住者と非居住者の共同出願など、共同出願人の少なくとも1人が「インド居住者」であれば、外国出願する前に、インド居住の発明者が、外国出願許可を取得する必要があります（表3参照）。英国においては、共同出願人の1人が英国居住者である場合、外国出願許可の取得が求められており[40]、インドにおいても同様に取り扱われると考えられます。

表3：外国出願許可の要否

出願人	外国出願許可の要否
インド居住者のみの単願又は共同出願	必要
インド居住者及びインド非居住者の共同出願	必要
インド非居住者のみの単願又は共同出願	不要

（b）企業及び従業者の居住地の関係

　従業者である発明者が完成させた発明を、雇用主である企業へ譲渡し、その発明を当該企業が特許出願することが多く行われています。企業及び従業者の居住地と外国出願許可の要否の関係を表4に示します。

表4：企業及び従業者の居住地と外国出願許可の要否

企業 従業者	インド国内企業	外国企業
インドに居住する従業者	必要	必要（※1）
インドに居住しない従業者	必要（※1）	不要

　　※1　確立した解釈・判例は見当たらない。

　インドに居住する従業者の発明をインド国内の企業が外国出願する場合に外国出願許可が必要であることは明らかです。

　また、インドに居住しない従業者の発明を外国企業が外国出願する場合も、外国出願許可は不要です〈39条(3)〉。

　インド国内企業に雇用されるインドに居住しない従業者が完成させた発明を、インド国内企業の名義で外国出願する場合の規定は存在しませんが、外国出願許可が必要であると考えられます。この場合、発明の実質的な所有者はインド国内企業であり、「インド居住者」に該当する可能性があるためです。

　外国企業に雇用されるインドに居住する従業者が完成させた発明を、外国企業の名義で外国出願する場合についての規定は存在しませんが、外国出願許可を要すると考えらます。この場合、「インド居住者」が、外国企業に対してこの発明をインド国外で特許出願させる(cause to be made any application outside India)ことに該当する可能性があります(39条)。

　外国出願時点で発明を所有しているのは外国企業ですが、発明の原始的所有者はインドに居住する従業者です。この従業者が外国出願を行う際は、機密情報の国外流出を防ぐため、外国出願許可の取得が求められます。出願権を雇用者の外国企業に移転することによって、外国出願許可を取得する必要がなくなるとすれば、インド居住者の発明について、外国出願による機密情報の国外流出を容易に許すことになり、不合理と思われます。英国のMoPPによれば、外国企業に雇用された英国居住者は、最初に外国出願することを要求する雇用契約の条項にかかわらず、英国特許法23条(インド特許法39条に相当)に従わなければならないとされています。

(2)発明の完成場所

　居住地及び発明完成場所と外国出願許可の要否の関係を次ページの表5に示します。発明が行われる場所は、インドにおける外国出願許可の要否と無関係です(39条)。例えば発明者が外国出張中に完成させた発明であっても、発明者がインド居住者であれば、外国出願許可の取得が求められます。

　逆に発明者がインド国内で完成させた発明であっても、発明者がインド非居住者であれば、外国出願許可を取得することなく外国出願を行うことができます。「米国において行われた発明」について外国出願許可が必要な米国と異なる点です。

表5：発明完成場所と外国出願許可の要否

	インド国内で発明	インド国外で発明
インド居住者	必要	必要
インド非居住者	不要	不要

（3）発明の内容

　外国出願許可の取得が必要な発明の内容については特に限定されておらず、国防、国家安全保障に関連する発明に限定されるものではないと解されます。これは英国、米国などと異なる点であるといえるでしょう。

　外国出願許可の制度を規定する39条は、特許法第Ⅶ章「一定発明の秘密保持規定」（35～42条）の一規定であり、「国防目的に関連する発明の秘密保持に関する規定」（35～38条）の文脈で捉えると、外国出願許可の対象となるべき発明の範囲も国防目的に係る発明に限定すべきと解釈できるようにも思えます。

　しかし、インド特許法の条文上、対象を国防又は国家安全保障に関連する発明に限定する明文の規定又は文言は存在しません。他の諸外国、例えば英国特許法はインド特許法39条と同様の条文を有しますが、対象を軍事技術及び安全保障に関連する発明に限定する規定が存在します〈英国特許法23条(1A)〉。また、インド特許法39条(2)には、外国出願許可に係る処理を所定の期間内に行わなければならない旨が規定され、発明が国防目的又は原子力に関連するときは、管理官は中央政府の事前承諾なしに、外国出願許可を与えてはならない旨がただし書として規定されています。

　つまり、国防目的及び原子力に関連しない発明については、中央政府の事前承諾は不要であり、所定の期間内に外国出願許可に係る処理を行わなければならないと解釈できます。

　このように、国防目的以外の発明についても外国出願許可を行うことが想定されていると考えられます。さらに、2005年特許法改正前の39条には対象を限定する文言が存在していましたが、2005年特許法改正によってこの文言は削除されています[41]。

41　2002年改正特許法21条及び2005年改正特許法31条

　外国出願許可の対象となる発明の範囲が特定のものに限定されるものではない旨を示した判例もあります[42]。

　以上のとおり、外国出願許可の取得を要する発明の分野は特に限定されないと考えられます。

●外国へ特許出願を行う方法

　インド居住者が外国出願を行う方法としては以下の4つの方法が考えられます。

〈方法1：インド特許出願方法〉

　方法1は、図3に示すように、まずインドに通常の特許出願を行い、出願の日から6週間経過後[43]に外国出願を行う方法です〈39条(1)(a)〉。ただし、秘密保持指示が発せられ(35条)、その秘密保持指示が解除されていない場合、外国へ特許出願を行うことはできません〈39条(1)(b)〉。

　方法1によれば、英文明細書が用意されているような場合、最初にインドへ直接出願を行うことで早期に優先日を確保することができます。

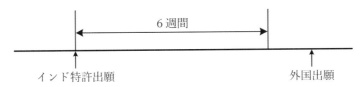

図3：インド特許出願方法

〈方法2：外国出願許可取得方法〉

　方法2は、次ページの図4に示すように、事前に外国出願の許可を請求し〈規則71条(1)〉、外国出願許可を取得した後、外国出願を行う方法です〈39条(1)〉。外国出願の許可は、国防及び原子力に関する発明を除き、通常は請求の日から21日以内に発行されます〈規則71条(2)〉。

42　*Puneet Kaushik And Anr v. Union of India And Ors.*, W. P. (C) 1631/2013.
43　米国の場合は6か月である。

実務上は 1 週間以内に発行されることが多く、請求の日から 4 日で発行されることもあります。

なお、特許意匠商標総局発行の2021～2022年次報告書によると2021～2022年度では8421件の請求に対して8265件の許可が発行されました。許可率は約98% です。(9.8節参照)

方法 2 によれば、インド特許庁に出願を行わずに、外国出願を行うことができます。日本語の明細書で国際出願を行う場合、英訳を行ってインドに最初の特許出願を行うより、外国出願許可を取得してから国際出願を行うほうが早期に優先日を確保することができます。

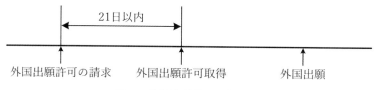

図 4：外国出願許可取得方法

〈方法 3 ：インド特許出願＋外国出願許可取得方法〉

方法 3 は、図 5 に示すように、インドに通常の特許出願を行い、特許出願と同時又はその直後に外国出願許可を請求し〈規則71条(1)〉、出願日から 6 週間経過前、外国出願許可の取得後に外国出願を行う方法です〈39条(1)〉。

方法 3 では、早期に優先日を確保した上、更に外国出願を早期に行うことができます。

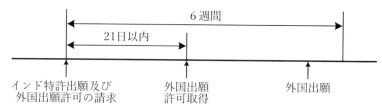

図 5：インド特許出願＋外国出願許可取得方法

〈方法4：インド特許庁を受理官庁として国際出願を行う場合〉

　国際出願は、出願人の選択によって、出願人の住所がある締約国の国内官庁又は国際事務局に対して行うことができますが(PCT 規則19.1)、インド特許庁を受理官庁として国際出願を行う場合、外国出願許可を取得する必要があります[44]。国際出願と同時に外国出願許可の申請を行ったにもかかわらず、外国出願許可が下りるまで国際出願日が付与されなかったケースがあります(例えば国際出願番号 CT/IN2012/000868の国際出願は2012年9月14日に行われたが、付与された国際出願日は2012年9月27日であった。)。外国出願許可を取得しない限り、国際出願とみなされない(国際出願日が付与されない。) 運用になっています[45]。

●外国出願許可の手続

　外国出願許可の申請は様式25により行います(規則71条)。様式25の申請書には発明の簡単な説明書を添付し、所定の手数料を納付しなければなりません。様式25には、発明の名称、発明者の氏名、住所及び国籍、譲受人の名称及び住所(出願権が出願人に譲渡されている場合)、外国出願予定国の国名、外国出願の理由などを記載します。この申請書は、公開されることはありません。

　現地代理人が外国出願許可の取得手続を行う場合、委任状の原本を提出する必要があります。特許関連手続の委任状は基本的に電子的に提出するだけで十分ですが(管理官から要求された場合に限り原本を提出する。)、外国出願許可手続については、委任状の原本を提出しないと手続が進まないようです。その理由は定かではありません。

●罰則など

　外国出願許可の規定(39条)に違反して外国出願を行い、又は当該外国出願をさせた場合、その発明に対応するインド特許出願は放棄されたものとみなされます。特許権が付与されている場合、その特許権は無効理由を有することになります (40条)。

44　前掲注42参照
45　MPPP 項目07.02.01

　外国出願許可の規定(39条)に違反して外国出願を行い、又は当該外国出願をさせた場合、その者は2年以下の禁固若しくは罰金に処され、又はこれらが併科されます(118条)。なお、この規定に基づいて罰せられた前例はありません。

●居住者(Person Resident in India)の解釈に関するコメント

　出願人がインド居住者に該当するか否かが問題になりますが、インド特許法には「インド居住者」の定義規定は存在せず、判例も存在しません。「インド居住者」の解釈の手掛かりの一つとして、1961年所得税法[46]が挙げられます。同法によれば、課税年度中に連続又は合計で182日以上インドに滞在している個人、又は課税年度中に連続又は合計で60日以上滞在し、かつ、当該年度以前の4年間で合計365日以上滞在している個人は、「インド居住者」とされます〈所得税法6条(1)〉。また、インド企業又は課税年度中における業務の指揮管理が専らインドにあった企業は、「インド居住者」と定められています〈所得税法6条(3)〉。

　上述した定義規定が裁判所で採用される可能性はあります。しかし、所得税法において定義されるインド居住者は課税区分のためのものであり、発明の秘密保持規定を扱うインド特許法39条の「インド居住者」を所得税法の定義規定によって解釈することには不合理な点もあります。

　例えば課税年度中に182日間インドに滞在した個人は外国出願許可取得の義務が課されるのに対して、課税年度をまたいで合計182日間インドに滞在した個人は外国出願許可取得の義務を負わないことになります。同期間滞在した者に対する取扱いが、その課税年度の基準日によって左右されることは秘密保持に関する規定上、不合理と思われます。

　インド特許法と同様の規定(英国特許法23条)を有する英国における「居住者」の取扱いも参考になります。インドにおける法的拘束力はもちろんありませんが、英国のMoPPによれば、英国に通常居住している者が数箇月の間、外国で生活をしている場合、その間、英国の居住者ではなくなっていたとみなすと説明されています(MoPP 23.01)。

46　The Income-tax Act, 1961.〔原文〕

　また、外国(英国外)に通常居住しているものの、英国に居所(residential address)を有する者である場合、英国特許法23条における英国の居住者とみなす旨が説明されています(MoPP 23.01)。

　インドの法律は英国の法律をベースにしているため、インドの裁判所は英国の判例を参照することが少なくありません。インドにおいても、英国特許実務と同様に、インドに滞在する居所の有無に基づいて「インド居住者」であるか否かが判断される可能性も十分にあると考えられます。

　所得税法上の定義は絶対的なものではなく、所得税法上の居住者に該当しない場合であっても、例えばインドにおいて一定期間、継続的に滞在している居所があるような場合など、インド特許法39条の適用対象になる可能性があることに留意すべきでしょう。

2.15節　条約出願（パリ優先権主張出願）

　インドはパリ条約の同盟国です。「条約出願」はパリ条約による優先権を主張して行う特許出願であり〈2条(1)(c)〉、最先の基礎出願の日から12か月以内に行わなければなりません〈135条(1)〉。客体的要件と、特殊な優先権主張手続に留意すべきです。

●客体的要件

　客体的要件は、基礎出願（basic application）が存在することです〈135条(1)〉。パリ条約上、条約出願の時点において基礎出願が特許庁に係属していることが優先権主張の要件とはされませんが〈パリ条約4条A(2)、(3)〉、無用な争いを避けるという観点から、条約出願の時点まで基礎出願を存続させておくことが望ましいでしょう[47]。

　インドにおいても、いわゆる複数優先〈135条(2)、137条〉、部分優先〈136条(2)〉が認められています（パリ条約4条F、H）。

●手続的要件

（1）出願時の提出書類

　基本的な提出書類は通常の特許出願と同様です。（2.4節参照）

　ただし、条約出願においては、仮明細書を提出することができず、完全明細書を願書に添付しなければなりません〈136条(1)(a)〉。

（2）優先権の申立て

　願書（様式1）には、通常の特許出願の記載事項に以下を追記します。

（ⅰ）基礎出願の出願国、出願番号、出願日、出願人の名称、発明の名称などの書誌事項〈136条(1)(b)〉

（ⅱ）「出願人は、その日（優先日として主張する日）前に条約国において当該発明に係る特許を出願したことがない旨」の宣言〈136条(1)(c)〉

（ⅲ）優先権主張の申立て

47　Draft Manual of Patent Practice and Procedure（2008）の項目5.3.5で特許出願番号986/CAL/79が例示されている。

（3）優先権書類

　出願人は、管理官から要求されたときは、管理官の納得するように認証された基礎出願の明細書などの写しを、その要求の通知日から3か月以内に管理官に提出しなければなりません〈138条（1）、規則121条〉。この写しは「優先権書類」[48]と呼ばれるものです。インドはWIPOが提供する優先権書類のデジタル・アクセス・サービス（DAS）に参加しています[49]。2018年1月31日より、インド特許庁は優先権書類の提供庁（depositing office）及び取得庁（accessing office）として、サービスを提供しています。DASを利用することにより、優先権書類の提出を省略することができます。

　また、基礎出願の明細書などが英語以外で記載されており、管理官から要求されたときは、明細書などの翻訳文（英訳）であって、宣誓書又はその他の方法によってその真正性が証明されたものを管理官に提出しなければなりません〈138条（2）〉。管理官から要求されたときに提出が必要な優先権関連書類は以下のとおりです。

（ⅰ）優先権書類（この書類には願書、明細書、図面、要約書など[50]が含まれる。）

（ⅱ）優先権書類の翻訳文（全文英訳）

（ⅲ）翻訳者宣誓書

　宣誓書の署名人が「優先権書類の全文英訳が完全かつ正確である」ことを宣誓します（duly verify）。このように宣誓できるのは出願人又は出願人により委任された者です〈規則21条（2）：類推適用〉。したがって、出願人でもない、委任もされていない者（内部・外部の翻訳者）の署名を認めない管理官もいます。出願人により委任された者（例えば日本国内代理人、翻訳者）が署名した場合、証拠として委任状の提出が求められる場合もあります。

48　特許協力条約において「優先権書類」の用語は、「第8条の規定により先の国内出願又は国際出願に基づく優先権の主張を伴う場合には、当該先の国内出願又は国際出願を受理した当局が認証したその出願の謄本」と説明されている（PCT規則17.1）。
49　https://www.wipo.int/das/en/participating_offices/details.jsp?id=10495（最終アクセス日：2023年4月1日）
50　補正を行っている場合は、手続補正書も含まれる。

　そこで、事務手続を簡略化するため、翻訳者が宣誓書に署名することで「英訳が完全かつ正確である」ことを保証し、出願人により委任されている現地代理人が同宣誓書又は別途用意した宣誓書に署名するか、あるいは、翻訳者宣誓書に翻訳者と出願人の両者が署名するとよいでしょう。

　現地代理人のみが署名するような運用も行われていますが、日本語が読めない現地代理人が「英訳が完全かつ正確である」ことを宣誓することに法的な問題がないか疑問が残るため、翻訳者及び現地代理人双方の宣誓を得ることが望ましいといえます。

　インドにおいては、特許の新規性及び進歩性を判断する際に優先権の有効性を確認する必要がなくても、著者の経験上、半数以上の条約出願について、基礎出願の翻訳文が要求されています。

　現地代理人によっては、管理官から要求される前に基礎出願の翻訳文を提出することを推奨しています。例えば条約出願を行うと同時に、又は条約出願後、数箇月以内に基礎出願の翻訳文を提出することができます。条約出願時においては、出願人(明細書作者及び翻訳者)も基礎出願の明細書と、条約出願に添付された完全明細書の関係を十分に理解しているため、基礎出願の翻訳文を効率的に作成することができるためです。

　また、前倒しで基礎出願の翻訳文を提出することによって、翻訳文の提出期限の管理が不要になるだけではなく、翻訳文の提出期限である3か月を徒過する危険性を回避することができます。

2.16節　国内段階出願（PCT 国内移行）

　インドは PCT 加盟国であるため、PCT ルートでインドに特許出願することができます。ただし、インド特有の優先権主張手続、補正の制限に留意すべきです。

●国内移行手続期限

　特許権の付与を受けようとする者は、優先日から31か月以内に国内段階出願をしなければなりません〈規則20条（4）（i）〉。

　国際出願明細書の翻訳文提出期限としての追加の猶予期間はなく、この31か月の期間は延長することができません。2016年特許規則改正前は、期限を徒過した出願手続を管理官の裁量により救済することが可能でしたが、現在は規則138条による期間延長は不可能です。（2.21節参照）

●手続的要件

（1）出願時の提出書類

　基本的な提出書類は通常の特許出願と同様であり（2.4節参照）、完全明細書に代えて、国際出願の明細書、請求の範囲、要約書及び図面の翻訳文を添付します〈規則20条（3）（b）、（5）、様式2〉。

　優先権を主張する場合、条約出願と同様、国内段階出願の願書においても基礎出願の書誌事項、優先権主張の申立てなどを記載しなければなりません。

（2）優先権書類

　原則として、条約出願と同様、優先権書類を提出しなければなりません。しかし、優先権主張を伴う国際出願を行っている場合であって、PCT 規則17.1（a）又は（b）を満たしている場合、優先権書類を提出する必要はありません〈規則21条（1）、PCT 規則17.1（c）、（d）〉。条文及び規則上、PCT/IB/304の書面を提出する義務はありませんが、実務上、管理官から PCT/IB/304（英語）の写しの提出が求められることが多いため、出願時に提出しておくとよいでしょう。

　基礎出願が英語で記載されていない場合、新規性又は進歩性の判断を行うために優先日を確定させる必要があるとき、管理官は、優先権書類の翻訳文を出願人に要求することができます。出願人は、その要求された日から3か月以内に優先権書類の翻訳文を提出しなければなりません。

　優先権主張の有効性が、特許性判断に関連しないと考える場合〈PCT 規則51の2.1(e)(i)〉、出願人は翻訳文の提出義務がないことを反論することができます〈規則21条(2)〉。

　優先権主張の有効性が、特許性判断に関連するにもかかわらず、期限内に優先権書類及びその翻訳文が提出されなかった場合、優先権主張は無視されます〈規則21条(3)〉。(2.17節参照)

　万一、管理官による翻訳文の要求日から3か月の期間が徒過するようなことがあると、嘆願書を提出しても翻訳文を受け取ってもらえず、優先権の利益が失効してしまう可能性があります(規則137条)。

　国際出願の場合、翻訳文を準備する期間が十分に与えられているため、3か月の期間を超えて更に翻訳文提出の期間を出願人に与える必要はないと考えられています。嘆願書を提出するとともに事情を説明することによって、翻訳文を受け取ってもらえるケースもありますが、翻訳文が受理されないケースもあります。

　例えばインド特許出願1043/DELNP/2005のケースでは基礎出願の翻訳文が受理されていますが、インド特許出願1415/DELNP/2005のケースでは翻訳文の提出が認められず、優先権の利益が失効しています。

　提出が必要な優先権関連書類は以下のとおりです。

（ⅰ）PCT/IB/304（英語）

（ⅱ）優先権書類の全文英訳

（ⅲ）翻訳者宣誓書

　　　（宣誓書の署名人については、2.15節参照）

●国内移行時の補正

　国内段階出願を行う際、不要なクレームを削除することが可能です〈規則20条(1)ただし書〉。クレームの削除以外の補正が必要な場合、自発補正として、国内移行後に手続補正書(様式13)による補正が必要です。

●インド出願に基づく国際出願

　インド出願に基づく優先権を主張した国際出願において、インドを指定することもできます（自己指定）。この場合の優先権の取扱いはパリ条約ではなく、インドの国内法令が定めるところによります〈PCT 8 条(2)(b)〉。

　インドでは、このインド出願を基礎出願であるものとして条約出願に関する規定が適用されます〈135条(3)〉。言わば、日本の自己指定が国内優先権主張出願とみなされるような取扱いです。

　ただし、インドを自己指定する場合、インド出願と、国内段階出願（インドを自己指定した出願）のいずれか1つしか審査請求できない点に留意すべきです〈135条(3)ただし書〉。審査請求されなかった特許出願は取下げ擬制されることになります〈11B 条(4)〉。

　日本の国内優先権主張と異なる点は、審査対象及び取下げ対象を出願人が選択することができる点にあります。インド出願に基づいて、改良発明の国際出願を行う予定があるような場合、インド出願から1年が経過するまで審査請求を行うべきではありません。

　インド出願の審査請求を行った後に、改良発明を国際出願し、インドを自己指定したとしても、インドの国内段階出願によって改良発明の特許権を取得することはできません。この場合、別途、インドへ改良発明の特許出願を行う必要があります。

●国内段階出願の効果

　PCT ルートの国内段階出願はインド特許法に基づく特許出願とみなされます〈7条(1A)〉。国際出願の願書とともに提出された明細書、図面、要約及びクレームなどは、インド特許法における完全明細書とみなされ〈10条(4A)、138条(4)〉、完全明細書は国際出願日に提出されたものとして取り扱われます〈7 条(1B)、138条(5)〉。この完全明細書とされる国際出願の明細書には、PCT19条補正及び PCT34条補正の内容が含まれます〈規則20条(1)説明書〉。

　また、国際出願は優先日から18か月後に国際公開されますが、インドに国内段階出願を行った場合、国内段階出願の内容がインドにおいても公開されます(11A 条)。

　なお、まれに国内段階出願を行っていてもインドにおいて公開されない
ケースがありますが、これは公開手続の漏れです（例えばインド特許出願
2274/CHENP/2011）。インドにおける公開は、審査開始の要件であるため、
国内段階出願後3～4か月経過した頃、審査請求を行う際など、インドに
おける公開状態も念のため確認しておくことが望ましいでしょう。

●条約出願と国内段階出願の審査速度

　審査請求順に審査が行われており、審査速度に関して両者に大きな違い
は見られません。審査内容についても、格段に大きな違いはないと思われ
ます。

2.17節　優先権書類の翻訳文

　パリ条約の優先権を主張すると、インド特許庁から優先権書類の翻訳文（英訳）が要求されます。優先権書類の翻訳は出願人の手続負担が大きいため、翻訳文が必須であるかどうかが出願人の大きな関心事の一つとなっています。

●優先権書類の翻訳文は必須か？

　原則として、優先権書類の翻訳文を提出しなければなりません。しかし、PCT ルートの国内段階出願の場合、優先権主張の有効性が特許性の判断に影響しない場合、翻訳文を提出する義務はありません〈規則21条(2)〉。

●条約出願と国内段階出願の関係

　条約出願とは、135条に基づく特許出願をいいます〈2条(1)(c)〉。つまり、出願権を有する者がパリ条約の同盟国に基礎出願を行い、基礎出願の日から12か月以内に優先権を主張して行った「本法の下」での特許出願をいいます〈135条(1)〉。

　国内段階出願は、インドを指定する国際出願の国内移行手続としての特許出願をいいます。インドを指定する国際出願は、7条及び135条の下での特許出願の効力を有し〈138条(4)〉、国際出願の明細書、請求の範囲、図面、要約書に対応する出願書面がインド特許庁に提出された場合、当該国内段階出願は、「本法の下」での特許出願とみなされます〈7条(1A)〉。

　上記2条(1)(c)、7条(1A)、135条(1)、138条(4)の規定より、パリ条約の優先権主張を伴う国内段階出願は、条約出願にも該当します。したがって、条約出願に関する規定138条(1)、(2)は、パリ条約の優先権主張を伴う国内段階出願にも適用されると解されます。

　以下、本節においては、特にパリ条約の優先権を主張してインド特許庁に直接行う特許出願（国内段階出願を除く。）を、「パリルート直接出願」と呼びます。また、パリ条約の優先権を主張して行う国内段階出願（パリ条約の優先権主張を伴わない国内段階出願を除く。）を、「パリ優 PCT ルート出願」と呼びます。

●優先権書類の翻訳文提出に関連する条文及び規則

　パリルート直接出願及びパリ優 PCT ルート出願における優先権書類の
翻訳文に関連する条文及び規則は表6のとおりです。

表6：優先権書類の翻訳文の関連条文

パリルート直接出願	パリ優 PCT ルート出願
特許法138条(1)、(2)	
規則121条	規則21条(2)、(3)

●パリルート直接出願

　基礎出願が英語以外の言語でなされている場合、管理官から要求された
ときは、英語による優先権書類の翻訳文を提出しなければなりません〈138
条(2)〉。また、翻訳文が完全かつ正確である旨の宣誓書も提出する必要が
あります〈138条(2)〉。

●パリ優 PCT ルート出願

　基礎出願が英語以外の言語でなされている場合であって、優先権の主張
の有効性が、その発明が特許を受けることができるかどうかについての判
断に関連する場合〈PCT 規則51の2.1(e)(i)〉、優先日から31か月以内に、
英語による優先権書類の翻訳文を提出しなければなりません〈規則21条
(2)〉。

　出願人が提出期間内に優先権書類の翻訳文を提出しなかった場合、又は
優先権主張の有効性が特許性の判断に関連する場合、管理官は、翻訳文の
提出を出願人に要求することがあります。出願人は、管理官による要求の
日から3か月以内に、要求された翻訳文を提出しなければなりません〈規
則21条(3)〉。

　また、翻訳文が完全かつ正確である旨の宣誓書を提出する必要がありま
す。管理官の要求に応じない場合、優先権の主張は無視されます〈規則21
条(3)〉。

●2020年改正特許規則（2020年10月19日施行）

本規則改正前、パリ優 PCT ルート出願における優先権主張手続に関する旧規則21条の「優先権書類が英語でない場合は、出願人又は当該出願人により適法に委任された者が適法に証明したその英語の翻訳文を規則20条(4)に規定の期限内に提出しなければならない」の規定と、PCT 規則51の2.1(e)の「指定官庁が適用する国内法令は、…出願人に対し優先権書類の翻訳文を提出することを要求することができる。ただし、次の場合に限る。(ⅰ)優先権の主張の有効性が、その発明が特許を受けることができるかどうかについての判断に関連する場合」の規定との整合性が問題となっていましたが、両規定の関係は、下表のとおり、2020年改正特許規則により明確化されました。

表7：規則21条の新旧対照表

規則21条（規則改正前）	規則21条（規則改正後）
(2)(1)にいう優先権書類が英語でない場合は、出願人又は当該出願人により適法に委任された者が適法に証明したその英語の翻訳文を規則20条(4)に規定の期限内に提出しなければならない。	(2)特許協力条約に基づく規則51の2.1(e)のサブパラグラフ(ⅰ)又は(ⅱ)が適用される場合は、出願人又は当該出願人により適法に委任された者が適法に証明したその英語の翻訳文を規則20条(4)に規定の期限内に提出しなければならない。
(3)出願人が(1)又は(2)の要件を遵守しない場合は、所轄庁は、優先権書類又は場合によりその翻訳文を、要請の日から3月以内に提出するよう出願人に要請し、出願人がそれに応じないときは、出願人の優先権主張は、法の適用上無視される。	(3)出願人が(1)又は(2)の要件を遵守しない場合は、特許庁は、優先権書類又は場合によりその翻訳文を、要請の日から3月以内に提出するよう出願人に要請し、出願人がそれに応じないときは、出願人の優先権主張は、法の適用上無視される。

＊規則20条(4)に規定の期限：優先日から31か月

パリ優 PCT ルート出願においては、優先日より後、国際特許出願日前に公開された引用文献がなく、優先権主張の有効性が特許性を左右しない場合、優先権書類の翻訳文は要求されなくなることが期待されます。

しかし、現状、前記のような状況でも形式的に優先権書類の翻訳文の提出を要求されることが多く、特許規則の改正が審査実務に反映されるまでには時間を要すると考えられています。

優先権主張の有効性が特許性に関連しない場合、優先権書類の翻訳文を提出する義務がない旨を反論することができます。ただし、管理官は大きな裁量権を有しています。例えば先行技術調査を行うために優先日を定める必要があるなどの理由で翻訳文を要求することができます。

審査の初期段階においては管理官に反論を試みる価値がありますが、聴聞においても翻訳文の提出を強く要求された場合、管理官の要求に従って、翻訳文を提出するのが安全です。なお、聴聞後、15日以内に応答書を提出する必要があることから、翻訳文を短時間で作成しなければならない点に留意する必要があります。

●優先権主張の失効

パリ優PCTルート出願において管理官の要求に応じず、優先権書類の翻訳文を提出しない場合、出願人の優先権主張は無視されます〈規則21条(3)〉。

パリルート直接出願においても、管理官の要求に応じず、優先権書類の翻訳文を提出しない場合、規則21条(3)と同趣旨で優先権主張が失効するおそれがあります。

●翻訳文の事後提出

特許権の登録後に係争で特許性が問題になった際、優先権書類の翻訳文を事後的に提出することによって、「法の適用上、無視された」優先権主張〈規則21(3)〉を回復できる旨の規定はありません。翻訳文を事後的に提出できるという十分な理由、合理的根拠はありません。

2.18節　分割出願

　特許出願人は、1つの特許出願に2つ以上の発明が含まれている場合、特許権付与前であれば、この特許出願を2つ以上の特許出願に分割することができます。特許出願の分割は、発明の単一性違反を指摘する審査報告に対する応答時はもちろん、理論的には出願人が自発的に行うこともできます。分割された特許出願は、親出願の出願日又は優先日の利益を有します。このように、基本的な内容は日本の分割出願と同じですが、分割出願の趣旨、実体的要件は日本とは異なります。

●分割出願の趣旨

　1つの特許出願の完全明細書に記載されたクレームは、単一の発明、又は単一の発明概念を構成するように連結した一群の発明に係るものでなければなりません〈10条(5)〉。特許法における分割出願の規定は、このような単一性要件違反の瑕疵を治癒し、1つの特許出願に含まれる複数の発明(複数の発明概念)を保護するために設けられたものです。すなわち、分割出願の規定が意図するところは、以下の(ⅰ)〜(ⅲ)にあります。

（ⅰ）単一性要件違反の瑕疵を治癒すること。

（ⅱ）1つの特許出願に開示された複数の発明(複数の発明概念)を保護するために特許出願の分割を可能にすること。

（ⅲ）分割された特許出願に、親出願の優先日の利益を認めること[51]。

　分割出願が、特許性の再審査、拒絶理由解消期間の実質的延長などに使用されることは意図されていません。

●要件

(1)主体的要件

　分割出願の出願人は、親出願の出願人であることが要件です〈16条(1)〉。親出願が共願である場合、共同出願人が全員で分割出願を行わなければなりません。その一部の出願人だけで分割出願を行うことはできません。

51　IPAB 審決 OA/6/2010/PT/KOL.

(2)客体的要件

(a)分割出願の親出願について

　通常の特許出願、条約出願、国内段階出願を親出願として分割出願を行うことができます(16条、様式1)。また、分割出願を親出願にして分割出願を行うことができます。従来、分割出願(子出願)の分割出願(孫出願)は認められないと考えられていましたが、2015年3月の審決において孫出願が可能であることが示されました[52]。大元の親出願が登録されていても、子出願がインド特許庁に係属中であれば、この子出願に基づいて分割出願を行うことができます[53]。

(b)完全明細書の内容

　分割出願に添付された完全明細書には、親出願の完全明細書に実質的に開示されていない事項を包含してはなりません〈16条(2)〉。分割出願には、親出願の出願日の利益が与えられるため、分割出願の完全明細書の記載は、親出願の開示範囲を超えてはいけません。この点は日本の分割出願と同様です。

(c)2つ以上の発明

　親出願に添付された完全明細書には複数の異なる発明が含まれていることが必要です[54]。16条(1)には、「その者が望む限り」(if he so desires)、分割出願を行うことができると規定されていますが、この文言は無条件でという意味ではなく、親出願における複数の異なる発明の開示が不可欠であり、出願人に分割出願を行う自由を無条件に与えるものではないと解されています。

52　IPAB審決 OA/21/2011/PT/DEL、IPAB審決 OA/61/2012/PT/MUM、IPAB審決 OA/66/2020/PT/DEL.

53　*Milliken & Company v. Union of India*(IPAB審決 OA/61/2012/PT/MUM).

54　"Thus if the applicant desires to file a divisional application for his invention, disclosure of more than one invention (plurality of distinct invention) in the parent application is essential."(IPAB審決 OA/6/2010/PT/KOL).

　16条に規定する「２つ以上の発明」というのは、完全同一又は実質的同一ではない複数の発明を意味するものではなく、図６に示すように、単一の発明概念を構成しない複数の発明を意味すると解されています[55]。

　例えば親出願と完全同一の発明、実質的に同一の発明を分割出願とすることはできません。「親出願の完全明細書が単一性要件を満たさない複数の発明概念を含んでいない」という理由によって分割出願が拒絶されたケースがあります[56]。また、日本のように、より広範な権利を取得するために親出願の発明を上位概念化した発明を分割出願するようなことは、当然にはできないと考えられます。

　出願人は、その意志により自発的に分割出願を行うことができ、親出願において、単一性違反の拒絶理由が指摘されている必要ありませんが[57]、この場合においても、分割元の特許出願に複数の発明が含まれていることが必須要件です。「複数の発明」の存否を最終的に判断する権限は管理官にあります。「単一の発明概念」の明確な判断手法は確立されていないため[58]、出願人が「複数の発明」を判断することは一般的に困難であり、自発的な分割出願は実運用上、非常に難しいと思われます。

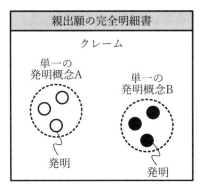

図６：完全明細書に含まれる複数発明

55　IPAB 審決 OA/66/2020/PT/DEL.

56　出願番号：1328/KOLNP/2008、出願番号：1220/KOLNP/2012.

57　IPAB 審決 OA/61/2012/PT/MUM.

58　「単一の発明概念」を検討する際に PCT 規則13が引用された審決例（IPAB 審決 OA/66/2020/PT/DEL）があるが、具体的な判断手法は示されていない。

（d）クレームの重複禁止

分割出願のクレーム及び親出願のクレームにそれぞれ記載された事項は重複してはなりません〈16条(3)、図7参照〉。親出願と同一の発明又は上位概念化した発明を分割出願することはできません。

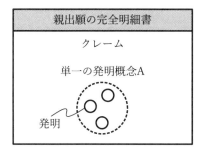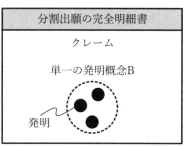

図7：分割出願の概念

（e）分割出願の数

親出願の完全明細書に3つ以上の発明概念を構成する発明群が開示されている場合、この1つの親出願を元にして、2つ以上の分割出願を行うことができます[59]。発明の単一性要件違反の瑕疵を治癒するという16条の趣旨からして、複数の分割出願を行うことは認められるべきです[60]。

（f）単一性要件違反と分割出願の適法性

親出願の審査で発明の単一性が否定されたため、分割出願を行ったにもかかわらず、分割出願の審査において親出願は複数の発明を含んでいなかった、あるいは分割出願のクレームは親出願のクレームの範囲内にあるとして、分割出願の適法性が否定されることがあります。この問題について、知的財産審判委員会は、このような矛盾した判断は許されないと判断しています[61]。

59　MPPP 項目06.01.01「概要」には、2つ以上の分割出願が行われることを想定した説明がなされている。

60　IPAB 審決 OA/61/2012/PT/MUM.

61　IPAB 審決 OA/26/2013/PT/KOL、IPAB 審決 OA/21/2011/PT/DEL、IPAB 審決 OA/61/2012/PT/MUM、IPAB 審決 OA/47/2020/PT/DEL.

親出願において単一性の要件違反を指摘され、この拒絶理由を解消するために分割出願を行った場合、分割出願のクレームが親出願のクレームを拡張するようなことがない限り、分割出願の適法性が否定されることはありません[62]。また、分割出願における適正な審査によって、親出願が単一性の要件を満たしていたことが判明した場合であっても、親出願における単一性違反の拒絶に応じて行われた分割出願は有効なものとして取り扱われるべきと判断されています。

（g）明細書からの分割[63]

明細書の記載に基づいて分割出願を行うことはできず、分割出願は、親出願のクレームの記載に基づくものでなければなりません。16条の文言上、明細書に記載された発明について分割出願を行うことができるように読めます。しかし、MPPPには「分割出願のクレームは、分割前の出願のクレームに基づくものとし、当該クレームの範囲に属さないクレームの追加は認めない」と説明されています[64]。また、出願番号985/KOL/2007の拒絶査定において、特許庁の管理官は次のように述べています。

「1）親出願のクレームは単一の発明に関するものであるが、親出願の明細書には複数の異なる発明が記載されているという理由で出願人に分割請求の機会が与えられると、第三者の利益が害される。16条は、『完全明細書のクレームが複数の発明に関連する』という理由以外での分割出願を認めないことによって、第三者に対する法的不確実性を回避するように構成されている。16条は、公開された特許請求の範囲の『通知機能』に抵触する『サブマリン』特許出願ができないように組み立てられている」

「2）16条は59条に優先する効果を有しない。16条と59条は調和しているため、調和して読むべきである。16条は、59条では不可能であった局面を16条によって解消する自由を出願人に与えるような形で解釈されるべきではない」

62　IPAB審決 OA/47/2020/PT/DEL.
63　安田恵「インド特許の分割出願における実務上の留意点—近年の規則改正と運用改善、残された論点への対応—」（「知財管理」2022年 72巻 9号）pp.1050-1051
64　MPPP 項目06.01.01

　インドにおいては、クレームの範囲を、出願当初クレームの範囲よりも拡張する補正は認められていません〈59条(1)〉。このため、親出願が出願公開されると、公衆はその出願の保護範囲(境界)を知ることになり、親出願のクレームの範囲に含まれなかった発明の範囲で自由に活動することができます(通知機能)。明細書の記載に基づく分割出願を認めると、親出願における補正手続では不可能な、クレームの範囲を拡張することが可能になり(サブマリン特許出願)、公衆の利益を害することになります。このため、インド特許庁は、明細書に開示された発明を分割することは認められず、分割できるのは親出願にクレームされた発明であると考えています。

　分割出願は親出願のクレームの記載に基づくものでなければならないとするインド特許庁の考え方は、知的財産審判委員会においても肯定されています[65]。また、裁判所においても特許庁の解釈が肯定されました[66]。

(3)時期的要件

　分割出願は、次ページの図8に示すように、親出願の特許権付与前に分割出願を行うことが要件です〈16条(1)〉。インドでは特許権の付与を、事前に出願人に通知する特許認可通知のようなものはなく、通常、特許権者は特許権が付与されることを事前に知ることはできません。このため、分割出願が必要な場合、最初の審査報告に対する応答時又は聴聞対応時に行うことが推奨されます。

　また、特許権が付与されることなく、特許出願が放棄擬制された場合、「特許出願を行った者」としての地位を失うため、この特許出願に基づいて分割出願を行うことができません。拒絶査定がなされた場合も、同様の理由で分割出願を行うことができないと考えられています。なお、拒絶査定に対して拒絶査定取消訴訟を提起した場合、特許出願が審査に差し戻されたときに分割出願が可能かどうかについては不明です。そのため実務的には分割できないものとして対応すべきでしょう。

65　IPAB 審決 OA/47/2020/PT/DEL、IPAB 審決 OA/3/2015/MUM、IPAB 審決 OA/66/2020/PT/DEL.
66　C.A（COMM.IPD-PAT）295/2022.
67　MPPP 項目06.01.01

　さらに、上述のとおり、大元の親出願が登録されていても、子出願がインド特許庁に係属中であれば、この子出願に基づいて分割出願を行うことができます。

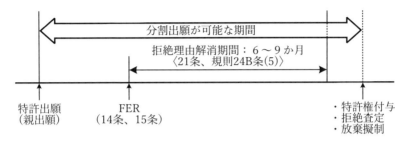

図8：分割出願が可能な期間

●手続的要件

（1）願書及び明細書

　分割出願は、完全明細書を添付した特許出願でなければなりません〈16条(2)、7条(1)〉。仮明細書を添付して分割出願を行うことは認められていません。提出書類は通常の特許出願と同様です。分割出願の願書には、親出願の番号、分割出願である旨の宣言を記載します（様式1、項目2と10）。分割出願の完全明細書には、親出願の番号を記載します〈規則13条(2)〉。

　また、親出願で行った優先権主張の申立ては、分割出願においても行うべきです。日本特許法のように、分割出願における優先権主張の手続を省略できる旨の規定はインド特許法に存在しません。

　親出願で提出した委任状及び出願権の証拠については提出する必要はありません[67]。

（2）出願先

　分割出願は、親出願を行ったインド特許庁に行わなければなりません〈規則4条(4)〉。ただし、分割出願が、親出願のインド特許庁以外のインド特許庁にされた場合であっても、その分割出願は親出願のインド特許庁に移管されます〈規則4条(5)〉。

●分割出願の効果

（1）優先日

　分割出願の完全明細書に記載された発明の優先日は、この発明が最初に開示された明細書の提出日となります〈11条(4)〉。

（2）審査請求期限

　分割出願の審査請求は、親出願の出願日若しくは優先日から48か月以内、又は分割出願の出願日から6か月以内のいずれか遅いほうにしなければなりません〈規則24B条(1)(iv)〉。(4.2節参照)

（3）存続期間

　分割出願に係る特許権の存続期間は、親出願の出願日から20年間です〈53条(1)〉。なお、親出願が国内段階出願の場合、分割出願に係る特許権の存続期間は、親出願の国際出願日から20年間です〈53条(1)説明書〉。

（4）独立性

　分割出願は、親出願とは独立した特許出願として取り扱われ〈16条(3)説明書〉、親出願とは別の出願番号が付与されます。

●実務上の対応[68]

（1）単一性違反の指摘をもらうこと

　明細書の記載に基づいて分割出願を行いたい場合、まず、分割したい発明内容をクレームに追加する補正を行い(出願当初クレームの範囲内での補正に限られる。)、単一性違反が指摘された段階で分割出願を行うのが得策です。親出願のクレームからの分割出願であれば、分割元が問題になることはありません。

　また、親出願で指摘された単一性違反に対処するために行った出願となるため、分割出願の適法性が担保されます。

68　前掲注63 p.1052

　つまり、分割出願の審査において、親出願に複数の発明が含まれていなかったという矛盾した指摘がなされたとしても、過去の審決例に基づいて有効に反論することができます。

　さらに、クレーム補正の適法性を確認することができるため、親出願のクレームの範囲を超えた分割出願であるかどうかが後に問題になることを避けることができます。

（2）分割出願を想定したクレーム

　インドにおいては出願当初のクレームの範囲を拡張することができません。分割出願の自由を確保するためには、メインクレームを広めに請求しておくことが得策です。通常、カテゴリーを変更する補正も認められないため、分割出願を行う可能性があるカテゴリーをクレームしておくべきです。例えばクレームされた装置及び制御方法の発明に加え、装置の製造方法、装置の部品などに発明の特徴があれば、基礎の日本出願又は PCT 出願の段階で、全てのカテゴリーの発明を漏れなくクレームに記載しておくべきです。

2.19節　仮出願

　特許権の付与を受けようとする者は、優先日を確保するために、仮明細書を添付した特許出願、すなわち仮出願を行うことができます。

　仮出願は、願書に仮明細書を添付して行う特許出願をいいます〈規則13条(1)〉。仮出願をする際に必要なその他の書類は完全明細書を添付した通常の特許出願と同様です。(2.4節参照)

●仮明細書と完全明細書の違い

　完全明細書及び仮明細書とも様式2を用いて作成します〈規則13条(1)〉。(表8参照)

　完全明細書はクレームが必要ですが、仮明細書はクレームを記載しなくても構いません。

　完全明細書の1ページ目(様式2)には、表8に示す定型文により完全明細書であることを明示し、2.9節で説明した事項を記載します。

　仮明細書の1ページ目(様式2)には、表8に示す定型文により仮明細書であることを明示し[69]、この様式2の書面に論文など、発明の内容が開示された書類を添付します。

表8：完全明細書と仮明細書の違い

完全明細書	仮明細書
様式2	様式2
クレーム必要	クレーム不要
1ページ目に「Complete Specification」と明記し、定型文「The following specification particularly describes the invention and the manner in which is to be performed.」を記載する	1ページ目に「Provisional Specification」と明記し、定型文「The following specification describes the invention.」を記載する
所定の項目に従って発明を開示	論文などを添付

---

[69]　MPPP 項目05.02.02

●完全明細書の提出

仮出願を行った場合、特許出願の日から12か月以内に完全明細書を提出して本出願を行わなければなりません〈9条(1)〉。12か月の期限を徒過すると特許出願は放棄されたものとみなされ〈9条(1)〉、その場合の救済措置はありません。完全明細書は、仮明細書と置き換えられるものではなく、仮明細書も独立した書類としてインド特許庁に記録保持されます[70]。本出願は仮出願の出願番号で管理されます。

●複数の仮出願に基づく特許出願

同一の出願人による仮出願が2つ以上あり、各特許出願の発明が単一の発明を構成している場合、各特許出願の発明を包含する完全明細書を添付した1つの本出願を行うこともできます〈9条(2)〉。この場合、最も古い仮出願の出願番号が本出願に付与されます。

●本出願の仮出願への変更

完全明細書が添付された特許出願は、その特許出願の出願日から12か月以内であれば、出願人の請求により、当該特許出願の明細書を仮明細書とする仮出願に変更することができます〈9条(3)〉。

●仮出願の取消し

仮出願について完全明細書を提出した場合、特許権付与前であれば、出願人の請求により仮明細書を取り消し、この特許出願の出願日を完全明細書の提出日まで、後日付とすることができます〈9条(4)〉。

●本出願との一体性

仮出願を行った場合、本出願と同様に出願番号が付与されます。その後に行う本出願は、仮出願と一体をなすものであり、この仮出願と同一の出願番号で管理されます。本出願に対しては、分割出願、追加特許の出願、日本の国内優先権主張出願と異なり、新たな出願番号は付与されません。

70　MPPP（Ver. 01.11）項目05.02.01

　完全明細書を提出する際に、発明者を追加しない場合、出願権の証拠を追加で提出する必要はありません。

　仮出願又はその本出願に基づく優先権を主張して外国出願を行った場合、完全明細書を添付した通常の特許出願と同様、外国出願の出願日から6か月以内に様式3の陳述書を提出しなければなりません。

　委任状の追加提出は不要です。

●仮出願及び完全明細書提出の効果

　完全明細書に記載の発明が、仮明細書中に開示された事項を適正に基礎とするときは、仮明細書の提出日が、この発明の優先日となります〈11条(2)〉。完全明細書に記載の発明が、仮明細書中に開示された事項を適正に基礎としていない場合、完全明細書の提出日が、この発明の優先日となります〈11条(6)〉。複数の仮出願に基づいて本出願を行った場合、クレームの一部の構成が一の仮明細書に記載され、クレームの他の一部が他の仮明細書に記載されている場合、そのクレームの優先日は後日付を有する出願の出願日です〈11条(3)〉。

　審査請求期限は、仮出願の出願日(優先日)から4年です。(4.2節参照)

　特許権の存続期間は、仮出願の出願日から20年です。ただし、仮明細書を取り消し、出願日を完全明細書の提出日まで後日付した場合〈9条(4)〉、存続期間は完全明細書の提出日から20年となります。

　仮出願は、パリ条約の基礎出願とすることができます。仮出願を行い、仮出願の出願日から6週間経過後に、優先権を主張して外国へパリ出願又は国際特許出願を行うことができます〈39条(1)(a)〉。

2.20節　追加特許の出願

　インドには「追加特許」と呼ばれる制度があります。出願人は、自身の特許権又は特許出願に係る発明の改良若しくは変更について、追加特許の出願を行うことができます。追加特許の基礎になる特許出願の完全明細書に記載若しくは開示された発明は主発明（main invention）と呼ばれます〈54条(1)〉。追加特許に係る発明は、主発明に対する進歩性がなくても、新規の改良又は変更であれば特許が認められます。

●主体的要件

　追加特許の出願人は、主発明の特許出願の出願人又は主発明の特許権者と同一であることが要件です〈54条(1)〉。

●客体的要件

　追加特許に係る発明は、主発明の改良又は変更に係る発明でなければなりません〈54条(1)〉。追加特許に求められる客体的要件は、基本的に通常の特許出願と同様です。新規性及び進歩性の判断基準日である優先日[71]は追加特許の現実の出願日です。

（1）進歩性

　追加特許の出願は、その完全明細書に記載された主発明の公開又は実施に基づいて、その改良発明の進歩性が否定されることはありません〈56条(1)(a)〉[72]。例えば追加特許の出願前に、主発明に係る特許出願が出願公開されていた場合であっても、公開された主発明に基づいて、追加特許に係る発明の進歩性が否定されることはありません。

71　追加特許の出願の審査請求期限は条文及び規則に規定されていない。MPPPにも特段の説明がない。追加特許の基礎となる主発明の特許出願日を優先日と解釈すると、主発明の特許出願から48か月経過後は追加特許の出願はできるが、審査請求を行えないことになってしまう。また、分割出願のように審査請求期限日の例外規定もない。このようなことから、追加特許の出願の審査請求期限は現実の出願日から48か月と解される。

72　*Ravi Kamal Bali v. Kala Tech,* MPPP 項目06.02.02

また、追加特許に係る発明は、主発明の特許に対する他の追加特許の明細書に記載された主発明の改良又は変更に基づいて、その進歩性が否定されることはありません〈56条(1)(b)〉。上述した実施の主体は特に限定されておらず、主発明の特許出願後、第三者が主発明を実施しても、その実施に基づいて追加特許に係る発明の進歩性は否定されないと考えられます。

言うまでもなく、追加特許として付与された特許権が、上述した主発明の公開又は実施に基づいて取り消され、又は無効にされることはありません〈56(1)〉。

(2)新規性

上述したように主発明の公開又は実施に基づいて、追加特許に係る発明の進歩性が否定されることはありませんが、追加特許の新規性については主発明を記載した完全明細書も参酌して判断されます〈56条(2)〉。

したがって、追加特許に係る発明は、主発明に対して進歩性を有する必要はありませんが、新規性を有する必要があります。

(3)主発明の特許出願の種類

主発明の特許出願の種類について特段の限定はなく、通常の国内出願はもちろん、条約出願及び国内段階出願についても、追加特許の出願を行うことができます(139条、様式1)。

(4)その他

追加特許に係る発明は、主発明に対して進歩性を有し、独立の特許の主題となり得る場合であっても、追加特許に係る特許権の効力が否定されることはありません〈56条(1)〉。

●時期的要件

追加特許の出願は、次ページの図9に示すように主発明に係る特許出願の出願日と同日又はそれ以降に行わなければなりません〈54条(3)〉。追加特許の出願は、主発明に係る特許出願以後に行われていれば十分であり、主発明に特許権が付与された後であっても行うことができます。

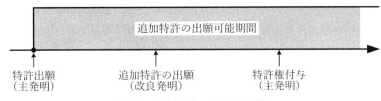

図9：追加特許の時期的要件

●手続的要件

　追加特許の出願を行う場合、追加特許の出願であること、主発明に係る特許番号又は出願番号、及び出願日を願書に記載しなければなりません（様式１、項目２と11）。また、主発明に係る特許番号又は出願番号を明細書に記載し、主発明の改良又は変更に係る発明を含む旨の明確な陳述を記載しなければなりません〈規則13条(3)〉。

　追加特許の出願は、主発明に係る特許出願と異なる別個の特許出願であり、出願権の証拠、委任状を提出しなければなりません。また、特許権を取得するためには審査請求を行わなければなりません。追加特許の出願には、主発明の特許出願と異なる出願番号が付与されます。

●追加特許の効果
（1）存続期間

　追加特許に係る特許権（以下、追加特許権）の存続期間は、図10のとおり主発明に係る特許権の存続期間又はその残存期間と同一です〈55条(1)〉。

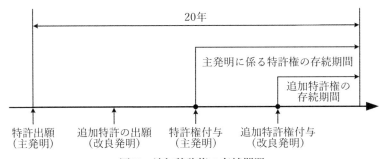

図10：追加特許権の存続期間

　追加特許権は、主発明の特許権が消滅するまで存続します。主発明に係る特許権が取り消された場合、原則として追加特許権も消滅します。

　ただし、後述するように、特許権者から申請があるときは、裁判所又は管理官は、追加特許権を独立の特許権とする旨を命ずることができ、その特許権は主発明に係る特許権の残存期間について有効に存続することができます〈55条(1)〉。

(2)権利維持手続

　追加特許権は更新手数料が不要です〈55条(2)〉。ただし、上述したように55条(1)の規定に基づき、追加特許権が独立の特許権になったときは、以後、更新手数料を納付しなければなりません〈55条(2)〉。インドにおける特許発明の実施状況に関する報告(146条)など、その他の手続は通常の特許権と同様です。

(3)追加特許権の付与及び追加特許証

　追加特許権は、主発明の特許権が付与された後に付与されます。追加特許権に係る追加特許証は、主発明の特許証の交付前には交付されません〈54条(4)〉。

(4)出願公開及び審査

　追加特許の出願公開及び審査については特に規定がなく、独立した通常の特許出願と同様に処理されます。

●通常の特許権から追加特許権への変更

　特許権者が2つの独立した特許権を有する場合であって、1つの特許権の発明が、他の特許権の発明の改良又は変更に係る発明であるとき、次ページの図11に示すように、特許権者の申請により、他の特許権を追加特許権に変更することができます〈54条(2)〉。

　2つの特許権の特許権者は同一でなければなりません。図11の破線は、2つの特許権が主発明に係る特許権と改良発明に係る追加特許権の関係にあることを示しています。

　管理官は、特許権者から追加特許権への変更に係る申請があった場合、改良又は変更に係る特許権を取り消し、この取り消した特許権と同一の出願日を有する追加特許権を特許権者に付与することができます。

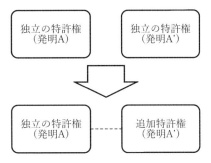

図11：独立の特許権から追加特許権への変更

● **主発明に係る特許権が取り消された場合における追加特許から独立特許権への変更**

　主発明に係る特許権が取り消された場合、原則として追加特許権も消滅しますが、特許権者からの請求があるときは、裁判所又は管理官は、追加特許権を独立の特許権とする旨を命ずることができます〈55条(1)ただし書〉。つまり、図12に示すように、追加特許権を独立の特許権に変更し、存続させることができます。追加特許権が独立の特許権になった場合、その特許権は主発明に係る特許権の残存期間について有効に存続することができます〈55条(1)〉。

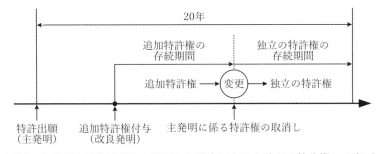

図12：主発明の特許権が取り消された場合における独立の特許権への変更

●**追加特許のメリット**

公開又は実施された主発明に対する進歩性が否定され得るような改良発明について、特許を得ることができます。

主発明の優先日から1年が経過し、優先権主張を利用した改良発明の特許出願が行えないような場合であっても、新規の改良発明を追加特許権により保護することができます。

追加特許権の更新手数料は不要ですので、権利維持に費用を要しません。

主発明の特許権が取り消された場合であっても、一定の条件を満たせば、追加特許権を独立の特許権に変更し、存続させることができます。

●**追加特許のデメリット**

追加特許権の存続期間は、主発明に係る特許権の存続期間と同一であるため、通常、存続期間は20年より短くなります。

主発明の特許権が消滅した場合、原則として追加特許権も消滅してしまうため、独立特許権への変更申請を行う必要があります。

2.21節　手続期間徒過の救済

●所定の期間(prescribed period/time)

(1)特許規則に定められた期間

　手続期限の多くは特許法に「所定の期間」(prescribed period/time)と規定され、その具体的な期間は特許規則に定められています〈2条(1)(u)〉。(付録1参照)

(2)期間の延長請求

　所定の期間の延長請求は、特許庁に嘆願書を提出することにより行います。管理官は、適切と認めるとき、かつ、場合によって管理官が定めることができる条件により、特許規則に定められた所定の期間を1か月延長することができます〈規則138条(1)〉。

　原則として、期間延長の請求は、所定の期間の満了前に行う必要があります〈規則138条(2)〉。ただし、委任状、出願権の証拠、関連外国出願の明細事項を記載した陳述書(様式3)、発明者であることの宣言書(様式5)など、特許出願手続に関する一般的な書類については、実務上、その手続期間を徒過した後に嘆願書を提出することで、期間徒過の手続瑕疵は治癒します。著者の知る限り、これらの書類の期間徒過が問題になったケースはありません。

　ただし、期間延長を認めるか否かは管理官の裁量であることを忘れてはなりません。期間延長の可否がシビアな争いになった場合、延長請求の妥当性が問われます。

　管理官は準司法的な権限を有し、特許庁は実質的な正義(substantial justice)を実現しなければならならないとされているため、個別具体的な事情に応じた柔軟な対応が可能ですが、申請者は期間延長の正当性を示す必要があります[73]。単に特許規則及び期限の誤解があったというだけの理由では不十分と考えられます[74]。

73　W.P. 2057 of 2010.
74　W.P.(C) 4573/2012.

（3）管理官が延長できない期間（規則138条）

　所定の期間の中には、管理官の裁量で延長できない期間があり、規則138条に列挙されています。例えば国際出願の国内移行期限（優先日から31か月）、審査請求期間（優先日から48か月）、拒絶理由解消期間（FER 発送日から6〜9か月）などは、管理官の権限では期間延長できません〈規則138条(1)〉。

（4）高等裁判所による令状発付権

　管理官に期間延長を認める権限がない上述の期間を徒過した場合、正当な理由があったとしても、特許庁では救済されません。しかし、高等裁判所は、期間徒過の手続瑕疵を容赦し、申請者の特許出願を回復させる令状発付権を有しています（憲法226条、227条）。

　例えば現地代理人などのミスにより拒絶理由解消期間を徒過し、放棄擬制された特許出願の回復が高等裁判所の令状発付権により認められた事例があります[75]。本事例では、出願人に出願を放棄する意図はなく、出願人はむしろ積極的に最初の拒絶理由への応答を進めていました。高等裁判所は、出願人に出願を放棄する明確な意思がないことと、現地代理人のミスにより期限を徒過したことを確信し、出願人が十分な勤勉さを立証できる場合、特許出願を回復させるべきと判断しました。現地代理人のミスにより、出願人が損害を被ることがあってはならないと考えられています[76]。現地代理人のミスにより審査請求期間を徒過し、放棄擬制された特許出願の回復が令状発付権により認められた事例もあります[77]。

　なお、現地代理人のミスによって期間を徒過し、高等裁判所の令状発付権を用いる場合、特許庁を相手に高等裁判所に訴訟を提起することになるので、多大な裁判費用と時間を要します。

75　W.P.(C)-IPD 5/2022 & 6/2022.
76　民事訴訟や刑事訴訟における弁護人の過誤によって、その訴訟当事者が苦痛を受けることがあってはならないという確立された法理がある（*Smt. Lachi Tewari & Ors.v. Director of Land Records*(1984) Supp. SCC 431、*Rafiq & Anr v. Munshilal* (1981) 2 SCC 788、*Mangi Lal v. State of M.P.* (1994) 4 SCC 564、*The Secretary, Department of Horticulture, Chandigarh v. Raghu Raj* AIR 2009 SC 514）。
77　W.P. Nos. 12620 & 12620 of 2017.

　そのため、信頼できる現地代理人を選ぶことと日本側でもしっかり期限管理をして現地代理人をコントロールすることが重要です。

●特許法に規定された期間の徒過

（1）特許法に定められた期間

　特許法に具体的な手続期間が定められたものがあります。例えばパリ条約による優先権を主張できる期間（第1国出願日から12か月）、仮出願後の完全明細書提出期間（出願日から12か月）、新規性喪失の例外が適用される期間（学会発表日から12か月）、更新手数料の不能により消滅した特許権の回復申請を行える期間（特許権の消滅後、18か月）などがあります。（5.2節参照）

（2）管理官の権限に基づく期間延長

　特許法に定められた期間であって、期間延長の定めがないものは、原則として期間延長を行うことができませんが、期間延長が全く認められないわけではありません。特許権の回復申請の期間徒過が救済された事例があります[78]。

　本事例では、特許権者は特許権の更新手数料を支払う意思があるにもかかわらず、現地代理人のミス及び不作為により、更新手数料の追納期間を徒過した上、更新手数料不納により消滅した特許権の回復申請の期限も徒過しました。高等裁判所は、管理官に回復申請の遅延を容赦する裁量権があるとし、自然的正義の原則に従って、特許権の回復を許可しました。

　管理官は、何人の権利も害することなく取り除くことができると認める手続上の不備については、適切と認めるとき、かつ、場合によって管理官が定めることができる条件により、これを訂正する権限を有しています（規則137条）。事情によっては、特許法に定められた期間を徒過した場合であっても、救済され得ると考えられます。

78　IPAB 審決 OA/18/2014/PT/KOL.

●受領遅延・サーバー障害などによる期間徒過

（1）受領遅延

　何らかの理由により特許庁から当事者宛てに送付された文書又は通信の受領が遅延した場合、当事者は遅延承認申立てを行うことで、手続遅延の容認を求めることができます〈規則6条(5)〉。当事者は、文書又は通信の受領後、直ちに遅延承認申立てを行う必要があります。遅延承認申立てには、文書又は通信の受領が遅延した事情を説明する陳述書及び証拠を添付します。管理官は、受領遅延の事情が認められる場合、当事者による手続遅延を容認することができます。

　ただし、MPPP によれば、当該当事者が通常の郵送又は電子的送信により当該書類又は通知を受領したと推定される日と、実際の受領日との間の期間を超える手続遅延は認められないとされています。

（2）サーバー障害などによる手続遅延

　特許庁のオンラインポータル、手数料受領電子サービス、IT インフラの障害により、出願人が期限までに書類を提出できない、現地代理人又は管理官がオンラインの聴聞に参加できない、管理官がオンラインの聴聞の時間になっても参加しない、現地代理人による手数料納付が完了しないなどの場合、出願人（現地代理人）は、問題が発生したときの画面スクリーンショットを撮影し、陳述書及び証拠とともに遅延承認申立てを行うことによって、手続遅延の容認を求めることができます〈規則6条(5)〉[79]。管理官は、サーバー障害などの事情が認められる場合、当事者による手続遅延を容認することができます。

　特許庁のオンラインポータルや手数料受領電子システムに発生した障害によって特許出願又は手数料の支払を完了できず、有効な出願日が得られない事態がしばしば発生しているようです。このようなことから、重要な手続は、期限の最終日に行うのではなく、一両日前に済ませておくべきでしょう。

79　MPPP 項目03.04.03.

（3）戦争・天災などによる手続遅延

　戦争、革命、内乱、ストライキ、天災、電子通信サービスの全面的な利用不能、その他、当事者又は現地代理人の住所又は営業所を有する地域で発生した同様の理由によって手続遅延が発生した場合、当事者は遅延承認申立てを行うことによって、手続遅延の容認を求めることができます〈規則6条(6)〉。

　当事者は、文書又は通信の受領後、直ちに遅延承認申立てを行う必要があります。前記の状況が、その地域の通常の通信を妨げるほど深刻であり、その状況が解消した日から最長1か月以内に遅延承認申立てが行われた場合、管理官は、手続遅延を容認することができます。ただし、MPPPによれば、非常事態が発生していた期間、又は期間満了から6か月間のいずれか早いほうを超える手続遅延は認められないとされています。

●新型コロナウイルス感染拡大・ロックダウンによる手続猶予期間

　新型コロナウイルス(COVID-19)の感染拡大により、2020年3月15日以後に到来する行政及び司法の各種手続期限は、2022年5月29日（3月1日から90日間）まで延長されていました[80]。現在(2023年4月1日時点)は通常どおりの手続期限で運用されています。

80　最高裁判所の命令 SMW（C）No. 3 of 2020, M.A. No. 665 of 2021, M.A. No. 21 of 2022。
　最高裁判所による延長終了の命令（2022年1月10日）。
　https://main.sci.gov.in/supremecourt/2022/871/871_2022_31_301_32501_Order_10-Jan-2022.pdf（最終アクセス日：2023年4月1日）
　特許庁による期間延長終了の通達（2022年1月18日）。
　https://ipindia.gov.in/writereaddata/Portal/News/784_1_Public_Notice_dated_18th_January_2022_for_publication_on_website.pdf（最終アクセス日：2023年4月1日）

2.22節　宣誓供述書と証拠の公証

　特許庁に提出する証拠(evidence)は、管理官の別段の指示がない限り、宣誓供述書によって提出しなければなりません[81](79条)。管理官は、宣誓供述書の形式で証拠を受領する権限を有します〈77条(1)(c)、規則126条〉。

　ただし、管理官が適正と認めるときは、管理官は、宣誓供述書による証拠の代わりに、あるいは、それに加えて口頭の証拠を採用することができます(79条)。また、管理官の面前で署名した自己宣言(self-declaration)も、管理官が許可すれば、証拠として受領されます。管理官は、相手方の当事者がある場合、宣誓供述書の内容に関して当該当事者に反対尋問を受けさせることができます。

●宣誓方法

　宣誓供述書は、規則126条(3)に規定された方法によって、適法に宣誓したものでなければなりません〈規則126条(1)〉。宣誓供述書は、原則として宣誓供述人が自己の知識で証明することができる事項に限定されなければなりません〈規則126条(2)〉。

［規則126条］

---

　(3)宣誓供述書の宣誓は、次の者の面前でしなければならない。

　(a)インドにおいては、証拠を受領する法的権限を有する裁判所若しくは人の面前、又は前記裁判所により宣誓を執行し若しくは宣誓供述を採録する権限を付与された公務員の面前

　(b)インド以外の国又は場所においては、1948年外交官及び領事官(宣誓及び手数料)法(1948年法律第41号)の趣旨での当該国若しくは場所に駐在の外交官又は領事官の面前、又は1952年公証人法(1952年法律第53号)第14条に基づいて中央政府が承認した、当該国若しくは場所の公証人の面前、又は当該国若しくは場所の判事若しくは治安判事の面前

日本で宣誓供述書に署名して宣誓する場合、宣誓供述書の(ⅰ)公証人による公証、(ⅱ)公証人捺印証明、及び(ⅲ)アポスティーユ(外務省の証明)を取得する方法が確実で簡便と思われます[82]。

●コメント

(1) 宣誓供述書が不要なケース

出願権の証拠(proof of right)、優先権書類の翻訳文など、通常の特許出願手続で提出する書類については、宣誓供述書による証拠提出は求められません。

(2) 宣誓供述書の提出を検討すべきケース

付与後異議申立てなど、相手方当事者が存在する手続においては、宣誓供述書の形式で証拠を提出しなければなりません[83]。あらゆる証拠について宣誓供述書が必要というわけではありませんが、相手方当事者がいる場合、証拠の適法性が争いになるケース[84]もあるため、可能な限り宣誓供述書の形式で証拠を提出すべきでしょう。

また、進歩性又は特許性〈3条(d)など〉を主張するための実験証明書、専門家意見などを証拠として提出する場合、宣誓供述書の形式で証拠を提出することが望ましいと考えられます。

実務上、宣誓供述書が必要かどうかはケース・バイ・ケースなので、その都度、現地代理人に相談することをお勧めします。

82　日本及びインドは、「外国公文書の認証を不要とする条約（略称：認証不要条約）」(1961年10月5日のハーグ条約)に加盟しているため、アポスティーユを領事認証に代えることができる。また、特定の都道府県の公証役場では上記(ⅰ)〜(ⅲ)の証明を一度に取得することができる(「ワンストップサービス」)。
83　MPPP 項目10.01
84　W.P.(C) 1163/2017.

（3）公証人による公証

　外国（日本）の公証人により宣誓供述書の公証を受けることも考えられます。しかし、「1952年公証人法（1952年法律第53号）14条に基づいて中央政府が承認した」の要件を満たさず、規則126条(3)に規定された方法によって、適法に宣誓した宣誓供述書として認められない可能性があります[85]。

（4）インドにおける公証

　インドで宣誓供述書に署名して宣誓する場合、公証手続はより簡便ですが、証拠の内容が、宣誓供述人自身の知識で証明することができる事項であるかどうかについて留意すべきです。

---

[85]　日本の公証人が発行した公証人証書は、1952年公証人法14条に基づく有効なものではなく、証拠能力が否定されたケースがある（C.S. No. 255 of 1994）。
　少なくとも2012年3月19日付けの通知「RECIPROCAL ARRANGEMENT FOR RECOGNITION OF NOTARIAL ACTS DONE BY FOREIGN NOTARIES」（URL: https://legalaffairs.gov.in/notification/reciprocal-arrangement-recognition-notarial-acts-done-foreign-notaries）（最終アクセス日：2023年4月1日）には、中央政府が承認した国として日本は含まれていない。
　一方、委任状の公証に関する事件ではあるが、外国での公証も合法であるという判例がある（*Dr.Elizabeth Rajan v. The Inspector General Of...,* W.A.No.856 of 2021）。

第3章　特許要件

3.1節　保護対象の発明

　特許権による保護対象の発明は、特許要件を満たす必要があります。特許法は、実体的特許要件として次の2つの要件を求めています。

　第1の要件：「発明」(invention)であること。

　第2の要件：「特許性」(patentability)を有すること。

　これら2つの要件は、概念的に重複ないし関連している部分があるようにも見えますが、異なるものです。こうした特許要件の規定ぶりは欧州、英国などと同様ですが、細部には異なる点もあります。

●第1の要件：「発明」

（1）発明の定義規定

　「発明」の意味を理解するためには2条(1)(j)、2条(1)(ja)、2条(1)(ac)、の定義規定を参照する必要があります[1]。

2条(1)(j)　「発明」とは、進歩性を含み、かつ、産業上利用可能な新規の製品又は方法をいう。
2条(1)(ja)　「進歩性」とは、現存の知識と比較して技術的前進を含み、若しくは経済的意義を有するか、又は両者を有し、当該発明を当該技術の当業者にとって非自明とする発明の特徴をいう。
2条(1)(ac)　「産業上利用可能」とは、発明が産業において製造又は使用することができることをいう。

　これらの定義規定を組み合わせると、「発明」であるためには、製品又は方法に関するものであって、次ページの要件(以下、発明性要件)(ⅰ)～(ⅲ)を満たす必要があります[2]。

1　*Novartis AG v. Union of India (UOI) and Ors.* パラグラフ87
2　*Novartis AG v. Union of India (UOI) and Ors.* パラグラフ90

（ⅰ）新規性：「新しい」こと。

（ⅱ）産業上の利用可能性：「産業において製造又は使用することができる」こと。

（ⅲ）進歩性：次の特徴を有する発明の結果として生じたこと。

・現存の知識と比較して技術的前進を伴い、

又は

・経済的意義を有し、

かつ、

・当該発明を当該技術の当業者にとって自明でないものにする特徴

（2）新規性（new）及び進歩性（inventive step）

新規性の詳細は3.2節、3.3節参照

進歩性の詳細は3.4節参照

（3）産業上の利用可能性（capable of industrial application）

現に産業上利用されている製品又は方法の改良に関する発明に関しては、通常、産業上の利用可能性は自明のものです。しかし、ある新規合成物などについてその有用性が不明であるなど、産業上の利用可能性が自明でない場合、単なる示唆では不十分であり、明細書中において特定の有用性を示さなければなりません[3]。

例えば詳細不明な疾患に有用であるとか、有用な生物学的性質を有するといった事項を示すだけでは不十分であり、発明の有用性をより具体的に特定する必要があります。

●第2の要件：「特許性」

「特許性」を有する発明であるためには、非技術的発明、他の法律で保護すべき発明、公序良俗に反する発明などの不特許事由に該当しないことが要件（以下、特許性要件）です（3条、4条）。（3.5節参照）

3　MPPP 項目09.03.04

3.2節　新規性

●関連条文

　新規性に関する事項は、13条(審査段階における先行技術調査)、18条(先発明に関する管理官の権限)、25条(異議申立理由)、64条(無効理由)に規定されています。13条、25条、64条は、内容が互いに異なる部分があり、各規定を合わせて読む必要があります。

●日本特許法との相違点

　日本特許法との主な相違点は次のとおりです。

　日本特許法は、新規性阻却事由である公知・公用(publicly known, publicly used)の地理的範囲を日本及び外国とする「世界主義」を採用しています。これに対してインド特許法は、公知・公用の地理的範囲をインドとする「国内主義」を採用しています。刊行物公知(publication)に関するインド特許法の取扱いは、日本と同様です。

　日本特許法は、特許を受ける権利を有する者の意に反する公知、その者の行為に起因する公知に対して広くグレースピリオドを認めていますが、インド特許法は一定の事由に限定してグレースピリオドを認めています。

　日本特許法は準公知とされる対象(出願後に公開された先願発明)をクレーム、明細書及び図面としていますが、インド特許法における準公知の対象はクレームのみです。

●新規性喪失事由(原則)

　装置及び方法は、次ページの図1に示すように優先日前の① 公開公報〈13条(1)(a)、25条(1)(b)(i)、(2)(b)(i)、64条(1)(e)〉、② インド及び外国における公開文書に開示された場合〈13条(2)、25条(1)(b)(ii)、(2)(b)(ii)、64条(1)(e)〉、③ インドにおける公知・公用技術である場合〈25条(1)(d)、(2)(d)、64条(1)(e)〉、④ 地域コミュニティーで入手可能な知識である場合〈25条(1)(k)、(2)(k)、64条(1)(q)〉、⑤ 出願後に公開された先願発明のクレームに記載された発明である場合〈13条(1)(b)、25条(1)(c)、(2)(c)、64条(1)(a)〉、新規性を喪失します。

　前記の先行技術が、審査対象である発明の特徴を全て開示している場合、その発明は新規性を喪失します。先行技術は当該発明を明示的又は黙示的に開示しなければなりません[4]。新規性の判断の際、先行技術に係る文献を複数組み合わせることはできません。先行技術による上位概念的な構成の開示は必ずしも発明の具体的構成の新規性を喪失させるものではありません。例えば金属スプリングは銅スプリングの新規性を喪失させません。逆に先行技術の具体的構成の開示は、上位概念的な構成の新規性を喪失させます。例えば銅スプリングは金属スプリングの新規性を喪失させます。

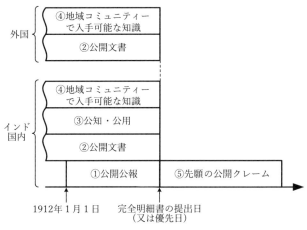

図１：新規性の概念

（１）公開公報（インド国内）

　特許出願に係る発明が、この発明の優先日前に公開されたインド特許出願の明細書に開示されている場合、新規性を喪失します。ただし、1912年１月１日[5]以後の日付を有する明細書に開示されたものに限られます。特許出願に係る発明が、優先日前に公開されたインド特許出願の明細書に開示されている場合であっても、この明細書が1912年１月１日より前に特許出願されたものである場合、新規性は否定されません〈29条(1)〉。

4　MPPP 項目09.03.02
5　1912年１月１日は、1972年特許法の前身である1911年特許意匠法(The Patents and Designs Act, 1911)の施行日である。

　なお、審査官は、特許出願に係る発明が、この特許出願の<u>完全明細書の提出日</u>前に公開されたインド特許出願の明細書に開示されている場合〈13条(1)(a)〉、審査段階で特許出願を拒絶することができます〈18条(1)〉。

　しかし、出願人は、クレームの<u>優先日</u>[6]が関係書類の公開日以前であることを明らかにすることで、その拒絶を覆すことができます〈18条(1)(a)〉。

表1：公開公報による新規性の喪失に関する条文

拒絶理由	異議申立理由	無効理由
当該発明が、インドで行われた特許出願であって1912年1月1日以後の日付で提出された明細書において、出願人の完全明細書の提出日より前に公開されたことにより新規性を喪失(anticipated)したか否か〈13条(1)(a)〉。	完全明細書のいずれかのクレーム中にクレームされている限りの発明が、当該クレームの優先日より前に公開されており、それが、…(ⅰ)1912年1月1日以後にインドで行われた特許出願について提出されたいずれかの明細書中に公開されていたこと〈25条(1)(b)、(2)(b)〉。	完全明細書のいずれかのクレーム中にクレームされている限りの発明が、当該クレームの優先日の前に…インド若しくは他の地域で13条にいういずれかの書類に公開されていたものに鑑みて、新規でないこと〈64条(1)(e)〉。

（2）公開文書（インド国内及び外国）

　特許出願に係る発明が、この発明の優先日前に、インド又はその他の領域において公開された文書に開示されている場合、新規性を喪失します。

　審査官は、刊行物の調査を、EPO、WIPO、USPTO、JPOのデータベースをはじめ、伝統的知識デジタル・ライブラリ[7]（TKDL：Traditional Knowledge Digital Library）、その他の有料・無料のデータベースを用いて行います。伝統的知識のような「地域コミュニティーで入手可能な知識」は、後述するように非文書であっても新規性阻却事由を構成しますが、近年ではTKDLにより文書としてデータベース化されており、このような文書によって拒絶されます。

6　「優先日」とは、11条によってそれに付された意味を有する〈2条(1)(w)〉。
7　http://www.tkdl.res.in（最終アクセス日：2023年4月1日）

TKDLでは、アーユルヴェーダ、ユナニー医学、シッダ医学などに関するインドの伝統的知識がデータベース化されています。

表2：公開文書による新規性の喪失に関する条文

拒絶理由	異議申立理由	無効理由
完全明細書のいずれかのクレーム中にクレームされた限りの当該発明が、出願人の完全明細書の提出日より前にインド又は他の地域で（1）に言及したもの以外の書類での公開により新規性を喪失したか否か〈13条(2)〉。	完全明細書のいずれかのクレーム中にクレームされている限りの発明が、当該クレームの優先日より前に公開されており、それが、…（ⅱ）インド又は他の地域において、他の書類中に公開されていたこと〈25条(1)(b)、(2)(b)〉。	完全明細書のいずれかのクレーム中にクレームされている限りの発明が、当該クレームの優先日の前に…インド若しくは他の地域で13条にいういずれかの書類に公開されていたものに鑑みて、新規でないこと〈64条(1)(e)〉。

（3）公知・公用（インド国内）

　特許出願に係る発明が、この発明の優先日前に、<u>インドにおいて</u>公然と知られ、又は公然と実施された場合、新規性を喪失します。この発明が外国で公然と知られ、又は公然と実施されたとしても、新規性を喪失しません。また、方法に係る発明の場合、この方法で製造された製品がクレームの優先日前にインドに輸入されていたときは、優先日前にインドにおいて公然と知られ、又は公然と実施されたものとみなされます〈25条(1)(d)〉。ある技術が公知であるためには、この技術が消費者市民の知識に広く利用されている必要はなく、科学者、商業者又は消費者として、特許に係る製品又は方法の知識を求める人に知られていれば足ります[8]。

8　*Monsanto Company by their Patent Agent, De Penning and De Penning, v. Coramandal Indag Products（P）Ltd.*

表3：公知・公用による新規性の喪失に関する条文

拒絶理由	異議申立理由	無効理由
なし	完全明細書のいずれかのクレーム中にクレームされた限りの発明が、当該クレームの優先日より前にインドにおいて公然と知られ、又は公然と実施されたこと。 *説明*―本号の目的のために、特許のクレームが方法についてなされている発明は、もし当該方法により製造された製品が当該クレームの優先日より前にインドに輸入されていたときは、当該輸入が合理的な試験若しくは実験のみの目的で行われた場合を除き、当該優先日より前にインドにおいて公然と知られ、又は公然と実施されたものとみなされるものとする〈25条(1)(d)、(2)(d)〉。	完全明細書のいずれかのクレーム中にクレームされている限りの発明が、当該クレームの優先日の前にインドで公然と知られ、若しくは公然と実施されていたもの…に鑑みて、新規でないこと〈64条(1)(e)〉。

（4）地域コミュニティーで入手可能な知識

　特許出願に係る発明が、この発明の優先日前に、インド又はその他の領域における地域コミュニティー内で入手可能な口頭その他の知識である場合、新規性を喪失します。

　なお、文言上、外国の地域コミュニティーを含むと解釈し得るため、特許出願に係る発明が外国における地域コミュニティー内で入手可能な知識、例えば伝統的知識である場合、新規性を喪失する可能性があります。

表4：地域又は在来のコミュニティー(local or indigenous community)で入手可能な知識による新規性の喪失に関する条文

拒絶理由	異議申立理由	無効理由
なし	完全明細書のいずれかのクレーム中にクレームされた限りの発明が、口頭か否かにかかわらず、インドその他の地域若しくは在来のコミュニティーにおいて利用可能な知識に鑑みて、新規性を喪失していること〈25条(1)(k)、(2)(k)〉。	完全明細書のクレーム中にクレームされている限りの発明が、口頭か否かにかかわらず、インドその他の地域又は在来のコミュニティーにおいて利用可能な知識に鑑みて、新規性を喪失したこと〈64条(1)(q)〉。

(5)準公知

　特許出願に係る発明が、当該発明の優先日以後に公開された先のインド特許出願(先願)の請求の範囲にクレームされている場合(prior claiming)、新規性を喪失します。日本特許法の拡大先願に類するものですが、各特許出願の出願人又は発明者が同一である場合の適用除外規定はありません。

　また、先後願の比較対象はクレームされた発明です。さらに、各特許出願の先後願は、特許出願の種類にかかわらず優先日に基づいて判断されます。

表5：準公知による新規性の喪失に関する条文

拒絶理由	異議申立理由	無効理由
当該発明が、出願人の完全明細書の提出日以後に公開された他の完全明細書であって、インドで行われ、前記提出日前の日付の、又は当該日付より前の優先日を主張する特許出願について提出された明細書のいずれかのクレーム中にクレームされているか否か〈13条(1)(b)〉。	完全明細書のいずれかのクレーム中にクレームされた限りの発明が、当該出願人のクレームの優先日以後に公開された完全明細書のクレーム中にクレームされており、かつ、インドにおける特許出願について提出されたものであり、そのクレームについての優先日が当該出願人のクレームの日より先であること〈25条(1)(c)、(2)(c)〉。	完全明細書のいずれかのクレーム中にクレームされている限りの発明が、インドで付与されたもう1つの特許の完全明細書に含まれた先の優先日を有する有効なクレーム中にクレームされていたこと〈64条(1)(a)〉。

Column on Indian Patent Practice

2条(1)(ℓ)は、「新規発明」(new invention)の用語を「完全明細書による特許出願日前にインド又は世界のいずれかの国において何らかの書類における公開により開示されなかったか又は実施されなかった何らかの発明又は技術、すなわち、主題が公用でなかったか又は技術水準の一部を構成していない発明又は技術をいう」と定義しています。しかし、この用語は「発明」の定義規定はもちろん、インド特許法の他の条文でも使用されておらず、その存在意義は不明です。

この定義規定は、発明が世界公知又は世界公用であれば新規性を失うとする絶対新規性を定めているようにみえますが、25条、64条は、国内公知又は国内公用によって新規性を失うとする相対新規性を規定しているため、「発明」の解釈に2条(1)(ℓ)を読み込むと、矛盾が生じます。最高裁は「発明」の用語解釈に「新規発明」の定義規定を使用しませんでした。

3.3節　新規性喪失の例外

　新規性喪失の例外とは、以下の例外事由に該当し、特許出願に係る発明の新規性が失われないことをいいます（29～33条）。

●意に反する公開

　出願人から取得され、その者の意に反して発明が公開された場合であって、その公開後、速やかに特許出願が行われた場合、当該発明は新規性を失いません〈29条(2)、(3)〉。

●政府への伝達

　特許出願に係る発明は、当該発明若しくはその価値を調査するため政府若しくは政府により委任された者に当該発明を伝達した場合であっても、新規性を失いません（30条）。また、当該伝達の結果として調査目的のために行われた何らかの事項によって新規性を失うこともありません。

●博覧会などにおける発表

　特許出願に係る発明は、以下の行為が行われても、その最初の発表後12か月以内に特許出願を行った場合に限り、新規性を失いません（31条）。
- （ⅰ）中央政府によって官報で指定[9]された博覧会[10]において、真正かつ最初の発明者、又は発明者から権原を取得した者の同意を得て行われた発明の展示、又はその開催場所において当該博覧会を目的としてその者の同意を得て行われた発明の実施
- （ⅱ）博覧会における発明の展示又は実施の結果としての当該発明の説明の公開
- （ⅲ）発明が博覧会において展示若しくは実施された後、及び博覧会の期間中、真正かつ最初の発明者などの同意を得ないで何人かが行った発明の実施
- （ⅳ）真正かつ最初の発明者が学会において発表した論文に記載され、又はその者の同意を得て当該学会の会報に公表した発明の説明

●**試験目的の実施**

　特許出願に係る発明は、特許出願の<u>優先日前1年以内</u>に、出願人又はその同意を得た者が、特許出願に係る発明の適切な試験目的のためにインドにおいて公然と実施したとしても、新規性を失いません(32条)。ただし、発明の内容に鑑み、その試験を公然と実施する合理的必要性があった場合に限ります。

●**仮出願の後の実施及び公開による先発明**

　仮出願を行った場合、仮出願後、仮明細書に記載された事項がインドで実施され、又はインド若しくは他の地域で公開されても新規性を喪失しません(33条)。

9　The Gazette of India
　　http://egazette.nic.in/(最終アクセス日：2023年4月1日)
10　博覧会に関する情報は、ほとんどない。「中央政府によって官報で指定された博覧会」に外国の博覧会が含まれるかどうかは不明である。

3.4節　進歩性

　「進歩性」(inventive step)とは、現存の知識と比較して技術的前進
(technical advance)を含み、若しくは経済的意義(economic significance)
を有するか、又は両者を有し、当該発明を当該技術の当業者にとって非自
明とする発明の特徴をいいます〈2条(1)(ja)〉。

　体系的に確立された進歩性の判断手法は存在しませんが、その手掛かり
になる判例及び審査基準があります。

●判例1

　1970年特許法の前身である1911年特許意匠法における判例ですが、現行
法にも適用し得る最高裁判所の判例[11]があります。当該判例によれば、特
許が認められるためには進歩性を有する必要があるとされており、以下の
事項が判示されています。

　（i）特許可能であるためには、既知のもの又は既知の異なる要素の組合
　　　せにおける改善は、単なる現場での改良(workshop improvement)
　　　を超えるものでなければならない。

　（ii）特許可能な発明は、新しい結果、新しい物(article)、従来品より優
　　　れ、また、安い物をもたらすものでなければならない。

　（iii）複数のものの単なる寄せ集めは特許の適格性を欠く。

　（iv）「自明性」は、厳密かつ客観的に判定されなければならない。

　また、進歩性の判断テストに関して、以下の記載が引用されています。

　「もしその文献が、優先日における一般的な知識に恵まれていた有能な
職人(あるいは単なる職人と区別される技術者)の手に渡り、特許権者が解
決した問題に直面したが、特許発明の知識がなかった場合、彼は『これは
私が望むものを与えてくれる』と言っただろうか？」(ブリタニカ百科事
典 Vol.17)

11　*Biswanath Prasad Radhey Shyam v. Hindustan Metal Industries.*

●判例2

3M Innovative Properties Ltd. v. Venus Safety & Health Pvt Ltd. 事件[12]
では、デリー高等裁判所が進歩性の判断指針を以下のように要約しました。

（ⅰ）発明者自身の発見であること。

（ⅱ）特許出願日前に既に知られていたものの単なる検証でないこと。

（ⅲ）新規製造の態様であること（改良及び関連発明を含む。）。

（ⅳ）有用であること。

（ⅴ）技術、プロセス、物を供給し、準備し、若しくは提供する態様のみならず、製造によって準備され、又は生産された物も特許され得る。

（ⅵ）単なる現場での改良を超えるもの。

（ⅶ）改良あるいは組合せは、新しい結果、新しい物、従来品より優れ、また、安い物をもたらすものでなければならない。

（ⅷ）古い周知の物（integer）の結合は、その相互関係の働きにより新規プロセス、又は改善された結果をもたらすような組合せであり得る。

（ⅸ）何ら創作能力の発揮を含まない、複数の物（more than one integer or things）の単なる寄せ集めは特許の適格性を欠く。

（ⅹ）応用態様において斬新でなければならず、斬新さ（novelty）は発明を示さなければならない。

（ⅺ）新しい主題は古いものを超える「発明」を伴わなくてはならない。

（ⅻ）職人（craftsman）の蓋然的能力を超える何かを伴わなくてはならない。

（ⅹⅲ）関係分野において当業者に自明なものであってはならない。

（ⅹⅳ）以前に知られていたものの自然な思い付き（natural suggestion）であってはならない。

（ⅹⅴ）発明と主張されている先の公の知識は特許権付与の資格を有さず、当該知識は口頭、書籍その他の媒体を介した公開によるものであり得る。

　また、裁判所は適切な解釈のためには、クレームを最初に読み、次いで発明の全明細書を見るのではなく、クレームされた発明を解釈する準備として最初に発明の明細書を読むべきである点に言及しました。

12　FAO(OS)292/2014 & CM No.10651/2014.

●**判例3**

Agriboard International LLC v. Deputy Controller of Patents and Designs 事件[13]において、デリー高裁 IPD は進歩性欠如を理由に特許出願を拒絶する場合、以下の3要素を考慮しなければならないと判示しました。

（ⅰ）先行技術に開示された発明

（ⅱ）本願に開示された発明

（ⅲ）対象発明が当業者にとって自明となる態様(manner)

そして、行政処分において、理由の提示を省略することは許されず、管理官は、既存の知識は何か、そして当業者が既存の知識から本願の主題発明にどのように移行するかを分析しなければならないと述べています。

● **MPPP 項目09.03.03.02「進歩性の判断」**

（1）**基本的な考え方**

MPPP は以下の判断基準を示しています。

（ⅰ）進歩性の判断は、先行技術調査で明らかになった先行技術がクレームされた発明を開示しているか否かを評価することによって行われます。

（ⅱ）発明は全体として考慮されなければなりません。クレームに記載された発明特定事項を部分的に捉え、その部分が公知又は自明であると認められる可能性があるというだけでは、進歩性は否定されません。

（ⅲ）引用された先行技術が、複数の文献の教示（開示内容）を組み合わせることを導くもの（動機付けするもの）であれば、これらの文献を組み合わせることができます。

（ⅳ）発明が単に従来の予測を検証するものであり、技術的進歩又は経済的意義を実質的に何も付加しない場合、進歩性は否定されます。

（ⅴ）発明が先行技術に基づいて予測可能であり、当業者による現場での改良にすぎない場合、進歩性は否定されます。

---

13 C.A.(COMM.IPD-PAT) 4/2022.

（2）判例

　進歩性判断の指針として次の判例を引用しています。基本的には最高裁判例と同様の内容です。特に判例（ⅲ）では、いかなる種類の特許であっても最高裁で示された基準を適用すべきであり、これを修正したり、他の法理を追加したりすることは不適切である旨が判示されています。

（ⅰ）*Biswanath Prasad Radhey Shyam v. Hindustan Metal Industries Ltd* 事件

（ⅱ）*Salmond L. J. in Rado v. John Tye & Son Ltd.* 事件

（ⅲ）*F. Hoffman la Roche v. Cipla* 事件

（3）進歩性の判断方法

　進歩性を判断する際には、発明を全体として見ることが重要であり、進歩性を客観的に判断するためには以下の点を考慮する必要があります。

（ⅰ）当業者を特定します。

（ⅱ）優先日における当業者の関連一般技術を特定します。

（ⅲ）クレームの発明概念を特定する又は解釈します。

（ⅳ）先行技術とクレームの発明概念との相違点を特定します。

（ⅴ）クレームされた発明を全く知らずに見た場合、相違点は当業者にとって自明のステップを構成するか、それとも、何らかの創意工夫を必要としますか？

●当業者[14]

　当業者（person skilled in the art）は実際には存在しない者で、出願時におけるあらゆる先行技術、及び公知である非特許先行技術を知っていると仮定される者です。当業者は、出願時における技術的発展の知識と、従来技術の知識を用いて実験を行う技能を有します。当業者は創造性を全く有しない者ではなく、若干の創造性を有しています。

14　医薬発明審査ガイドライン項目8.6

●後知恵[15]

　進歩性を客観的に判定するには、当業者は後知恵分析(hindsight analysis)を排除する必要があります。

●成功の合理的期待[16]

　進歩性を評価する上で必要不可欠な判断要素は「先行技術にある成功の合理的期待（reasonable expectation of success）であって、当業者に発明を目指す動機付けを与えるもの」、すなわち「動機付け」です。進歩性を否定するために必要なのは「成功の合理的期待」であり、絶対的な成功の予測可能性までは求められません。先行技術に「成功の合理的期待」がある場合、単純に予測不可能性を主張するだけでは進歩性欠如の拒絶を覆すことはできないとされています。

15　医薬発明審査ガイドライン項目8.7
16　医薬発明審査ガイドライン項目8.8

3.5節　不特許事由

　不特許事由とは、特許出願に係る発明が、インドにおいて特許を受けられない発明(inventions not patentable)とされる事由をいいます。

●3条の不特許事由

　3条の不特許事由は、表6に掲げる事由をいい、これらに該当する発明は、特許法上の発明に該当としない旨を規定しています。表6の中欄は、3条各号におおよそ対応する日本特許法の条文を示しています。

　また、インドにおいては特許が拒絶されますが、日本では発明として保護され得るものを「保護可」としました[17]。表6の右欄は、3条各号におおよそ対応する欧州特許条約(EPC)及びTRIPS協定の条文を示しています。「－」は、該当条文がないことを示しています。

表6：インド特許法3条

インド特許法3条	日本特許法	EPC及びTRIPS協定
(a)取るに足らない、又は確立された自然法則に明らかに反することをクレームする発明	29条①柱書	－
(b)主たる若しくは意図された用途又は商業的実施が、公序良俗に反し、又は人、動物若しくは植物の生命若しくは健康又は環境に、深刻な害悪を生じさせる発明	32条	EPC53条(a) TRIPS 27(2)
(c)科学原理の単なる発見、又は抽象理論の形成、又は生物若しくは自然に発生する非生物物質の発見	29条①柱書	EPC52条(2)(a)
(d)既知の物質の新規形態の単なる発見であって、当該物質の既知の効能の増大にはならないもの、又は既知の物質の新規の特性若しくは新規の用途、又は既知の方法、機械若しくは装置の単なる用途の単なる発見(当該既知の方法が新規の製品を作り出し、又は少なくとも1つの新規の反応物を使用する場合は、この限りではない。)	保護可	－

17　「保護可」とした全ての対象が、日本において発明として保護されることを意味するものではない。

説明―本号の目的のために、既知の物質の塩、エステル、エーテル、多形体、代謝物質、純形態、粒径、異性体、異性体混合物、錯体、配合物、及び他の誘導体は、同じ物質とみなされるものとする。ただし、それらが効能に関して特性上実質的に異なる場合は、この限りではない。(3.6節参照)		
(e)物質の諸成分の諸特性の寄せ集めという結果となるにすぎない、単なる混合により得られる物質又は当該物質を製造する方法(3.8節参照)	29条②	－
(f)既知の方法により相互に独立して機能する既知の諸装置の単なる配置、再配置又は複製	29条②	－
(g)削除	－	－
(h)農業又は園芸の方法	保護可	－
(i)内科的、外科的、治癒的、予防的、診断的、療法的若しくはその他の人間の処置方法、又は動物の病気を治し、又はそれらの経済的価値若しくはそれらの産物の経済的価値を増大させる動物の類似の処置方法	29条① 柱書 保護可	EPC 53条(c) TRIPS 27(3)
(j)微生物以外の植物及び動物の全部又は一部(これには、種子、変種及び種並びに植物及び動物の生産及び繁殖のための本質的に生物学的な方法を含む。)	29条① 柱書 保護可	EPC 53条(b) TRIPS 27(3)
(k)数学的若しくはビジネスの方法又はコンピュータプログラムそれ自体若しくはアルゴリズム(3.7節参照)	29条① 柱書 保護可	EPC 52条 (2)(c)
(l)文学、演劇、音楽若しくは芸術作品又はその他の審美的創作物(映画作品及びテレビ作品を含む。)	29条① 柱書	EPC 52条 (2)(b)
(m)精神的活動を行うための単なる計画、規則若しくは方法、又はゲームをする方法	29条① 柱書	EPC 52条 (2)(c)
(n)情報の提示	29条① 柱書	EPC 52条 (2)(d)
(o)集積回路の配置図	保護可	－
(p)事実上、伝統的知識であり、又は古来から知られた1つ若しくは複数の構成要素の既知の特性の寄せ集め若しくは複製である発明	29条①②	－

●3条各号の内容

　3条各号の不特許事由[18]を大きく3つに分類し[19]、日本特許法と比較しながら各号を説明します。

（1）非技術的発明及び他の法律で保護される発明

非技術的な発明は、特許法上の発明に該当しません。特にコンピュータプログラム関連発明の取扱いが日本と異なります。

（a）自然法則に反する発明〈3条(a)〉

自然法則に反する発明、例えば永久機関、インプットなしにアウトプットする機械、100%の効率を有する機械などは特許法上の発明に該当しません。

言うまでもなく、日本特許法においても自然法則に反するものは発明に該当しません（29条1項柱書）。

（b）科学的原理の単なる発見など〈3条(c)〉

科学的原理の単なる発見は発明に該当しません。しかし、科学的原理が製造方法に利用され、物質又は物品を生み出すことになる場合、この製造方法は発明とみなされます。また、科学的理論それ自体も発明ではありませんが、その理論が物質又は物品の製造過程において利用可能な実用性を有する場合、この発明は特許性を有します。

既知の物質又は物品が有する新規の性質を見つけ出した事実自体は単なる発見であり、発明に該当しません。

しかし、その発見により、この物質が特定の物品の製造又は特定の方法に利用可能になった場合、この物品又は方法は発明とみなされます。同様に、現存する物質、微生物などの生物の単なる発見は発明に該当しません。

18　MPPP 項目09.03.05
19　この分類は、法律及び判例に基づく分類ではなく、あくまで説明の便宜上のものである。
　　（参考）*Novartis AG v. Union of India（UOI）and Ors.* の最高裁判所判決に "As suggested by the Chapter heading and the marginal heading of section 3, and as may be seen simply by going through section 3, it puts at one place provisions of two different kinds: one that declares that certain things shall not be deemed to be "inventions" [for instance clauses（d）&（e）]; and the other that provides that, though resulting from invention, something may yet not be granted patent for other considerations [for instance clause（b）]"（パラグラフ92）との説明がある。

　日本特許法においても、天然物、自然現象などの単なる発見は、「自然法則を利用した技術的思想の創作」ではなく、発明に該当しません（日本特許法29条1項柱書）。

（c）数学的方法、ビジネス方法など〈3条(k)〉

　数学的方法やビジネス方法のほか、コンピュータプログラムそれ自体（per se）及びアルゴリズムも発明に該当しません。（3.7節参照）

（d）審美的創作物〈3条(l)〉

　例えば文学作品、音楽、美術品、絵画、彫刻、コンピュータプログラム、電子データベース、書物、パンフレット、講義、演説、説教、演劇及び音楽作品、舞踏、映画、図面、建築、版画、石版術、写真、応用美術、イラスト、地図、平面図、スケッチ、地形に係る立体作品、地勢図、翻訳物、翻案、編曲、マルチメディアの製作などは発明に該当しません。これらは1957年著作権法の保護対象です。

　日本特許法においても、単なる美的創造物は「技術的思想」に該当せず、発明とはみなされません（日本特許法29条1項柱書）。

（e）ゲームの方法など〈3条(m)〉

　精神的行為をなすための単なる計画や規則若しくは方法、又はゲームをするための方法、例えばチェスの遊び方、教育方法、勉強方法などは発明に該当しません。

　日本特許法においても、このような人為的取決めは「自然法則」を利用したものではなく、発明に該当しません（日本特許法29条1項柱書）。

（f）情報の提示〈3条(n)〉

　言葉、信号、記号、図又はその他の表示方法による視覚、聴覚又は理解が可能な情報の表示方法、手段又は方式は、発明に該当しません。

　日本特許法においても、このような情報の単なる提示は、「技術的思想」に該当せず、発明に該当しません（日本特許法29条1項柱書）。

（ g ）集積回路の回路配置〈３条(o)〉

　マイクロチップ及び半導体チップに使用されている電子回路の三次元配置など、集積回路の回路配置は発明に該当しません。集積回路の回路配置は2000年半導体集積回路配置法によって保護されます。

　日本特許法においては、新規性及び進歩性を有する場合、集積回路の回路配置も保護されます。

（２）TRIPS 協定に規定された不特許事由

　インド特許法は、TRIPS 協定27条が許容する不特許事由を以下のとおり３条に列挙しています。動物の治療・診断方法、動植物の変種などの取扱いが日本と異なります。

（ a ）公序良俗〈３条(b)、TRIPS 協定27条(2)〉

　公序良俗に反するもの、例えば窃盗／強盗を行うための装置、偽造紙幣の製造機械、賭け事のための装置は発明に該当しません。その使用・用途が人、植物及び動物に重大な損害を及ぼす可能性がある発明、道徳的規範に反するおそれがある発明（例えば人間のクローン作成のための方法）、公の秩序を乱すものである発明（例えば家宅侵入のための装置）なども発明に該当しません。

　過去、人の健康に重大な害悪を与えるおそれがあるとしてタバコに関する発明（出願番号1098/KOL/2010）、電子タバコに関する発明（出願番号202047018947）、性的刺激用バイブレーター（出願番号4668/DELNP/2007）などが、特許庁において３条(b)に該当すると判断されています。

　しかしながら、その用途が人間、動物又は植物の生命若しくは健康、あるいは環境に対して重大な損害を及ぼさない場合には、当該発明は特許を受ける余地があります。例えば農薬などは発明に該当する可能性があります。

　日本特許法においても、公序良俗に反する発明は特許を受けることができません（日本特許法32条）。

（b）治療・診断方法など〈3条(i)、TRIPS協定27条(3)(a)〉

　人の内科的方法、外科的方法、治療的方法(歯石のクリーニング方法など)、予防的方法、診断的方法、療法的方法は発明とみなされません。また、動物に対する類似の処置方法であって、病気を治し、その経済的価値若しくはその製品の経済的価値を増進させる方法も発明とはみなされません。

　例えばヒツジに対する処置によって、羊毛の生産増大を図る方法は発明に該当しません。

　しかしながら、美容目的にすぎない人体への物質の投与は治療に該当せず、特許を受けることができます。また、外科的、治療的又は診断を行うための機器は特許を受けることができます。さらに、人工器官、義肢の製造及びこれらの人体への適用に係る措置も特許を受けることができます。

　日本特許法においても、人間を手術、治療又は診断する方法は「産業上利用することができる発明」に該当しないとされていますが、動物の手術方法は発明から除外されていません。これに対して、インド特許法では、動物に対する治療、診断方法も発明から除外されます。

（c）動植物・生物学的方法〈3条(j)、TRIPS協定27(3)(b)〉

　微生物を除く、(i)～(v)に係る製品又は方法は、発明に該当しません。

　（i）植物の全部又は一部

　（ii）動物の全部又は一部

　（iii）種子

　（iv）植物及び動物の変種(varieties)及び種(species)

　（v）植物及び動物の生産及び繁殖のための本質的に生物学的な方法

　しかし、自然界において発見されたものを除き、微生物に係る発明は特許が認められます。例えば遺伝子操作された微生物は発明に該当します。インドにおける植物の変種は、2002年の植物の変種及び農民の権利の保護に関する法律[20]によって保護されます。

　日本特許法においても、動植物、種子などの単なる発見は発明に該当しませんが、遺伝子組み換え作物などは、微生物に限らず特許が認められ得ます。

（3）その他

　3条に列挙されているその他の不特許事由は以下のとおりです。既知物質の新規形態、農業などの取扱いが日本特許法と異なります。

（a）既知物質の新規形態の単なる発見など〈3条(d)〉

　既知物質の新しい形態（効能の増大なし）、特性、用途の単なる発見、既知の方法、機械若しくは装置の単なる用途の単なる発見は、発明に該当しません。既知の物質が医薬品の場合、3条(d)における「効能」は治療効果のみを意味します。（3.6節参照）

　既知物質の誘導体が同一物質とみなされる点、医薬品の効能が「治療効果」に厳しく限定される点は日本特許法と異なり、インドのほうが特許性のハードルが高いです。3条(d)は、日本特許法と大きく異なる規定の一つです。

（b）混合物〈3条(e)〉

　単なる混合によって生産された物、及びその製造方法は、各成分が有する性質の集合という結果でしかない場合、発明に該当しません。

　しかし、混合によって生産された物、及びその製造方法は、各成分の特徴が機能的に相互に結合し、相乗効果を有している場合、発明に該当します。例えば石鹸、洗剤、潤滑油及びポリマー製品など、相乗効果をもたらす混合は、特許を受けることができます。相乗効果は、出願時明細書において、比較により明確に提示されなければなりません。（3.8節参照）

　日本特許法においては、混合物に係る発明は、発明該当性の問題ではなく、進歩性の問題として審査されます。相互作用、相乗効果、新規の効果が全くなければ、日本においても特許は認められない可能性が高いですが、インドのほうが特許性のハードルが高いと考えられます。3条(e)は、日本特許法と大きく異なる規定の一つです。

20　The Protection of Plant Varieties and Farmers' Rights Act, 2002.［原文］

（c）単なる配置〈3条(f)〉

　複数の既知の装置の単なる配置に係る発明であって、各装置が独立して機能するものは、発明に該当しません。例えば扇風機付きの傘、懐中電灯が取り付けられたバケツ、家具に備え付けられた時計及びラジオなどは、物の配置又は再配置にすぎず、相互作用がなく、それぞれ独立して機能するため、発明に該当しません。

　既知である複数の異なる要素の組合せにおける改善は、単なる現場での改良を超えるものでなければならず、特許可能な発明は、新しい結果、新しい物、従来品より優れ、又は安い物をもたらすものでなければなりません[21]。

　日本特許法において、既知の装置の配置に係る発明は、発明該当性の問題ではなく、進歩性の問題として審査されます。既知の装置の単なる配置は日本においても特許は認められない可能性が高いでしょう。

（d）農業又は園芸の方法〈3条(h)〉

　農業又は園芸の方法、例えば次のような方法は発明に該当しません。
　（ⅰ）グリーンハウスなど、自然現象がその必然的な過程をたどる諸条件の変更を伴う場合を含む、植物の生産方法
　（ⅱ）特別のリン酸化合物を含む調合剤を土壌に与えることにより、線虫を含む土壌から改良土を産出する方法
　（ⅲ）キノコの生産方法
　（ⅳ）藻類の養殖方法

　日本特許法においては、農業又は園芸の方法も発明に該当し、その他の特許要件を満たせば特許が認められます。

（e）伝統的知識〈3条(p)〉

　既存の知識である伝統的知識は、発明に該当しません。例えば創傷治癒のためのターメリックの殺菌性は特許されないとされています。アーユルヴェーダ、ユナニー医学、シッダ医学などの伝統的知識は、伝統的知識デジタル・ライブラリにデータベース化されています。

　日本特許法において、伝統的知識は公知発明に該当し、新規性又は進歩性の問題として審査されます。このような伝統的知識は日本においても特許は認められない可能性が高いです。

●4条の不特許事由

　4条の不特許事由は、1962年原子力法(1962年33号)20条(1)に該当する原子力関連発明をいい、原子力関連発明については、特許権は付与されません。

●コメント

　既知物質の新規形態、混合物、農業に係る方法、動植物の変種、ビジネス方法及びコンピュータプログラム関連発明、集積回路の回路配置に係る発明など、一部の発明については、日本よりも特許のハードルが高いと考えられます。発明の主題が3条各号及び4条に該当せず、技術的貢献及び技術的効果を有する発明を特定し、権利請求することが重要です。

21　*Biswanath Prasad Radhey Shyam v. Hindustan Metal Industries.*

3.6節　医薬・物質発明

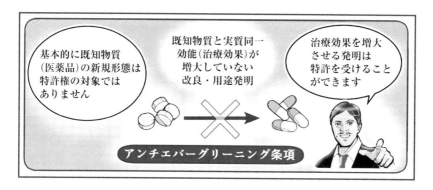

　医薬品、農薬などの物質発明も特許の保護対象に含まれます。しかし、既知物質の新規形態であって、その効能が既知物質の効能と実質的に同一であるような物質は、効能を増大させるものでなければ発明に該当しないとされています〈3条(d)〉。

●アンチエバーグリーニング条項

　アンチエバーグリーニング条項〈3条(d)〉とは、新規医薬の特許出願後に、その軽微な改良発明の特許出願を継続的に行うことにより、医薬に係る特許権の存続期間を実質的に延長し、市場を長期間にわたって独占しようとするエバーグリーニング(evergreening)を防止するための条項です。

　進歩性が低い改良医薬に特許権を付与することは、発明の開示に対する代償として20年の独占排他権を付与する特許法の趣旨に反し、後発医薬品の普及を不当に妨げるなどの弊害を招くおそれがあるため、望ましいことではありません。

　しかしながら、インドにおけるアンチエバーグリーニング条項〈3条(d)〉は、進歩性のハードルを高く維持するための確認規定ではなく、進歩性の程度が低い軽微な改良発明はもちろんのこと、進歩性を有する物質発明の特許権付与も排除し得るものであり、欧州、英国などの他国には例がない規定です。

●3条(d)

(1) 3条(d)の条文構造

特許法3条(d)によれば、次のようなものは特許法上の発明には該当しません[22]。

- (ⅰ) 既知の物質の新規形態の単なる発見であって、当該物質の既知の効能の増大にはならないもの
- (ⅱ) 既知の物質の新規の特性の単なる発見
- (ⅲ) 既知の物質の新規の用途の単なる発見
- (ⅳ) 既知の方法、機械若しくは装置の単なる用途の単なる発見。ただし、当該既知の方法が新規の製品を作り出し、又は少なくとも1つの新規の反応物を使用する場合は、この限りではない。

また、3条(d)には「既知の物質の塩、エステル、エーテル、多形体、代謝物質、純形態、粒径、異性体、異性体混合物、錯体、配合物、及び他の誘導体は、同じ物質とみなす。ただし、それらが効能に関して特性上実質的に異なる場合は、この限りではない」との説明書があります。

(2) 概要

以下、物質発明に関する上記(ⅰ)の規定を中心に説明します。次ページの図2は、発明性要件及び特許性要件のイメージを示したものです。

22　MPPP 項目09.03.05.04

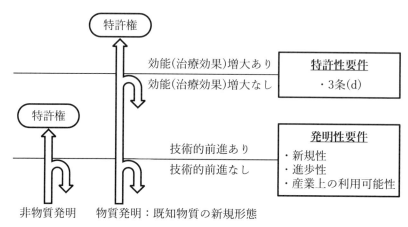

図2：発明性要件及び特許性要件の概念図

　図2に示すように、装置発明、方法発明などの非物質発明は、新規性・進歩性及び産業上の利用可能性などの発明性要件を満たせば特許権が付与されます。しかし、物質発明の場合、2つのハードルをクリアする必要があります。

　第1のハードルは新規性・進歩性などの発明性要件であり、第2のハードルは3条(d)に規定された特許性要件です。

　具体的には、既知物質の新規形態(例えば結晶形の変更)に係る発明の場合、進歩性に加え、当該既知物質が有する既知の効能を増大するものでなければ、特許権は付与されません。医薬発明の場合、「効能」は「治療効果」と解されています。3条(d)は、進歩性のハードルを明確にするための規定にも見えますが、発明性要件と、3条(d)の特許性要件は全く異なる別概念の要件です[23]。既知物質の新規形態に係る発明は、たとえ進歩性を有するものであったとしても、既知の効能を増大させるものでない場合、特許は認められません。

●医薬発明審査ガイドラインなど

　医薬発明審査ガイドラインには物質発明、特に医薬発明の審査上の取扱いが説明されています。以下に同ガイドラインの要点を説明します。

23　*Novartis AG v. Union of India（UOI）and Ors.*

（1）既知物質の新規形態について

　既に確立された医薬活性を持つ既知の物質に基づく漸進的な発明、つまり、既知物質の新規形態は同じ物質として扱うものとみなし、特許性はありません。ただし、その新規の形態が、その既知の化合物に係る治療効果を大幅に向上させることを実証できる場合を除きます[24]。

（2）「効能」について

　医薬品の場合、3条(d)の「効能」は「治療効果」と解釈すべきです[25]。物質発明が効能に関する特性上既知の物質とどのように実質的に異なるかは、出願時又は明細書の補正により出願後、完全明細書の明細書本文に提示することができます[26]。

（3）「新規な製品」について

　化学物質及び医薬品の場合、特許出願に係る製品が既知物質の新規形態であって、その効能も既知であるときには、その対象製品は2条(1)(j)及び(ja)に加え、説明書を含めた3条(d)に定める効能の増大の検証に合格しなければなりません[27]。

（4）生物学的利用能[28]と治療効果について

　生物学的利用能の向上による治療効果の増大については、研究データによって具体的に証明しなければなりません[29]。

（5）医薬物質の特許保護について

　3条(d)は、物質発明に対して厳しい要件を課していますが、医薬物質の漸進的発明の特許保護を一切認めないというわけではありません[30]。

24　医薬発明審査ガイドライン 10.5
25　医薬発明審査ガイドライン 10.6
26　MPPP 項目09.03.05.04
27　医薬発明審査ガイドライン 10.7
28　「投与された薬物（製剤）が、どれだけ全身循環血中に到達し作用するかの指標」日本薬学会の「薬学用語解説」より
29　医薬発明審査ガイドライン 10.8
30　医薬発明審査ガイドライン 10.9

●その他

　医薬関連発明については、さらに不特許事由として、公序良俗に反するもの〈3条(b)〉、科学的原理の単なる発見など〈3条(c)〉、単なる混合物〈3条(e)〉、治療・診断方法〈3条(i)〉、本質的に生物学的な方法〈3条(j)〉、伝統的知識〈3条(p)〉であるかどうかも審査されます。

　また、特許出願を行う際、出願人は、必要に応じて、国家生物多様性局の承認、生物学的素材の寄託などを行います。(2.13節参照)

● 3条(d)の詳細

　医薬・物質発明において、3条(d)は、重要な条文であるため、以下に3条(d)の法理、解釈を詳しく説明します。

（1）3条(d)の趣旨及び2条(1)(j)との関係について

（a）最高裁判所[31]は、100年にわたる特許法発展の経緯及び2005年改正に係る議会での議論を検討した上で、以下のような判断を示しています。

（a－1）3条(d)の趣旨

　3条(d)の2005年改正は、不正な理由で特許を繰り返し受けたり、特許期間の延長を狙おうとする動き(エバーグリーニング)を阻止することを目的としています[32]。

（a－2）3条(d)と、2条(1)(j)の関係

　1970年特許法は、発明性要件と、特許性要件を明確に区別した概念として取り扱っており、特許権付与に当たり、発明は発明性要件と、特許性要件の双方の要件を満たすことが必須です[33]。

31　*Novartis AG v. Union of India（UOI) and Ors.*
32　上記判決 パラグラフ103
33　上記判決 パラグラフ91

　３条(d)の2005年改正部分「既知の物質について何らかの新規形態の単なる発見であって当該物質の既知の効能の増大にならないもの」が、化学物質／医薬品に対して、進歩性という第１の要件に加え、更に第２の要件を設定したものであることは明らかです[34]。

　最高裁判所は、３条(d)が進歩性の確認規定である旨の主張を退けています[35]。

(ｂ)現行法に至る経緯

　特許法の発展の経緯を簡単に説明します。図３は、最高裁判所が検討した特許法の発展の経緯を示した概念図です[36]。

図３：特許法発展の経緯

(ｂ－１)1911年特許意匠法(旧法)

　1911年法においては、物質発明及び方法発明のいずれもが保護されていました[37]。しかし、1911年法はインド国内企業よりも外国企業に有利に働き、インド国内の科学研究及び産業を推進する助けになりませんでした。

34　上記判決 パラグラフ103
35　上記判決 パラグラフ102
36　３条(d)との関連性が低い2002年改正特許法は省略した。
37　Section 2(8) "invention" means any manner of new manufacture and includes an improvement and an alleged invention
　　Section 2(10) "manufacture" includes any art, process or manner or producing, preparing or making an article, and also any article prepared or produced by manufacture
　　Section 14 Term of Patent: (1) The term limited in every patent for the duration thereof shall, save as otherwise expressly provided by this Act, be sixteen years from its date.

（b－2）1970年特許法（1972年4月20日施行）

　1970年法においては、食品、医薬品などに関する物質発明に対して特許を認めず[38]、プロセス特許のみを認めるようにりました。また、特許の存続期間は14年でしたが、医薬品及び食品に関するプロセス特許の存続期間は最長7年とされました[39]。

　この1970年法により、インドの医薬産業は発展したと考えられています。医薬産業の市場占有率は、1970年当時、多国籍企業が68％、インド国内企業が32％でしたが、1991年には多国籍企業が40％、インド国内企業が60％と逆転し、2004年にはインド国内企業のシェアは77％に達しました[40]。

　1970年法の1条及び2条は、第Ⅰ章「総則」を構成しています。2条は定義規定であり、発明の定義が含まれています。3～5条は、第Ⅱ章「特許されない発明」を構成しています。3条は、単なる科学原理の発見など、非技術的事項が発明に該当しないことを、4条は、原子力に関する発明は特許されないことを、5条は、食品、医薬品などの物質発明は特許されず、製法特許のみが特許されることを規定しています。1970年法は、発明性要件（invention）と、特許性要件（patentability）の相違を認め、保持しています[41]。

（b－3）WTO加盟

　インドは1995年にWTOに加盟したことにより、医薬品、食品などの物質発明を保護対象として特許法に規定しなければならなくなりました（TRIPS協定27条）。発展途上国であるインドは、法整備のための期間として10年の経過措置（2005年1月1日まで）が認められました（TRIPS協定65条）。

（b－4）1999年改正（1999年3月26日施行、1995年1月1日に遡及）

　TRIPS協定は、経過措置期間における暫定措置として、物質発明に係る特許出願を受理[42]すること〈70条(8)〉、一定条件下で排他的販売権（EMR：Exclusive Marketing Rights）を認めること〈70条(9)〉を求めています。インドは、TRIPS協定70条を遵守するために、1999年改正を行いました[43]。

38　1970年特許法（改正前）の5条
39　1970年特許法（改正前）の53条
40　上記判決 パラグラフ48
41　上記判決 パラグラフ46

（b-5）ドーハ宣言(2001年11月)

　TRIPS協定の実施について検討が行われ(TRIPS協定71条)、「TRIPS協定と公衆衛生に関する宣言」が採択されました。ドーハ宣言は、TRIPS協定の運用により、エイズなど感染症の医薬品が高価となりアクセスできないという「知的所有権保護と医薬品アクセス問題」を背景に行われたものです。ドーハ宣言の骨子として、以下の事項が挙げられています。

（ⅰ）HIV/AIDS、結核、マラリアや他の感染症(epidemics[44])といった途上国などを苦しめている公衆衛生の問題の重大さを認識

（ⅱ）TRIPS協定がこれらの問題への対応の一部である必要性を強調

（ⅲ）知的所有権の保護の、新薬開発のための重要性を認識。医薬品価格への影響についての懸念も認識

（ⅳ）TRIPS協定は、加盟国が公衆衛生を保護するための措置を講ずることを妨げないし、妨げるべきではないことに合意。公衆衛生の保護、特に医薬品へのアクセスを促進するという加盟国の権利を支持するような方法で、協定が解釈され実施され得るし、されるべきであることを確認

（ⅴ）TRIPS協定におけるコミットメントを維持しつつ、TRIPS協定の柔軟性に以下が含まれることを認識

　　TRIPS協定の解釈には国際法上の慣習的規則、TRIPS協定の目的を参照

　…以下省略…

42　いわゆるメールボックス出願と呼ばれるものであり、出願された発明の審査は、経過措置満了後(2005年1月1日以降)に開始される。

43　1999年改正特許法は1999年3月26日に施行され、その効力は1995年1月1日に遡及するものとされた〈1999年改正特許法1条(2)〉。TRIPS協定への加盟により、医薬品などの物質特許を保護対象とする法改正が施行されるまでの間(履行期限：2005年1月1日)、物質関連の特許出願を暫定的に受け付けるメールボックス出願制度、排他的販売権(EMR)制度を1995年1月1日までに整備する必要があった〈TRIPS協定70条(8)(9)〉。TRIPS協定の実施義務を果たすため、大統領は緊急的措置として1994年特許(改正)大統領令を公布し〈インド憲法123条(1)〉、当面の実施義務を果たした。大統領令は国会が制定する法律と同一の効果を有する〈インド憲法123条(2)〉。しかし、国会再開後6週間が経過したが、1995年改正特許法の成立には至らず、大統領令は失効した〈インド憲法123条(2)〉。インド特許庁は、大統領令の失効後も実務的対応によって、物質関連特許の出願を受理したが、TRIPS協定の実施義務が問題となった。

44　"epidemics"は流行病という意味もあり、その範囲は必ずしも明確ではない。

（b－6）2005年改正[45]（2005年4月4日施行、2005年1月1日に遡及）

　メールボックス出願及び排他的販売権に係る旧5条(2)及び第ⅣA章が削除され、医薬品、農薬、食品などの物質発明について特許が認められるようになりまた。また、3条(d)の冒頭に「既知の物質について何らかの新規な形態の単なる発見であって当該物質の既知の効能の増大にならないもの」が付加され、条項の末尾に説明書が追加されました。

（c）書状

　最高裁判所は、WHOのHIV／AIDS担当部長からインド政府に送付された2004年12月17日付けの書状に言及しています[46]。書状の内容は次のとおりです。

　「手頃な価格の抗レトロウイルス薬及び他の基本的医薬品の供給で世界をリードする貴国政府が、抗レトロウイルス薬を緊急に必要とする最貧国のニーズに引き続き対応するために必要な措置を講ずること、また、その際にTRIPS協定で定められていない、医薬品へのアクセスを妨げるような不必要な制限を設けることがないよう希望します」

（d）議会における議論

　議会では、公衆衛生の保護に関する懸念を抱きながら、TRIPS協定を遵守するための法改正について議論が行われました。議論の大半は医薬品特許の取扱いについてのものであり、議会ではエバーグリーニングを認める条項を除去し、特許を認める範囲を新しい化学物質にだけ限定すべきなどの提言がなされていました[47]。そして、前述の2005年法改正が行われました。

45　2005年改正特許法は2005年4月4日に施行され、その効力は2005年1月1日に遡及するものとされた〈2005年改正特許法1条(2)〉。TRIPS協定への加盟により、2005年1月1日までに医薬品などの物質特許を保護対象とする必要があり（TRIPS協定27条、65条）、TRIPS協定の実施義務を果たすため、大統領は緊急的措置として2004年特許（改正）大統領令を公布し〈インド憲法123条(1)〉、当面の実施義務を果たした。その後、2005年改正特許法が施行された。

46　上記判決 パラグラフ76

47　上記判決 パラグラフ80

（ e ）結論

　以上のような特許法の発展の経緯及び2005年法改正の背景から、最高裁判所は、前述のとおり、3条(d)をエバーグリーニング防止のための規定と解釈しました。また、3条(d)は進歩性などの要件とは区別されるべき要件であるとしました。

（2）「効能の増大」について

（ a ）効能について

　最高裁判所は「効能」について次のように判断しています。3条(d)における「効能」は「所望の又は意図する結果を生じさせる性能」を意味します。したがって、当該物質が生み出すと期待されている、又は生み出すと考えられている効果によって、3条(d)における「効能」の検証の意味合いが変わってきます。その検証は、当該物質の作用(function)、効用(utility)又は目的の影響を受けます。疾病治療薬の場合、「効能」は治療効果のみを意味します[48]。

（ b ）物質的効果について

　発明の技術的課題、効果の説明を工夫し、「効能」を立証容易な物性的効果とすることも考えられます。しかし、3条(d)の立法趣旨がエバーグリーニングの防止にあることから、明細書の作成技術で、「治療効果」以外の効果をもって「効能の増大」を主張することは困難と考えられます。

（ c ）既知物質の新規形態が有する物性上の効果

　最高裁判所は「効能の増大」について、その新規形態の効果が、その形態に由来するものであれば、その効果は既知物質の「効能の増大」とはみなされない旨を説明しています[49]。

　「効能」の文言は3条(d)の説明書にも用いられており、「既知物質の塩、エステル…他の誘導体は、それらが効能に関する特性上、実質的に異ならない限り、同一物質とみなす」と説明しています。

48　上記判決 パラグラフ180
49　上記判決 パラグラフ181

　物質の形態が異なれば、その形態に固有の特性上の差異を有することは当然でしょう。3条(d)の説明書には、その上で「特性上実質的に異ならない限り、同一物質とみなす」と記載されています。これは、既知物質の新規形態に係る発明が、その形態の変更による効果を有していたとしても、その効果がその物性に関するものであれば、既知物質の「効能の増大」と評価されないことを示しています。

　例えば新規の結晶形が優れた流動性、安定性、吸湿性などの効果を有していても、その効果は3条(d)の「効能」とは認められません。

（d）既知の物質の特性
　3条(d)の適用は、既知の物質の存在が基本となります。しかし、既知の物質が特定されていない審査報告が多く見受けられます。この問題に対して、デリー高裁IPDは、3条(d)を用いて出願を拒絶する場合には、管理官は既知の物質を特定しなければならない旨を判示しました[50]。

（e）効能(治療効果)の増大の程度
　どの程度、治療効果が増大すれば、3条(d)の「効能の増大」の要件を満たすのかという明確な基準はありません。治療効果の程度についての言及ではありませんが、最高裁判所は、「治療効果」は厳格に狭く解釈すべきと説明しています[51]。また、3条(d)の立法趣旨がエバーグリーニングの防止にあることにあると考えると、治療効果の劇的な改善がなければ、特許は認められないと考えられます。

（f）「効能の増大」の証明時期
　「効能」の証明時期については、最高裁判所及び医薬発明審査ガイドラインは明らかにしていません。ただし、最高裁判所は、既知物質との比較効果についての宣誓供述書(affidavit)[52]の提出の有無について言及しており[53]、審査過程で、比較効果を証明する実験データを提出することを許容していると考えられます。

50　*DS Biopharma Limited v. The Controller of Patents and Designs*: C.A. (COMM.IPD-PAT) 6/2021 & I.A. 12828/2021.

　また、３条(d)の要件を審査するに当たり、既知物質及び既知の効能を特定する必要があるとしても、出願時においては必ずしも、その既知物質及び効能は特定されません。審査過程において初めて明らかになった既知物質の既知の効能に対する、その「効能の増大」を証明する必要があることを考えると、審査過程で、「効能の増大」を示す実験データを提出することは認められるべきでしょう。

(３)「新規形態の単なる発見」について

　３条(d)において「<u>単なる発見</u>」と規定されています。進歩性を有する「既知物質の新規形態」であれば、特許が認められるように思えます。しかし、３条(d)は、進歩性と異なる概念の要件であり、進歩性の程度によって３条(d)の適用の有無が左右されることはないと考えられます。

●まとめ

(ⅰ)医薬品などの物質発明の特許権を取得することは可能ですが〈２条(j)〉、既知物質の新規形態で特許を受けるには既知物質が有する既知の効能を増大させるものでなければなりません〈３条(d)〉。

(ⅱ)３条(d)の2005年改正の趣旨は、エバーグリーニングの防止です。

(ⅲ)医薬発明における「効能」は「治療効果」です。

(ⅳ)新規形態それ自体に由来する効果は、３条(d)の「効能」とは認められません。

(ⅴ)生物学的利用能を示す実験データは、「治療効果」を示す証拠として不十分です。生物学的利用能によって、治療効果が増大することを示す実験データを示し、主張する必要があります。

(ⅵ)進歩性によって、３条(d)の要件を満たすことにはなりません。既知物質の新規形態に係る発明については、進歩性を有し、かつ、３条(d)の要件を満たす必要があります。なお、既知物質の用途発明については特許権を取得することができません〈３条(d)〉。

51　上記判決 パラグラフ180
52　宣誓供述書は実験を行った技術者が署名し、公証役場で公証を受ける必要がある。
53　上記判決 パラグラフ171

3.7節　コンピュータ関連発明

　コンピュータ関連発明とは、コンピュータ、コンピュータネットワーク、その他のプログラム可能な機器の利用に関する発明をいいます。コンピュータ関連発明には、その特徴の全部又は一部がコンピュータプログラムによって実現される発明が含まれます。コンピュータ関連発明に係る特許性のハードルは日本より高いです。

●コンピュータ関連発明の特許性

（1）3条(k)

　以下に掲げるものは特許法上の意味における発明ではありません〈3条(k)〉。

- ・数学的方法
- ・ビジネス方法
- ・コンピュータプログラムそれ自体(per se)
- ・アルゴリズム

（2）立法過程

　3条(k)は、TRIPS協定を遵守すべく、2002年改正で導入されたものであり、「それ自体(per se)」の文言は、立法過程において付加されました。

　立法過程で提示された両院合同委員会のレポート[54]には、「それ自体(per se)」の文言導入の趣旨について、「コンピュータプログラムには一定の他の事物(certain other things)、その副次的なもの(ancillary thereto)、又はそれを基に展開されたもの(developed thereon)が含まれることがあるからである。これらが発明である場合、特許権の付与を拒絶しないことがここでの意図である。ただし、コンピュータプログラムそれ自体には、特許権を付与することは意図していない。本改正は、この目的を明確にするために提案されたものである」と説明されています。「それ自体(per se)」の文言が、コンピュータプログラムにのみ係っている点にも留意すべきでしょう[55]。

(3)2004年特許(改正)大統領令

　現行法の３条(k)は2002年改正で導入された条項と同じですが、過去に発令された2004年特許(改正)大統領令(法律と同様の効力を有する)により、３条(k)の内容に変更が加えられ、その後、再び現行の３条(k)の内容に戻されたことがあります。2004年特許(改正)大統領令は、TRIPS協定の適用期限である2005年１月１日に施行され、条文上、コンピュータ関連発明の不特許事由の対象範囲が狭められました。言い換えると、発明の保護対象が拡大されました。具体的には、次のように修正されました。

［３条］

> (k)<u>産業への技術的応用のない、あるいはハードウエアとの組合せのない</u>コンピュータプログラムそれ自体[56]；
> (ka)数学的方法あるいはビジネス方法あるいはアルゴリズム

54　PARLIAMENT OF INDIA RAJYA SABHA, THE PATENTS (SECOND AMENDMENT) BILL, 1999, REPORT OF THE JOINT COMMITTEE, (PRESENTED TO THE RAJYA SABHA ON THE 19TH DECEMBER, 2001), (LAID ON THE TABLE OF THE LOK SABHA ON THE 19TH DECEMBER, 2001)
55　欧州特許法及び英国特許法においては、「それ自体(as such)」の文言は数学的方法、ビジネス方法など、全ての不特許事由に係っている。
56　"a computer programme per se other than its technical application to industry or a combination with hardware"

しかし、2005年 4 月 1 日に施行され、2005年 1 月 1 日に遡及した2005年改正特許法によって再び現行の 3 条(k)に戻されました。2004年特許(改正)大統領令及び2005年改正が 3 条(k)の法解釈に与える影響は必ずしも明らかではありませんが、単に産業上の技術的応用があるにすぎないコンピュータプログラム、又はハードウエアとの組合せがあるにすぎないコンピュータプログラムは、法上の発明に該当しないと解釈される根拠の一つになり得ると考えられます。

● CRI 審査ガイドラインの改訂経緯

　CRI 審査ガイドラインには、コンピュータ関連発明の審査上の取扱いが説明されています。なお、初版のガイドラインは、 3 条(k)の厳格な適用基準を提示していましたが、2015年 8 月21日に改訂され、その判断基準が緩和されました。改訂版では、公知のハードウエアと通常以上に相互作用し、かつ、既存のハードウエアの機能性及び性能の変化に影響を及ぼすコンピュータ関連発明も特許権付与の対象になり得る点が明確化されましたが、各方面[57]から異論が提起され、2015年12月14日付けで、その適用が一時停止されました[58]。その後、2016年 2 月19日に第 2 改訂版が公表され、 3 条(k)の適用基準が再び厳格化されました。新規ハードウエアを特許性の要件とする厳格化された第 2 改訂版に対しても各方面から抗議の声が上がり、2017年 6 月30日に再び改訂されました。

　本改訂により、新規ハードウエア要件が削除され、クレーム全体として不特許事由に該当しない発明は保護適格性を有することとなり、改訂前のガイドラインに掲載されていた拒絶事例が全て削除されました。

　・2013年 6 月28日：CRI 審査ガイドライン(初版)を公表
　・2015年 8 月21日：CRI 審査ガイドライン(改訂版)を公表
　・2015年12月14日：CRI 審査ガイドラインの運用を停止
　・2016年 2 月19日：CRI 審査ガイドライン(第 2 改訂版)を公表
　・2017年 6 月30日：CRI 審査ガイドライン(第 3 改訂版)を公表

57　National Intellectual Property Organisation (NIPO), Software Freedom Law Centre (SFLC)など。
58　Office Order No.70 of 2015.

● CRI 審査ガイドライン(第 3 改訂版)の要点

(1)進歩性[59]

　進歩性を判断する際、発明を全体として見ることが重要です。進歩性は、発明の除外対象それ自体ではない特徴でなければなりません。そうでなければ、特許権者は、不特許事由に関する経済的な重要性あるいは技術的前進を引き合いに出すことで、その主題に対する特許性を主張できることになります。技術的前進の比較は発明の主題に対して行われるべきであり、当該主題は不特許事由に関連するものであってはなりません[60]。

(2)開示要件[61]

(a)明細書の記載

　特許法は、出願人に、「何(what)」が発明であるか、そして「どのように(how)」それが作用するのかを明細書に記載することを要求します[62]。「何」の要件を満たすためには、発明(そのもの)を十分かつ詳細に開示しなければなりません。「どのように」の要件を満たすためには、発明を実施する最善の方法を開示しなければなりません。コンピュータ関連発明の場合、以下の事項を記載すれば、これらの要件は満たされます。

〈十分かつ詳細(何)〉

　装置発明の場合、発明の各特徴は適当な説明図を用いて記載しなければなりません。方法発明の場合、その発明を先行技術と区別するために、その実施方法・手段とともに、フローチャート及び発明の実施に求められるその他の情報を用いて、必要な処理手順を明確に記載しなければなりません。

　異なる構成要素の連結関係とともに作用関係を記載しなければなりません。

　明細書に記載の発明及び構成要素／ステップの望まれる結果／出力又は成果を記載しなければなりません。

59　CRI 審査ガイドラインの項目4.2
60　Yahoo 事件（IPAB 審決 OA/22/2010/PT/CH, 2011年12月 8 日）
61　CRI 審査ガイドラインの項目4.4
62　10条(4)「各完全明細書については、(a) 発明そのもの、その作用又は用途及びその実施の方法を十分かつ詳細に記載し、(b) 出願人に知られ、かつ、その出願人がその保護を請求する権利を有する発明を実施する最善の方法を開示し、また…(以下省略)」。

〈発明実施の最善の方法（どのように）〉

発明の実施及び／又は使用のベストモードを、適当な図を用いて記述しなければなりません。明細書は発明の記述をその機能のみに限定すべきではなく、むしろ具体的かつ明確に発明の実施（態様）を記述する必要があります。

（b）形式と実体[63]

いかなる形式のクレームも、実質的に<u>不特許事由に属する場合</u>、かかる発明には特許権は付与されません。保護適格性の問題において注目すべきは、クレームの特別な形態ではなく、発明の根底にある本質に当てられるべきです。特許法はコンピュータプログラムそれ自体を明確に除外しています。言い回しによってクレームの実態を単にカムフラージュすることにより、当該除外が回避されることを認めるべきではありません。

（c）ミーンズ・プラス・ファンクション[64]

クレームで言及される「手段」は、クレームの明瞭さを向上させるために、物理的な構造的特徴と参照符号を用いて明確に定義されなければなりません。ミーンズ・プラス・ファンクション（MPF）クレームは、手段の構造的特徴が明細書に開示されておらず、単にコンピュータプログラムのみによって発明の実施をサポートしている場合、この MPF クレームの手段はコンピュータプログラムそれ自体にすぎないとして拒絶されます。

（3）コンピュータ関連発明に係る特許性要件の判断

重要なことは、クレーム全体を考慮し、クレームの本質を判断することです。全体として実質的に発明が不特許事由に該当しない場合、特許性は否定されません。

（a）「数学的方法」を対象とするクレーム[65]

数学的方法、例えば計算方法、方程式の公式化、平方根や立方根を求める方法及び他の全ての同様の技術的精神活動は、特許を受けることができません。

しかし、単に数学的公式がクレームに存在しているというだけでは、必ずしも「数学的方法」とはみなされません。公式を含む、エンコーディング、通信／電気／電子システムのノイズ低減又は電子通信の暗号化／復号システムの発明は、不特許事由に該当しない可能性があります。

(b)「ビジネス方法」を対象とするクレーム[66]

クレームの対象がその発明を部分的であれ、実行するための器具及び／又は技術的方法を指定している場合には、クレームは全体として審査されなければなりません。クレームが実質的に「ビジネス方法」に関係する場合、それは特許可能な主題とみなされません。

クレームにおいて、「企業(enterprise)」「ビジネス(business)」「ビジネスルール(business rules)」「サプライチェーン(supply-chain)」「注文(order)」「売上高(sales)」「取引(transactions)」「商業(commerce)」「支払(payment)」などの語句が単に存在するというだけでは、発明が単なる「ビジネス方法」と結論付けられないこともあり、対象が本質的にビジネス／貿易／金融活動／取引及び／又はウェブを通じての商品購入／販売の方法(例えばウェブ・サービス機能の提供)を実行することに関するものである場合、それをビジネス方法として扱うべきです。

(c)「アルゴリズム」を対象とするクレーム[67]

あらゆる形態のアルゴリズムは、特許を受けることのできる対象から除外されます。

(d)「コンピュータプログラムそれ自体」を対象とするクレーム[68]

次ページ(i)、(ii)のようなコンピュータプログラムそれ自体を対象とするクレームは、特許の保護対象から除外されます。

63　CRI審査ガイドラインの項目4.4.4
64　CRI審査ガイドラインの項目4.4.5
65　CRI審査ガイドラインの項目4.5.1
66　CRI審査ガイドラインの項目4.5.2
67　CRI審査ガイドラインの項目4.5.3
68　CRI審査ガイドラインの項目4.5.4

（ⅰ）コンピュータプログラム／一組の命令／ルーティン及び／又はサブ
　　ルーティンを対象とするクレーム

（ⅱ）コンピュータプログラム製品／命令を含む記録媒体／データベース
　　／コンピュータで読み取り可能に命令が保存されたコンピュータメ
　　モリを対象とするクレーム

（4）その他

　ソフトウエア関連発明については、更に不特許事由として、審美的創作
物〈3条(l)〉、ゲームの方法〈3条(m)〉、情報の提示〈3条(n)〉、集積回路
の回路配置〈3条(o)〉に該当するかどうかも審査されます。（3.5節参照）

●判例

　デリー高等裁判所は、AI、ブロックチェーンなどのコンピュータ関連
技術の取扱いについて、次のように述べています。

　「今日のデジタル世界では、ほとんどの発明がコンピュータプログラム
に基づいているため、そのような発明が全て特許にならないと主張するの
は時代に逆行しています。人工知能、ブロックチェーン技術、その他のデ
ジタル製品の分野におけるイノベーションは、コンピュータプログラムに
基づいていますが、それだけの理由で非特許性の発明にはなりません。…
デジタル製品や電子製品を含めて、このようなプログラムが生み出す効果
は、特許性のテストを決定する上で非常に重要です」[69]（パラグラフ10）。

　「3条(k)項に『per se』という用語が追加されたのは意識的な措置であり…
コンピュータプログラムに基づいて開発された真の発明が特許を拒否されない
ようにするために、『per se』という言葉が盛り込まれました」（パラグラフ10）

　「発明が『技術的効果』又は『技術的貢献』を示すものであれば、それ
がコンピュータ・プログラムに基づくものであっても、特許を受けること
ができます」（パラグラフ11）

　「当初の2013年ドラフトガイドラインでは『技術的効果』を定義してい
ました…『技術的効果』の意味については、国際的にもインドにおいても、
判例や特許庁の実務の発展により、もはや論争の余地はありません。特許

出願は、3条(k)項の解釈を定めた確立された判例、ガイドライン、及び立法資料を含むその他の資料との関連で検討されるべきであるという事実に疑いの余地はありません」(パラグラフ13)。

　2013年コンピュータ関連発明(CRI)審査ガイドラインには、以下のとおり「技術的効果」の一例が挙げられています。

- ・高速化
- ・ハードディスクのアクセス時間短縮
- ・メモリの使用量削減
- ・より効率的なデータベースの検索方法
- ・より効果的なデータ圧縮技術
- ・ユーザーインターフェースの改善
- ・ロボットアームの制御性向上
- ・無線信号の受信／送信の改善

●審決例

(1)技術的貢献の特徴が不特許事由に該当しないこと

　既存の知識(最先端技術)と比較した技術的前進は、不特許事由ではない技術的特徴に基づくものである必要があり、不特許事由の特徴に基づく経済的な重要性や技術的前進を引き合いに出すことで特許性が認められることはないと判断した審決があります。進歩性を主張するだけでは不十分であり、発明の構成が不特許事由に該当しないことが求められています[70]。

(2)技術的プロセス・技術的効果

　発明の特徴が制御アルゴリズムにある場合であっても、技術的プロセスを制御又は実行するためのプログラム(ハードウエアを用いるか、又はソフトウエアを用いるかを問わない。)に従って動作するように構成された制御方法で、技術的効果を達成するものについて、発明該当性が認められた審決例もあり[71]、技術的プロセス及び技術的効果が重要と考えられます。

70　IPAB 審決 OA/22/2010/PT/CH.
71　IPAB 審決 ORA No.20/2009/PT/CH.

（3）新規ハードウエアの必要性について

　汎用のハードウエアを用いたシステムであって、ソフトウエアに新規な特徴がある発明の特許性を否定した管理官の判断を覆した審決があります[72]。知的財産審判委員会は、管理官の判断（新規機能を実現するハードウエアの実行処理に関する発明は、特定のハードウエアが既知又は自明である場合、特許されない。）は根拠薄弱な前提に基づくものであり、論理性及び妥当性からかけ離れたものであるとしました。発明の技術的貢献の内容によっては、上記審決と同様の判断が示されると考えられます。

●コメント

　CRI 審査ガイドライン（第3改訂版）は、ハードウエアの新規性を要求しておらず、汎用コンピュータ上で動作するコンピュータプログラム発明の特許性を否定していませんが、明細書を作成する際に発明の主題を数学的方法、ビジネス方法、アルゴリズムに向けるべきではなく、技術的な課題を設定し、3条(k)の不特許事由に該当しない技術的特徴（技術的貢献）をクレームすべきです。

　CRI 審査ガイドライン（第3改訂版）の内容は必ずしも明確ではありません。このような状況においては、インドと同様の法律条項を有する英国の特許実務・判例[73]が参考になると思われます。例えばコンピュータに内在又は外在する技術的課題、プログラミングに起因する技術的課題などを設定し、処理速度、信頼性などの技術的観点から汎用装置を超える装置をもたらすような技術的特徴（貢献）をクレームすることによって、発明の保護適格性を主張することが考えられます。

　技術的効果又は技術的貢献に着眼して、コンピュータ関連発明をクレームすることの有効性は、上記したデリー高裁においても支持されていると考えられます。

72　IPAB 審決 OA/22/2009/PT/DEL.
73　例えば *AT&T Knowledge Ventures/Cvon Innovations v. Comptroller General of Patents,* [2009] EWHC 343 (Pat).

3.8節　伝統的知識及び生物学的素材関連発明

　伝統的知識及び生物学的素材関連発明とは、インドの伝統的知識、例えばアーユルヴェーダ、ユナニー医学、シッダ医学などに関する発明、動植物、微生物などの生物学的素材に基づく発明をいいます。このような発明は、本来的にパブリックドメインであり、特許法で保護される発明ではありません〈2条(1)(j)〉。さらに、こうした発明は、不特許事由〈3条(e)、(p)、(j)〉と深い関連性を有するため、特別の注意が必要です。

●新規性の審査

　発明の主題が、植物の活性成分のエキス若しくはアルカロイド、又はその単離に関するものであり、そのエキス、アルカロイドが当該植物に天然に存在するものである場合、この植物の利用方法が伝統的知識であるときは、新規性及び進歩性は否定されます。

［実例1］

発明	ストレス管理を目的とした、ウィザニア植物体のエキス
先行技術 (TKDL)	アーユルヴェーダ及びユナニー医学における、ストレス関連障害の治療を目的とした、ウィザニアソムニフェラ根の使用が公開されている。
判断	新規性なし

［実例2］

発明	癌、真性糖尿病、関節炎、尋常性座瘡、湿疹の治療及び創傷治療を目的とした、ローマンカモミール又はジャーマンカモミールから抽出される、カモメロサイドというアルカロイド
先行技術 (TKDL)	アーユルヴェーダ及びユナニー医学における、創傷治療及び癌などの治療を目的とした、ジャーマンカモミールの使用が公開されている。
判断	新規性なし（カモメロサイドの単離及び特性解析は新規性を有するものとして評価されない。）

●進歩性の審査

（1）既知成分の組合せ

　ある成分が疾病の治療において既知である場合、これと既知の有効成分からなる組合せ製品は、当該治療に効果的であるだろうことから、進歩性は否定されます。

［実例1］

発明	白斑の治療を目的とした、5つの構成成分の組合せであって、その1つがカタラーゼ及びスーパーオキシドジスムターゼからなるキューカミス・メロの水様性（watery）エキスであり、ピメンタラセモサ、シトラスアウランチフォリア（ライム）、コエンザイムQ-10、及びピリドキシンクロリドとともに、1：2の割合である組合せ
先行技術 （TKDL）	ユナニー医学における、キューカミス・メロの水様性（watery）エキスが抗白斑の有効性を有することが公開されている。
判断	上記組合せが白斑の治療に効果的であることは予測されるべきものであり、顕著な効果がない限り、進歩性は否定される。

（2）最適条件の発見

　日常的な実験（routine experimentation）による、伝統的に知られた成分の最適条件又は有効範囲の発見は進歩性を有しません。

（3）単独成分の取出し

　伝統的知識により、複合成分が同じ治療活性を有することが知られている場合、そこから単独成分を取り出すことは、進歩性が否定されます。

（4）組合せと相加効果

　伝統的知識として、ある疾病の治療のための個々の成分（薬草の成分）が知られている場合、これらの既知の成分と、同じ治療効果で知られる植物から構成される組合せ製品は、各薬草が単独で使用されるよりも効果的であるとして（相加効果）、進歩性を有しません。

［実例2］

発明	治療薬及び創傷の治療目的としての、キンセンカ、アロエベラ、及びツボクサからなる合成物
先行技術 (TKDL)	アーユルヴェーダ及びユナニー医学における、創傷の治療目的及び治療薬として、これらの植物の単独使用が公開されている。
判断	治療効果の相加効果は予測されるものであり、進歩性は否定される。

●不特許事由（3条）の審査

　伝統的知識及び生物学的素材関連発明については、更に不特許事由として各物質の性質の単なる集合にすぎない単なる混合物であるかどうか〈3条(e)〉、実質的に伝統的知識である発明、又は伝統的に知られた一若しくは複数の成分の既知の特性の集合などである発明であるかどうか〈3条(p)〉も審査されます。

　伝統的知識及び生物学的素材に関する発明については、更に不特許事由として、公序良俗に反するもの〈3条(b)〉、科学的原理の単なる発見など〈3条(c)〉、既知物質の新規形態の単なる発見など〈3条(d)〉、既知の装置の単なる配置〈3条(f)〉、農業又は園芸の方法〈3条(h)〉、治療・診断方法〈3条(i)〉などに該当するかどうかが審査されます。（3.5節参照）

●審決例

　混合物の発明に関して、相乗効果が認められ、3条(e)の「単なる混合物」に該当しないと判断された審決例があります[74]。

　本件発明は、特定の組成（ビタミン、ミネラル、炭化水素、タンパク質及び脂肪から選択される成分を含む。）におけるある種のプロバイオティック細菌（約50億〜約200億個のコロニー単位を形成する好熱連鎖球菌）を含む組成物であり、尿素及びアンモニアをアミノ酸に代謝することによって、腎臓機能を増大させるものです。

74　IPAB 審決 ORA/29/2011/PT/MUM.

　プロバイオティック細菌が尿素を除去すること、特定の組成が補助栄養素として機能するものであることは公知ですが、本件発明の明細書には、当該組成物によって、尿素の濃度が24時間以内に激減することが、実験データのグラフによって示されていたため、単なる混合物ではないと判断されました。

　混合物に係る発明については、「単なる混合物」〈3条(e)〉に該当しないことを主張するために、相乗効果を示す実験結果を明細書に記載することが望ましいと考えられます。

●その他

　特許出願を行う際、出願人は、必要に応じて国家生物多様性局の承認、生物学的素材の寄託などを行います。（2.13節参照）

3.9節　バイオテクノロジー関連発明

　バイオテクノロジー関連発明とは、生物の行う化学反応又は機能を利用する技術、遺伝子工学技術などに関連する発明をいいます。バイオテクノロジー関連発明には、遺伝子工学技術に係る製品及び方法、有機体の生産方法、培地からの微生物の単離方法、突然変異の方法、培養、突然変異体、形質転換体、プラスミド、モノクローナル抗体の産生方法、モノクローナル抗体産生細胞株などに関する発明が含まれます。

　バイオテクノロジー関連発明は、新規性及び進歩性、不特許事由、産業上の利用可能性、開示要件などに関して、新規の特性、顕著な効果、相乗効果、治療及び診断上の具体的な用途などが求められる場合があり、特別の注意が必要です。

●新規性の審査
（1）プロダクト・バイ・プロセス・クレーム

　プロダクト・バイ・プロセス・クレームで特定される物は、その製造方法が新規であるか否かにかかわらず、そのプロセスで製造される物自体の新規性がなければ、その新規性は認められません。

（2）配列クレーム[75]

　利用可能な公知のポリヌクレオチド配列のクレームは、当該ポリヌクレオチド配列の作用又は機能が従来決定されていなかった場合であっても、新規性を有しません。

●進歩性の審査
（1）異なる化学的特性

　現存の知識と比較して技術的前進、経済的意義、又はその両方を含み、当業者にとって自明でない場合、進歩性を有します。

75　「バイオテクノロジー関連特許出願審査ガイドライン」項目7.2

［実例1］

発明	ヒト骨髄増殖分析で骨髄増殖誘導活性が認められ、成熟ポリペプチドの8番目の位置にプロリン残基を有する成熟ヒトIL-3タンパク質を暗号化する単離DNA配列
先行技術	上記化合物には8番目の位置にプロリン残基があるが、先行技術の化合物の同位置にはセリン分子がある。
判断	アミノ酸配列で変異が1つ起こっても、それがタンパク質の重要な領域で起こったものでない限り、通常はタンパク質の作用や機能は変化しない。出願人は、請求対象のDNAによって暗号化されるタンパク質が先行技術のそれと化学的特性において異なることを示す証拠を提供することができなかった。したがって、進歩性は認められない。

（2）組合せ

　請求対象が、単一の先行技術又は関連する先行技術文献の組合せに照らして当業者にとって自明であれば、当該対象は進歩性を有しません。

［実例2］

発明	次の手順を備える高収率、高純度のガラクトオリゴ糖（GOS）の改良された製造方法：(ⅰ)ブレラ・シンギュラリス及びサッカロマイセス種の単離、(ⅱ)ブレラ・シンギュラリス及びサッカロマイセス種の固定化、(ⅲ)ガラクトース含有率が少なくとも65％になるまで実行される、固定化した微生物細胞によるラクトースの加水分解、(ⅳ)任意で、ガラクトオリゴ糖液の濃縮
先行技術	文献1：固定化したブレラ・シンギュラリス細胞を利用してラクトースからガラクトオリゴ糖を製造する方法を開示している。 文献2：ラクトースからのガラクトオリゴ糖の製造にサッカロマイセス種を使用することを開示している。また、サッカロマイセス種が炭素源としてラクトースを使用すること、及

	びサッカロマイセス種がガラクトオリゴ糖の含有量を減らすことなく、<u>発酵によりガラクトオリゴ糖混合物からグルコースを約92％除去する</u>ことも開示している。
判断	進歩性なし。ブレラ・シンギュラリスとサッカロマイセス種を組み合わせて使用し、高収率、高純度のガラクトオリゴ糖を製造する動機を当業者に与える可能性がある。

（3）予期されない特性

　請求対象である発明が、既知のポリヌクレオチド／ポリペプチド配列に変異があるポリヌクレオチド／ポリペプチドに関連するものであって、予期しない特性をもたらすものでなければ、請求対象は進歩性を有しません。

［実例3］

発明	アルギニン－リシン、リシン－リシン、リシン－アルギニン*から選択された2つのアミノ酸のみを包括するCペプチドを有するプロインスリン
先行技術	Cペプチド部分（アミノ酸30個）を有する天然のプロインスリン、2つのアミノ酸（アルギニン－アルギニン）と同じ短さのCペプチドを有するプロインスリンを開示している。
判断	進歩性なし。出願人は、アルギニン－アルギニンのC鎖を有する先行技術のプロインスリンの収率は1.0mmol/lにすぎないのに対し、酵母に発現したCペプチド部分を有する請求対象のプロインスリンの収率は1.6～2.0mmol/lであると主張した。このような変更による差異は「予期されない特性」にはならず、よって対象は自明である。

［実例4］

発明	ヒトインターフェロンα2ポリペプチドを暗号化する配列番号Xの組み換えDNA配列
先行技術	ヒトインターフェロンα1ポリペプチドを暗号化する配列番号X1の核酸配列を開示している。
判断	進歩性あり。ヒトインターフェロンα2は、先行技術のヒトインターフェロンα1と構造的に類似している。しかし、当該ヒトインターフェロンは先行技術の類似体よりも抗ウイルス活性が30倍も強力であるため、対象発明は自明でない。

●不特許事由（3条）の審査

　バイオテクノロジーに関する発明については、さらに不特許事由として、公序良俗に反するもの〈3条(b)〉、科学的原理の単なる発見など〈3条(c)〉、既知物質の新規形態の単なる発見など〈3条(d)〉、単なる混合物〈3条(e)〉、農業又は園芸の方法〈3条(h)〉、治療・診断方法〈3条(i)〉、本質的に生物学的な方法〈3条(j)〉に該当するかどうかも審査されます。

●産業上の利用可能性の審査

　遺伝子配列又はそれにより暗号化されたタンパク質は、その用途が開示されていない場合、産業上の利用可能性は認められません。その用途は、単に推論的なものでなく、具体的、実質的かつ信頼できるものでなければなりません。

　例えば発現配列タグ（EST）に係る発明は、単に「遺伝子プローブ」又は「染色体マーカ」としての用途のみが開示されている場合、産業上の利用可能性は認められません。特定の疾患の診断用プローブなど、具体的かつ実質的な用途が開示されなければなりません。

●開示要件の審査

　当業者が過度の実験の負担を負うことなく又は創意工夫することなく、クレームに係る発明の全てを実施できるように、その実施方法が少なくとも1つは記載されていなければなりません。

（1）例1：遺伝子配列又はタンパク質

例えばクレームに係る遺伝子又はそれにより暗号化されたタンパク質の将来的な治療又は診断対象として、広範で無関係な疾患の一覧を開示する場合、発明が実施可能に開示されたとは認められません。

クレームに係る遺伝子が、一覧にある一部の疾患に対して重要な治療効果を有する場合であっても、他の全ての疾患に対して重要な治療効果を果たす可能性は低く、係るクレームは発明の開示が不十分です。

クレームされた遺伝子配列又はポリペプチドを利用することができる具体的な治療又は診断方法の具体的な裏付けを明細書に記載しなければなりません。

（2）例2：抗体

治療又は診断に用いられる可能性のある抗体に関するクレームは、特定の疾患において作用するタンパク質の役割が特定されず、かつ、十分なデータで証明されていない場合には、発明の開示は不十分とされます。抗体が作用するタンパク質の役割を示す十分な実験データを開示しなければなりません。

●その他

特許出願を行う際、出願人は、必要に応じて、国家生物多様性局の承認、生物学的素材の寄託などを行います。（2.13節参照）

第4章　審査手続・拒絶査定取消訴訟等

4.1節　出願公開

　特許出願は、優先日から18か月が経過すると公開されます〈11A条(1)、(3)〉。インドにおける出願公開は付与前異議申立て、審査開始、後述の公開発明保護の要件です。

　出願公開後、特許権付与前の発明に対して一定の保護が与えられます。また、出願人は、早期公開請求を行うことにより、特許出願を早期に公開させることができます。

●出願公開の対象

　通常の特許出願はもちろん、分割出願、条約出願、国内段階出願、追加特許の出願も出願公開の対象です〈11A条(3)〉。

●出願公開

　特許出願は、早期公開の請求がない限り、出願日又は当該特許出願の優先日のいずれか先の日から18か月の期間は公衆に対して公開されず〈11A条(1)、143条、規則24条〉、18か月の期間満了後に公開されます〈11A条(3)〉。特許出願は、通常、18か月の期間満了の日から1か月内に公開されます(規則24条)。

　なお、国際出願は優先日から18か月後に国際公開されますが、インドに国内段階出願を行った場合、国内段階出願の内容がインドにおいても公開されます(11A条)。通常の特許出願などと同様、国内段階出願についても、インドにおける公開は審査開始の要件であるため、公開の状況を確認しておくことが望ましいでしょう。(2.16節参照)

●出願公開の例外

　次のいずれかに該当する場合、特許出願は公開されません〈11A条(3)〉。

（1）秘密保持指示が発せられた特許出願

特許出願に係る発明が国防目的に関する発明として秘密保持指示[1]が発せられている場合、その特許出願は公開されません〈11A条(3)(a)〉。

秘密保持指示が失効した場合、管理官は秘密保持指示の失効後に当該特許出願を公開します〈11A条(4)〉。秘密保持の失効日が上述の18か月の満了前である場合は、18か月の期間満了を待って当該特許出願は公開されます。

（2）本出願を行わずに放棄された仮出願

仮明細書を添付した特許出願の日から12か月以内に完全明細書を提出せず、特許出願が放棄されたものとみなされた場合、その特許出願は公開されません〈11A条(3)(b)〉。

（3）取り下げられた特許出願

上記18か月の期間満了日より3か月前に特許出願が取り下げられた場合、その特許出願は公開されません〈11A条(3)(c)〉。

●出願公開の方法及び内容

特許出願は、毎週金曜日に発行される公開公報(journal)に掲載されます。(9.5節参照)

公開公報には、特許出願の出願日、出願番号、出願人の名称及び住所と、要約書が含まれます。公開公報には請求の範囲、明細書などの情報は開示されていませんが、インド特許庁のデータベース「inPASS(Indian Patent Advanced Search System)」で、願書、特許請求の範囲、明細書及び図面の内容を確認することができます。(9.1節参照)

また、特許出願の審査手続における審査報告などの各種通知、出願人が提出した応答書、関連外国出願情報なども随時[2]公開されています。

---

1 管理官は、特許出願に係る発明が、中央政府から国防目的に関連するものとして自己に通知された部類に属するものと認めるとき、又は国防目的に関連するものと認めるときは、当該発明に関する情報の公開などを禁止又は制限すべき旨を指示することができる〈35条(1)〉。
2 書類が提出されてから2～3日で公開される場合もあれば、数箇月のタイムラグを経て公開される場合もある。

　なお、日本の公開公報のように、願書の書誌事項、明細書、請求の範囲及び図面などの出願情報が1つにまとめられた体裁の公開公報は存在しません。

●出願公開の効果

　出願公開の効果は次のとおりです。

（1）閲覧

　所定の手数料を納付することにより、誰でも出願公開された特許出願の明細書及び図面（インド特許庁の包袋にある明細書及び図面）の写しを入手できます〈11A条(6)(b)、規則27条〉。また、国際寄託当局（2.13節参照）は、明細書に記載された生物学的素材を公衆が入手することができるようにしなければなりません〈11A条(6)(a)〉。

（2）特許権付与

　出願公開から6か月が経過した場合、特許権付与が可能になります〈規則55条(1A)〉。出願公開後6か月間、特許権は付与されません。付与前異議申立ての機会を与えるためです。付与前異議申立制度がない日本であれば出願公開前に特許権が付与されることがありますが、インドでは特許権付与の前提として出願公開は必須です。

（3）審査開始

　審査請求により特許出願の審査が開始されます。特許出願の審査は、審査請求（11B条）が行われても、特許出願が公開されていなければ開始されません[3]。何らかの原因で18か月（規則24条）の期間満了後、出願公開されない状態になっている場合、これを放置していると審査の遅延を招くおそれがあるため管理官に出願公開を上申することが望ましいでしょう。

（4）付与前異議申立て

　特許出願が出願公開された場合、何人も当該特許出願に対して付与前異議申立てを行うことが可能になります〈25条(1)〉。

3　MPPP項目09.01「審査請求」、09.02項目「審査の付託」

（5）公開発明の保護

　特許権は、発明の内容を公開する代償として出願人に付与されます。

　しかし、特許権付与前に特許出願が公開され、発明が模倣される危険に
さらされるにもかかわらず、出願人が対抗手段を有しないとした場合、出
願人は不利益を被るおそれがあり、出願人と、公衆の利益バランスが崩れ
てしまいます。このため出願公開された発明に対して、一定の保護が与え
られています。具体的には、図1に示すように特許出願の公開日以降、当
該特許の特許権付与日まで、出願人は当該発明の特許権が特許出願の公開
日に付与されたものとしての権利を有します〈11A条(7)〉。

　ただし、出願人は、特許権が付与されるまでは侵害手続(proceedings
for infringement)を提起することができません〈11A条(7)〉。

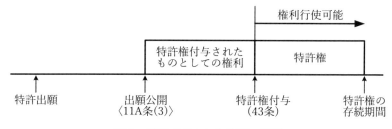

図1：出願公開された発明の保護

　特許権が付与されたものとしての権利〈11A条(7)〉は、日本の補償金請
求権に相当しますが、インド特許法では特許権に準ずる権利が出願人に付
与されます。侵害者に請求可能な金銭は実施料相当額に限りません。特許
権者は、公開日まで遡って特許権侵害に準ずる損害賠償請求、不当利得返
還請求などが可能であり、より高額な請求が認められる場合があります。

　インド特許法においては、日本の補償金請求権のような警告は要件に
なっていませんが、特許権付与後の特許権侵害訴訟においても侵害者が、
侵害行為があった時に、当該特許の存在を知らず、かつ、知らないことに
適切な理由があったことを立証した場合〈無知侵害(innocent infringement)〉、
当該侵害者に対しては損害賠償請求又は不当利得返還請求が認められない
ため〈111条(1)〉、11A条(7)に基づく権利を行使する場合においても特許
出願の存在を被告に知らしめる何らかの通知は必要でしょう。

111条(3)は「権利の部分放棄、訂正、又は釈明の形式による明細書の補正が明細書の公開後に本法に基づいて許可されたときは、当該補正許可の決定の日前にされた当該発明の使用に係る訴訟においては、いかなる損害賠償又は不当利得返還も許与されない。ただし、当初公開された明細書が善意で、かつ、適切な熟練及び知識をもって作成されたことを裁判所が納得する場合は、この限りでない」と規定しています。

出願公開された特許出願が不明確な記載で不合理に広範な権利範囲を請求しているような場合、たとえ出願公開されたとしても、出願公開後の発明に対する保護(差止請求を除く。)は与えられない可能性があります。出願段階から、明確で適切な権利範囲を請求すべきでしょう。

●早期公開請求

出願人は早期公開請求を行うことによって、18か月満了前に特許出願の内容を公開することができます〈11A 条(2)、規則24A 条〉。出願公開の時期を早めることによって、実体審査の着手時期を早め、発明の早期保護〈11A 条(7)〉が可能になります。

●早期公開請求の要件

(1)請求人

出願人は、早期公開を請求することができます〈11A 条(2)〉。第三者は請求できません。

(2)請求可能時期

早期公開の請求は、18か月(規則24条)の満了前に行わなければなりません〈11A 条(2)〉。18か月の満了後は、早期公開の請求が行われずとも当然に公開されるべきだからです。

なお、実際には18か月(規則24条)の期間満了後、相当の期間が経過しても出願公開されないケースもあります[4]。

4　特許出願927/MAS/1996は20年間も公開されなかった。

　この場合、11A条に規定する早期公開の請求は行うことができません
が、出願公開が遅延している旨を管理官に上申することにより、出願公開
の遅延を解消することができます。

（3）手続

　早期公開の請求は様式9により行わなければなりません（規則24A条）。
また、所定の手数料を納付する必要があります。特許出願の委任状が未提
出の場合、様式9の申請書に委任状を添付しなければなりません[5]。委任
状が未提出の場合、請求人が出願人であることを確認できないため、早期
公開は行われません。

（4）国際公開

　国際公開されていない国内段階出願の場合、インド特許庁に早期公開請
求を行っても（合わせて特許出願の審査請求を行っても）、国際公開されて
いないことを理由に早期公開されないことがあります。インドで早期公開
を行うためには、出願人は、国際事務局にも早期公開請求を行う必要があ
ります。

●早期公開請求の効果

　適法に早期公開の請求が行われた場合、管理官はできる限り速やかに特
許出願を公開しなければなりません〈11A条(2)〉。ただし、特許出願が前
述の出願公開の例外に該当する場合は早期公開を請求しても出願公開され
ません。早期公開の請求があった場合に管理官が出願公開を行うべき時期
は、請求があってから1か月[6]です（規則24条ただし書）。

5　2022年11月28日付けの特許庁の通達〈Public Notice w.r.t. Filing of Power
　of Attorney（Form 26）〉。
6　インドでは規則どおりに手続が進まないことがあるが、手続の電子化が進
　んでおり、出願公開は比較的速やかに行われるようになってきた。例えば
　2014年2月28日に出願され、早期公開請求された特許出願（1028/CHE/2014）
　は2014年3月7日に出願公開されている。

4.2節　審査請求

　管理官及び審査官は、審査請求が行われた場合、特許出願の審査を開始します。日本の審査請求制度と同様の制度ですが、審査請求の期限は日本と異なります。

●請求人

　出願人又は利害関係人は審査請求を行うことができます〈11B条(1)〉。利害関係人には、特許出願に係る発明と同一の分野における研究に従事し、又はこれを促進する業務に従事する者が含まれます〈2条(1)(t)〉。利害関係を有しない者は、審査請求を行うことができません。

●請求対象

　インド特許庁に係属している全ての特許出願が審査請求の対象です〈11B条(1)〉。特許出願には、通常の特許出願、条約出願、国内段階出願、分割出願、追加特許の出願が含まれます。

●時期的要件

(1)通常の特許出願、条約出願、国内段階出願

　特許出願の審査請求は、図2に示すように優先日又は出願日のいずれか先の日から48か月以内に行わなければなりません〈規則24B条(1)(i)〉。

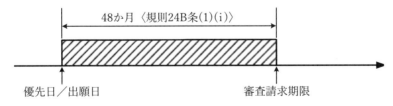

図2：審査請求期限

　条約出願の場合、審査請求の期限はインドにおける実際の出願日から48か月ではなく、優先日である基礎特許の出願日から48か月であり、優先権主張の基礎が複数ある場合、最先の優先日から48か月です。

　仮出願後、12か月以内に完全明細書を提出した特許出願の審査請求は、仮出願の出願日から48か月以内に行わなければなりません〈11条(2)、規則24B条(1)(i)〉。ただし、仮出願を取り消し、仮出願の出願日を完全明細書の提出日へと後日付にした場合〈9条(4)、17条(1)〉、審査請求期限は完全明細書の提出日から48か月になります。

（2）分割出願

　分割出願の審査請求は、図3～5に示すように、親出願の出願日若しくは優先日から48か月以内、又は分割出願の出願日から6か月以内のいずれか遅いほうまでにしなければなりません〈規則24B条(1)(iv)〉。

　一方で、規則24B条(2)(i)のただし書では、親出願が審査官に既に付託されている場合、分割出願の審査請求は分割出願の出願時に行わなければならないと規定されています。規則24B条(2)(i)の解釈は必ずしも明確ではないため、実務上、親出願が審査官に既に付託されている場合には分割出願と同日に審査請求を行うことをお勧めします[7]。

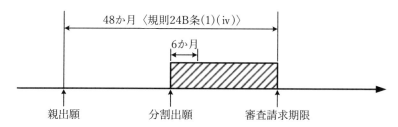

図3：分割出願の審査請求期限（ケース1）

図4：分割出願の審査請求期限（ケース2）

図5：分割出願の審査請求期限（ケース3）

（3）追加特許の出願

　追加特許の出願の審査請求期限は追加特許の出願日から48か月と考えられています[8]。

（4）秘密保持指示が発せられた特許出願

　特許出願に係る発明が国防目的に関する発明として秘密保持指示（35条）が発せられている場合、当該特許出願の審査請求は、優先日若しくは出願日から48か月以内、又は秘密保持指示の取消しの日から6か月以内のいずれか遅いほうまでにしなければなりません〈規則24B条(1)(iii)〉。

　次ページの図6は、特許出願日から48か月経過後に秘密保持指示が取り消された場合の審査請求期限を示しています。

7　規則24B条(2)は管理官が審査官に出願書類を付託する手続を規定したものであり、分割出願の審査請求の期限を定めたものではないと解釈する専門家がいる。実際、親出願が審査官に既に付託されている場合でも、分割出願の審査請求を分割出願の出願時に行っていない案件（特許出願番号201818033076、特許番号425032）も存在する。

8　追加特許の出願の審査請求期限は条文及び規則に規定されていない。MPPPにも特段の説明がない。追加特許の基礎となる主発明の特許出願日を優先日と解釈すると、主発明の特許出願から48か月経過後は追加特許の出願はできるが、審査請求を行えないことになってしまう。また、分割出願のように審査請求期限日の例外規定もない。このようなことから、追加特許の出願の審査請求期限は現実の出願日から48か月と解される。ただし、追加特許の出願の審査請求期限が明確でないため、追加特許の出願と同時に出願審査請求を行うことが安全である。

図6：秘密保持指示が発せられた特許出願の審査請求期限

●手続

　審査請求は、所定の手数料を納付し、所定の様式18により行わなければなりません〈規則24B条(1)(i)〉。審査請求の受理順に審査請求番号が特許出願に付与されます。

　利害関係人が審査請求を行う場合、特許出願に係る発明について、当該請求人が利害関係を有する証拠を提出しなければなりません(様式18)。

●効果

　審査請求が行われた場合、特許出願の審査が開始されます〈12条(1)〉。審査請求が行われないまま、審査請求の期限を徒過した場合、その特許出願は取り下げられたものとみなされます〈11B条(4)〉。

●特許出願の取下げ

　特許法には審査請求それ自体の取下げは規定されていませんが、特許出願人は、特許出願後、特許権付与前であればいつでも自己の特許出願を取り下げることができます〈11B条(4)ただし書(i)、規則26条、様式29〉。審査報告の発送前に特許出願を取り下げた場合、審査請求手数料の90%が払い戻されます〈規則7条(4A)〉。

4.3節　早期審査請求

　早期審査請求とは、一定の要件を満たす出願人が特許出願の審査を通常の審査に比べて早く行うことを管理官に請求することをいいます。

●早期審査請求の要件

　出願人は以下の（ⅰ）～（ⅵ）のいずれかに該当する場合、早期審査請求[9]を行うことができます〈規則24C条(1)〉。外国人及び外国企業（日本人及び日本企業を含む。）も早期審査請求を行うことができます。

　（ⅰ）インド特許庁と他国特許庁との間で所定の合意があること。

　（ⅱ）出願人がスタートアップ企業であること。(2.5節参照)

　（ⅲ）出願人が小規模団体であること。(2.5節参照)

　（ⅳ）出願人が女性であること（共願の場合、全ての出願人が自然人であって、その中に少なくとも一人の女性が含まれていること。）。

　（ⅴ）PCTルートの国内段階出願の場合において、国際出願（英語で出願）の国際調査機関(ISA)又は国際予備審査機関(IPEA)としてインド特許庁を選択したこと[10]。

　（ⅵ）出願人が所定の政府関連機関[11]であること。

●手続

（1）提出書類

　早期審査請求は、通常の審査請求と同様、規則24B条に定められた期間内（4.2節参照）に所定の手数料を納付し、所定の様式18Aを用いて電子申請で行わなければなりません〈規則24C条(1)〉。

9　2016年改正特許規則により早期審査請求制度が導入され、2019年第一次改正特許規則により早期審査の対象が拡充された。

10　2021年7月1日本特許庁とインド特許庁は、ISA及びIPEAとして、特許協力条約に基づく国際出願の相互管轄化を開始した。

11　出願人が①政府機関、②中央、州、又は国の法律によって設立された機関であって、中央政府が所有又は管理する機関、③2013年会社法2条(45)において定義される「政府系企業」、④政府によって全面的若しくは実質的に資金提供されている機関、⑤中央政府からの要請に基づいて通知された産業分野に関連する場合〈規則24C条(1)(e)～(i)〉。

　また、早期審査請求の対象となる特許出願であることを証明する書類を提出しなければなりません(様式28)。

　提出が必要な具体的な証明書類の種類については決まりがありません。何を証明書類として提出するかは、出願人の個別具体的な事情に応じて検討する必要があります。証明書類の一例は下表のとおりです。

表1：早期審査に要する証明書類の一例

対象	証明書類
スタートアップ企業	登記事項証明書、売上高が分かる財務諸表、スタートアップ企業の適格性を有する旨の宣誓書など
小規模団体	売上高が分かる財務諸表、小規模団体の適格性を有する旨の宣誓書など
女性出願人	所轄官庁から発行された女性出願人の写真付き身分証明書(例えばパスポート)の写し
インド国際調査機関の指定	インド特許庁を国際調査機関又は国際予備審査機関として指定したことを示す書類、当該機関によって発行されたISA番号又はIPEA番号

(2)出願公開

　出願公開されておらず、早期公開請求がまだ行われていない場合、早期審査請求と同時に早期公開請求を行わなければなりません〈規則24C条(3)〉。

(3)留意点

　日本の早期審査請求（「早期審査に関する事情説明書」の提出）では、通常の審査請求がなされていることが前提ですが、インドにおいて早期審査請求をするときは、通常の審査請求の手続は不要です。早期審査請求を選択する場合は「様式18A」によって、通常の審査請求を選択する場合は「様式18」によって審査請求の手続を行うことに留意してください。

●早期審査請求への変更

　通常の審査請求が行われている場合、出願人は、早期審査請求への変更に係る手数料を納付し、所定の様式18Aを用いて申請を行うことにより、当該審査請求を早期審査請求に変更することができます〈規則24C条(2)〉。

●効果

　早期審査請求の要件を満たす場合、審査官による審査及びその他の審査関連事務が早期化されます。(4.4節参照)

　早期審査請求の要件を満たさない場合、その旨が出願人に通知され、早期審査請求は通常の審査請求として取り扱われ、早期審査請求日にその請求が行われたものとみなされます〈規則24C 条(4)〉。なお、この場合でも、早期審査請求と、通常の審査請求手数料との差額は払い戻されることはありません〈規則7 条(4)〉。

●その他

　管理官は早期審査請求を受理する年間件数を制限することができます〈規則24C 条(13)〉。

Column on Indian Patent Practice

●日印 PPH 試行プログラムの終了(現在、再開に向けて交渉中)

　早期審査請求の要件の一つとして「インド特許庁と他国特許庁との間で所定の合意がある」とありますが、インド特許庁とこのような合意があったのは日本特許庁のみです。具体的には、2019年よりインド特許庁及び日本国特許庁との間の特許審査ハイウェイ試行プログラムが開始されました。実施期間は2019年11月21日から3年間であり、2019年12月5日より PPH 申請の受付が開始されました。対応が可能な案件は年間100件で、IPC によって技術分野が限定されました。この試行プログラムでは、通常型 PPH 及び PPH-MOTTAINAI を利用することができました(PCT-PPH は利用不可)。しかし、2022年11月21日をもって、日印 PPH 試行プログラムは一旦終了となりました[12]。2022年11月21日以降の日印 PPH については、試行プログラムが再開されたかどうか適宜確認する必要があります。

12　https://www.jpo.go.jp/system/patent/shinsa/soki/pph/japan_india_highway.html (最終アクセス日：2023年4月1日)。

4.4節　審査手続

　審査手続の全体的な流れを図7に示します。

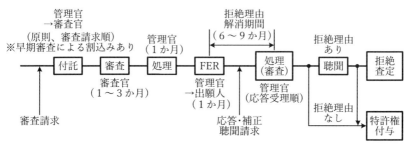

図7：審査手続の概要

●審査官への付託

　審査請求が行われた場合、管理官は、図7に示すように特許出願の審査（実体審査及び方式審査）を審査官に付託します〈12条(1)〉。審査の付託は、審査請求が受理され、特許法11A条に基づき特許出願が公開された場合、審査請求順に行われます〈規則24B条(2)(i)〉。ただし、早期審査請求が行われた出願は優先的に審査官に付託されます。また、分割出願の場合、親出願の審査が既に審査官に付託されている場合、その分割出願は公開後、1か月以内に審査官に付託されます〈規則24B条(2)(i)ただし書〉。

　なお、国内段階出願の審査は、優先日から31か月の期間満了前に処理してはならないとされています〈規則20条(2)、規則20条(4)(i)〉。しかし、様式18による請求が行われた場合、31か月の期間満了前であっても、特許出願の審査が開始されます〈規則20条(4)(ii)〉。

●審査

　審査官は、所定の事項について審査を行い、審査報告草案を管理官に提出します〈12条(2)〉。具体的には、審査官は、先行技術の調査を行い(13条)、新規性・進歩性・産業上の利用可能性〈2条(1)(j)、(ja)〉、発明の主題の適法性(3条、4条)、単一性〈10条(5)〉、明細書の記載要件(10条)などを審査します。また、審査官は、方式的要件を審査します。

審査報告草案の作成期間は通常で1か月、遅くとも3か月以内とされています〈規則24B条(2)(ⅱ)〉。早期審査請求がされている場合、通常は1か月、審査報告草案は遅くとも2か月以内に作成されます〈規則24C条(6)〉。

●管理官による処理

管理官は、審査官の審査報告草案を1か月以内に処理し〈14条、規則24B条(2)(ⅲ)〉、最初の審査報告を作成します。最初の審査報告(図7中のFER)は、管理官によって処理完了後1か月以内に出願人へ発送されます〈規則24B条(3)〉。早期審査請求がなされている場合、最初の審査報告は15日以内に送付されます〈規則24C条(8)〉。近年(2023年4月1日時点)、ファーストアクション期間が短縮化しており、通常の審査請求でも、審査請求日から6か月以内に最初の審査報告が送付されるケースが増加しています。特許意匠商標総局は、審査が早くなったことをアピールしたい狙いがあります。

利害関係人が審査請求を行った場合(4.2節参照)、審査報告は出願人にのみ送付され、利害関係人には、審査報告が出願人に発送された旨の通知がなされます〈規則24B条(3)ただし書〉。

●出願人よる応答

審査報告で拒絶理由が指摘された場合、出願人は、拒絶理由解消期間内に応答書を提出します。応答書は、拒絶理由に対する反論を記載した意見書、聴聞の請求を含みます。出願人は、必要に応じて願書や明細書などの補正を行います。(4.7節参照)

応答書は管理官によって順次処理されます〈規則24B条(4)〉。早期審査請求が行われている場合、管理官は3か月以内に応答書を処理します〈規則24C条(12)〉。

近年(2023年4月1日時点)、ファーストアクション期間は短縮していますが、最初の審査報告に対する応答書の処理は遅延気味です。応答書を提出してから許可通知又は聴聞通知が発送されるまでに2年以上かかったという出願もあります。通常の審査請求でも十分に速いためファーストアクション期間を短縮する効果は余り期待できませんが、早期審査請求を行うことで、応答書提出後の審査を促進させる効果はあると思います。

●聴聞

管理官は、応答書及び補正の内容を検討し、最初の審査報告中の拒絶理由が全て解消されたかどうか、新たな拒絶理由がないかどうかを判断します。解消されていない拒絶理由があり、出願人より聴聞の請求があった場合、拒絶査定を行う前に出願人に聴聞の機会を与えなければなりません〈14条、規則28(2)条ただし書〉。聴聞は、原則として拒絶理由解消期間が経過した後に行われ、出願人に補正及び反論などの機会が与えられます。(4.7節参照)

聴聞実施後、最終処分が行われるまでの期間は通常2～3か月程度です。問題となるような審査遅延はみられません。

●査定

特許出願が特許法及び特許規則に規定された特許要件を満たすと判断された場合、特許権が付与されます。具体的には出願人に対して特許証が電子的に交付され、特許権付与日が特許登録簿(register of patents)に記録されます〈43条(1)〉。また、特許権が付与された事実、明細書などの書類が公告されます〈43条(2)〉。特許出願が特許権付与可能な状態にないと判断された場合、拒絶査定がなされます。なお、特許出願の最終処分は、聴聞を行った管理官が行うべきであると解されています[13]。

●拒絶査定への対応

拒絶査定が行われた場合、出願人は3か月以内に拒絶査定取消訴訟を提起することにより、特許性を争うことができます(117A条)。

また、出願人は管理官による再検討を要求することができます(77条)。(1.5節参照)

---

13 IPAB審決 OA/45/2015/PT/KOL.

4.5節　審査報告の実例

　審査報告は、日本の拒絶理由通知書に相当するものであり、以下に示すように4つのパートからなります。重要なパートは、新規性・進歩性などの実体審査結果が示された「詳細な技術的報告」と、「方式的要求」です。出願人は、「詳細な技術的報告」及び「方式的要求」の内容を確認し、必要な反論、補正を行う必要があります。

　　第1パート：報告の要約

　　第2パート：詳細な技術的報告

　　第3パート：方式的要求

　　第4パート：記録された書類

●報告の要約（Summary of The Report）

　以下に示すように、新規性・進歩性・産業上の利用可能性、記載要件、単一性などの要件を満たしているか否かを表形式で要約したものです。表2は、「報告の要約」の実例であり、適宜参考訳を付しました。

表2：審査報告の要約の一例

Sl.No.	Requirements under the Act		Claim Numbers	Remarks
1	Invention u/s 2(1)(j)	Novelty（新規性）	Claims:1-4	Yes
			Claims:	No
		Inventive step（進歩性）	Claims:	Yes
			Claims:1-4	No
		Industrial Applicability（産業上の利用可能性）	Claims:1-4	Yes
			Claims:	No
2	Sufficiency of disclosure u/s 10 (4)（実施可能要件）		Yes	
3	Non-patentability u/s 3（非特許性／発明除外対象）		Yes	
4	Claims [u/s 10(5) & 10(4) (c)]	Conciseness（簡潔性）	Claims:1-4	Yes
			Claims:	No
		Definitive（明確性）	Claims:1-4	Yes
			Claims:	No
		Supported by description（サポート）	Claims:1-4	Yes
			Claims:	No
		Scope（範囲）	Claims:1-4	Yes
			Claims:	No

●詳細な技術的報告（Detailed Technical Report）

（1）新規性・進歩性

　技術的報告においては引用文献と、各文献に関連するクレームが一覧形式で列挙されます。対応する外国出願がある場合、国際調査報告や他国で挙げられたものと同じ文献が引用されることが多いです。日本の文献もそのまま引用されます。

　そして、新規性及び進歩性の拒絶理由が記載されます。ただし、現状では、国内段階出願、条約出願の場合、引用文献の要約書の引き写しや、国際調査報告と同様の内容がそのまま記載されるだけのことが多いです。

　基本的には、特許出願に係る発明と引用文献の相違点が明確になるよう、必要に応じて技術的構成を追加し、権利範囲を狭める補正を行います。そして、発明が有する技術的前進又は当該技術における経済的意義を主張します。（3.4節参照）

　欧州、米国、日本で登録されているクレームがある場合、インドにおいても当該国の登録クレームと同様のクレームに補正することを対応方針とすることができます。特に欧州で登録されている場合、インド出願のクレームを欧州の登録クレームに合わせる補正を行うことによって、比較的高い確率で特許が認められます。不特許事由に関連しない技術分野であれば、日本、米国の登録クレームに合わせる補正も有効です。

　審査報告にこれらの国と異なる引用文献が引用されている場合又は不特許事由に係る拒絶理由がある場合は、異なる補正や反論を行う必要があります。

（2）不特許事由に係る拒絶

　不特許事由に係る拒絶理由を指摘された場合、出願人は、発明の進歩性とは異なる観点から反論する必要があります。コンピュータプログラムに特徴を有する発明の場合、新規性及び進歩性とは別に、3条(k)の拒絶理由が挙げられることがあります。また、医薬・物質発明、伝統的知識・生物学的素材関連発明については3条(d)、3条(e)などの拒絶理由が挙げられることがあります。（3.5節参照）

（a）3条(k)

3条(k)により、発明がコンピュータプログラムそれ自体と判断された場合、出願人は、発明が技術的課題を解決する技術的な装置又は方法であることを明確化する補正を行い、その旨を反論します。(3.7節参照)

新規のハードウエア構成がある場合、出願人は、その構成を明らかにして、3条(k)に該当しない発明であることを主張できます。新規のコンピュータプログラムが汎用コンピュータで実行され、その結果、先行技術に対して技術的貢献を果たしている場合、出願人は、その技術的貢献を明らかにして、3条(k)に該当しない発明であることを主張できます。この場合、ハードウエア自体の新規性は求められません。

なお、欧州の登録クレームに合わせる補正を行うことで当該拒絶理由が解消することがありますが、3条(k)については欧州特許庁と審査手法が異なるため、必ずしもそのままインドで登録が認められるわけではありません。

（b）3条(d)

3条(d)により、発明が既知物質の新規形態であると判断された場合、既知物質が管理官によって特定されているかどうか、発明の物質が既知の物質の新規形態であるか否かを確認します。既知物質が特定されていない場合、又は既知物質の新規形態に該当しない場合、その旨を反論します。

既知物質の新規形態である場合、この既知物質の効果を特定し、この既知物質に比べ、既知物質に係る治療効果が大幅に向上したことを実証して反論します。治療効果の増大を示す実験データは、宣誓供述書(affidavit)にて提出します。(3.6節、2.22節参照)

（c）3条(e)

3条(e)により、単なる混合物であると判断された場合、出願人は、相加効果を超えた相乗効果を主張します。

また、各成分が有する効果と異なる効果がある場合、その効果を主張します。出願時の明細書に相乗効果などが開示されていない場合、実験データを宣誓供述書にて提出します。(3.8節、2.22節参照)

●方式的要求（Formal Requirements）

（1）重要な要求事項

特許権の有効性に関わる管理官からの主な要求事項は以下のとおりです。

（ⅰ）最新の関連外国出願に係る陳述書（様式3）の提出〈8条(1)〉

（ⅱ）関連外国出願の審査結果関連書類の提出〈8条(2)〉

（ⅲ）出願権の証拠の提出

（ⅳ）優先権書類及びその翻訳文（英訳）の提出

（ⅴ）委任状の提出又は印紙代不足などの不備の指摘

（2）その他の方式的要求事項

管理官から要求されるその他の方式的要求事項は以下のとおりです。

（ⅰ）クレームの構成要素に符号を付すべき旨の指摘（2.10節参照）

（ⅱ）クレームを所定の導入語句「I/We Claim」で始めるべき旨の指摘
（2.10節参照）

（ⅲ）所定の移行句「as claimed in」を使用すべき旨の指摘（2.10節参照）

（ⅳ）図面の記載要件に関する指摘（2.9節参照）

（ⅴ）要約の記載要件に関する指摘（2.9節参照）

●記録された書類（Documents on Record）

出願人は、審査報告の「記録された書類」を参照することにより、提出書類としてインド特許庁に記録され、審査に用いられた出願関連書類を確認でき、提出漏れ、又は記録漏れの書類がないかどうかを確認することができます。

陳述書（様式3）など、特許庁の電子包袋にアップロードされていない書類を発見した場合、審査報告に対する応答時に事情を説明し、確認的に当該書類を再提出すべきです。無駄な聴聞通知を受けることを避けることができます。

4.6節　願書及び明細書の補正

●拒絶対応時の補正と自発補正

　補正には、出願人が自発的に行う自発補正と、審査報告で指摘された拒絶理由に対応するための補正とがあります。

（1）自発補正

　出願人は、審査報告がなくても自発的に補正申請を行い、明細書などを補正することができます（57条）。

（2）拒絶理由対応時の補正

　管理官は、審査報告において拒絶理由を指摘し、特許出願の願書及び明細書を自己の納得するように補正を行うことを出願人に要求する権限を有しています〈15条、16条（3）、18条など〉。出願人は、管理官の指摘に従って明細書などを補正することができます。

●補正可能な時期

　特許出願の願書及び明細書などの補正が可能な時期を次ページの図8に示します。

　特許出願の願書及び明細書などの補正は、特許権付与前又は特許権付与後のいずれにおいても行うことができます〈57条（1）〉。なお、拒絶理由解消期間内に応答書を提出して聴聞を申請すれば、拒絶理由解消期間経過後も特許出願はインド特許庁に係属することになります。

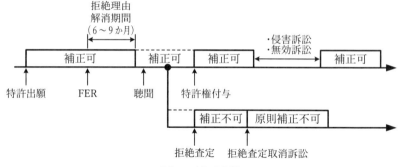

図8：補正時期

出願人は、拒絶理由解消期間経過後も補正を行うことができます(破線で示す期間)が、拒絶査定がなされた後は補正することはできません。日本では、拒絶査定不服審判と同時に補正を行うことができますが、インドでは拒絶査定取消訴訟提起時に明細書(クレームや図面を含む。)を補正することができません。また、拒絶査定取消訴訟係属中も、原則として補正は認められません。

特許権侵害訴訟が裁判所に係属中又は無効訴訟が高等裁判所に係属中である場合、管理官は当該訴訟又は手続の開始が当該補正申請書の提出前か否かにかかわらず、補正申請を許可し又は許諾する命令を発してはなりません〈57条(1)〉。

●内容的要件

内容的要件とは、クレーム、明細書、図面の補正内容に関する要件です。

(1)59条の要件

明細書などの補正は以下の59条の要件を満たす必要があります。

(a)補正方法

明細書の補正は、権利の部分放棄、訂正、又は釈明による方法で行う必要があり、事実の挿入を目的とするものでなければなりません〈59条(1)〉。権利の部分放棄は、クレームを減縮又は具体化して不適切なクレームの一部を排除し、最終的に発明の範囲を狭く限定することをいいます[14]。

　訂正は、誤記を修正することをいいます。釈明は、クレームの記載を明確にすることをいいます。これら以外の方法による補正は認められません。補正を行う時期や管理官の命令内容にかかわらず、明細書の補正はこれらを目的とするものに限定されており、日本に比べて、補正が認められる範囲は厳しく制限されています。

（b）新規事項追加の禁止

　補正後の明細書が、補正前の明細書において実質的に開示していないか又は示していない事項を含むことになる補正は認められません〈59条(1)〉。

（c）クレームの減縮補正

　明細書の補正は、補正後のクレームが補正前のクレームの範囲内に完全には含まれなくなるときは、一切許可されません〈59条(1)〉。補正を行う時期、管理官の命令内容にかかわらず、減縮補正の要件を満たす必要があります。日本のように、補正時期によって補正要件が異なることはありません。条文上、クレームに記載された一部の発明特定事項を削除又は置換する補正や、上位概念化するような補正は認められません。また、独立クレームを付加すること自体は可能ですが、カテゴリーを変更する補正は難しいでしょう。

　日本における最後の拒絶理由通知後の補正の制限のように、クレームの限定的減縮（発明特定事項の限定）までは条文上、求められていません。このため、補正後クレームが補正前クレームの範囲内に収まっている限り、内的付加（クレームの構成要素の内容を限定する補正）はもちろん、発明特定事項の外的付加（クレームの構成要素を追加する補正）によってクレームの範囲を減縮する補正は認められます。ただし、上述のように明細書の補正は、権利の部分放棄、訂正若しくは釈明による方法に限定されており、発明特定事項の追加がこれらの方法に該当しない場合、あるいは結果として発明の解決課題及び効果など、その趣旨が変化してしまうような場合、補正は認められません。

14　*Agc Flat Glass Europe Sa v. Anand Mahajan And Ors.* 事件（I.A.No. 13519/ 2007 in CS (OS) No. 593/2007）.

（2）59条の要件と、管理官命令に基づく補正の関係

自発補正の申請を規定した57条(1)には、「59条の規定に従うことを条件として」と定められていますが、57条(6)には、「本条の規定は、特許権付与前に発せられた管理官の命令を遵守するために、自己の明細書又はそれに係る書類を補正する特許出願人の権利を害さない」と定められています。このため、特許出願の拒絶に係る管理官命令(15条)に従い、管理官が納得するような補正に対しては、59条が適用されないようにもみえます。この点、知的財産審判委員会は、57条(6)の趣旨は、発明の説明に欠陥がある特許出願を出願人が行い、後に説明を追加することで明細書の欠陥を解消できることを許容するものではない旨を示し、管理官命令に対する補正においても59条の要件を満たす必要があることを明らかにしました[15]。

●補正の注意点

（1）クレームの削除補正

クレームを削除した場合、当該クレームの権利化を放棄したと解釈され、元のクレームに戻せない可能性があります。安易にクレームを削除すべきではありません。

（2）分割時の親出願クレームの補正

分割出願を行う際、親出願のクレームから、分割出願のクレームを削除する必要がありますが、親出願のクレーム削除補正は、分割出願が完了した後に行うことが望ましいです。先に親出願のクレームを削除すると、分割出願の対象であるクレームが親出願に存在しない不適法な分割出願と判断されるおそれがあります。

（3）詳細な説明に基づくクレームの追加

MPPPには「クレーム（補正後のクレームを含む。）に含まれない内容は、それが明細書に記載されていたとしても、権利放棄したとみなされ、誰でも自由に使える」〈What is not claimed in the claims (including amended

---

15　IPAB 審決 ORA/17/2009/PT/CH & IPAB 審決 ORA/31/2009/PT/CH, Order No. 140/2012.

claims〉 stands disclaimed and is open to public use, even if the matter is disclosed in the description.〉 という記載があります〈MPPP 項目05.03.15 (a)〉。すなわち、明細書に書かれていたとしてもクレームされなかった内容は、公知(パブリックドメイン)であるとみなされ、誰でも自由に使うことができます。そのため、出願当初のクレームにない内容は、それが明細書に書かれていたとしても、クレームに追加することはできません。このことから出願当初のクレームの範囲が重視されていることが分かります。

なお、詳細な説明の記載を用いて、クレームの範囲を減縮する補正が認められないというわけではありません。

●国内段階及び国際段階の補正・誤訳補正・優先日の補正

(1)国内段階出願時の補正

国内段階出願と同時に行う補正はクレームの削除補正しか認められません〈規則20条(1)説明書〉。クレームの削除補正に伴う形式的な従属関係の補正も認められます。当該クレームの削除補正については様式13の提出は不要です。その他の自発補正はインドへの国内段階出願後に自発補正として行わなければなりません。当該補正については様式13を用いた自発補正手続を行わなければ、補正は無視され、補正前のクレームで審査されることがあります。

(2)国際段階における補正

国際段階における PCT19条補正と34条補正は、59条の縛りを受けません。PCT19条補正と34条補正の内容は、国内段階出願の完全明細書に含まれるためです〈規則20条(1)説明書〉。

カテゴリーの追加、出願当初クレームを拡大する補正、大幅なクレーム補正が必要な場合、国内移行前に国際段階で補正を行っておくべきです。

(3)誤訳補正について

(a)国内段階出願の場合

国際出願は、インドにおける出願とみなされるため〈7条(1A)〉、原文の範囲内であれば、誤訳の補正が認められます。

（b）条約出願の場合

　実務上、誤訳であることを説明した宣誓供述書（affidavit）を提出することによって、基礎出願の明細書を根拠に、インド出願の明細書の誤訳補正が認められることがあります。法的根拠は必ずしも明らかではありませんが、「実質的に開示又は示された」（in substance disclosed or shown in the specification）事項（59条）を、宣誓供述書によって明らかにすることにより、実質的に開示された内容に誤訳補正ができると考えられます。

　ただし、宣誓供述書に虚偽の事実が含まれているなど、誤訳補正の許可を詐欺により取得した場合、無効理由になります〈64条(1)(o)〉。

（4）優先日の補正

　クレームの優先日を補正することができます〈57条(5)〉。優先日は審査請求の起算日であり〈11B条、規則24B条(1)(i)〉、優先日の繰下げ補正により、審査請求の期限を延長することができます。

●判例・審決例

　補正要件の指針となる判例及び審決例を紹介します。

（1）*Agc Flat Glass Europe Sa v. Anand Mahajan And Ors.* 事件[16]
（a）部分放棄について

　クレームを減縮又は具体化してクレームの一部を排除し、最終的に発明の範囲を狭く限定することになる補正は認められ、排除部分の権利は放棄されます。こうした補正は、部分放棄と呼ばれ、その法理は、補正クレームが当初クレームと矛盾しないように、不都合がない範囲まで減縮（不都合な部分を除外）することで発明の範囲を明確に定めることにあります。

（b）文書（クレーム及び明細書）の解釈について

　裁判所は、文書を解釈する際の大原則として、当事者の意図を推論するためには文書全体を読むべきであり、文書の一部が単独で読まれ、その文書から離れた意味で解釈することがあってはならないと判示しています。

16　I.A.No. 13519/2007 in CS (OS) No. 593/2007.

（ c ）瑕疵ある広範なクレームについて

　裁判所は、特許権付与後に行う補正に関して以下のように述べています。

　「クレームを広範なものにすることを選択し、そのようなクレームによる利益を数年にわたって得ていた特許権者は、特許を安定なものにするために補正によりクレームを減縮することは認められない。特許権者が明細書の欠陥を知っていたにもかかわらず明細書を補正せず、当初クレームの保持を首尾よく主張していた場合、当該事実は、そのかなり後に、無効訴訟及び特許権取消し手続において特許の有効性について攻撃された際に行われる補正申請を拒絶する理由になる[17]。しかし、特許権者が明細書の欠陥に気付いていたこと、又は特許権者が不当に広範な独占権を利用し、競業者から不当な利益を得ていたことを示す証拠がない場合、裁判所は、補正を却下することはできない」[18]

（2）*Prism Cement Ltd. v. The Controller of Patents & Designs*事件[19]

　知的財産審判委員会は、図面を含む明細書全体を読み、補正クレームが、出願時の明細書に開示された発明の範囲内にあるかどうかを判断しました。図面も補正の根拠になり得ることが確認されました。

　本事件では、補正前クレームの文言「チャネル」を「オープンチャネル」に補正することの可否が争われました。特許庁の管理官は、クレーム及び明細書の文言を厳格かつ狭義に解釈し、補正クレームは、出願時の発明を超えるものであるとして、補正を許可しませんでした。しかし、知的財産審判委員会は、図面とともに明細書を読めば、当該補正は、明細書によってサポートされており、出願当初のクレームの範囲内に含まれるものであるとして、その補正を許可しました。

（3）*Tony Mon George v. Controller General of Patents, Designs & Trademarks*事件[20]

17　*I. G. Farbenindustrie A.G.'s Patent* (1939) 47 RPC 289.
18　*Chrome-Alloying Co. Ltd. v. Metal Diffusions Ltd.* (1962) RPC 33.
19　IPAB 審決 OA/7/2016/PT/MUM.
20　IPAB 審決 OA/48/2020/PT/DEL.

　知的財産審判委員会は、従属クレームを追加する補正について、以下のように判示し、「新しい」特徴を導入しない従属クレームの追加を許可しました。

　「クレームの補正に関する確立された法の原則を考慮すると、クレームの追加が認められないということに同意します。しかし、問題は、追加されたクレームが『new』であるかどうかです。そのクレームは、補正前クレームの本文で定義されていない『新しい』特徴を定義しているかが重要です。もし答えが『はい』であれば、そのようなクレームの追加は許可されません」

（4）*NIPPON A&L INC. v. The Controller of Patent*事件[21]

　裁判所は、59条の要件を全て満たす必要がある点を確認し、前記の判例（1）及び審決例（3）の判示事項などに基づき、プロダクト・バイ・プロセスクレーム（乳化重合によって得られる共重合体ラテックス）を、方法クレーム（共重合体ラテックスを得るための乳化重合方法）に補正することを許可しました。

●手続的要件
（1）自発補正
　自発的に行う補正申請は、所定の手数料とともに様式13により行わなければなりません〈57条（1）、規則81条〉。

（2）拒絶対応時の補正
　審査報告で示された拒絶理由に応じて補正を行う場合は、様式13の手続補正書及び手数料は不要です。拒絶理由がない箇所を補正すると、管理官から手続補正書の提出と、手数料の納付を要求されることがあります。

（3）補正箇所と補正の根拠の明示
　出願人は、補正内容を明示し、かつ、申請の理由を記載しなければなりません〈57条（2）〉。

21　C.A.(COMM.IPD-PAT) 11/2022.

　具体的には、マークドアップコピー(marked-up copy)、すなわち記載挿入箇所を下線、削除箇所を取消し線で明示した補正後のクレーム又は明細書と、これらのクリーンコピー(clean copy)、すなわち補正箇所を示す下線及び取消し線を削除したものを提出します。また、補正箇所(ページ番号、行数)を示し、補正の根拠を説明しなければなりません。

●特許権付与後の補正手続

　特許権付与後に補正申請が行われた場合、管理官は、その補正の内容が本質的(実体的)なものか否かを審査し、本質的なものである場合、補正申請の内容を公告します〈57条(3)、規則81条(3)(a)〉。補正内容が形式的なものであっても、管理官の裁量で公告することができます〈57条(3)〉。

　利害関係人は、補正の内容に異議がある場合、補正申請の公告の日から3か月以内に様式14を用いて異議を申し立てることができます〈57条(4)、規則81条(3)(b)〉。異議申立てがあった場合、管理官は、異議申立ての陳述書を特許権者に通知します〈57条(4)〉。その後、付与後異議申立てと同様の手続により、答弁書及び弁駁証拠のやり取りが行われ〈規則81条(3)(c)〉、特許権者及び異議申立人に聴聞を受ける機会が与えられます〈57条(4)〉。

　特許権付与後の補正申請が許可された場合、その補正の事実は公告されます〈59条(2)(b)、規則83条〉。

●高等裁判所による明細書の補正手続の許可

　高等裁判所は、無効訴訟又は特許権取消し手続が高等裁判所に係属している場合、59条の補正要件、費用、公告に係るその他の要件を満たすことを条件として、補正を許可することができます〈58条(1)〉。また、特許権を取り消す代わりに明細書の補正を許可することもできます〈58条(1)〉。

　特許権の取消しを避ける目的で補正を行う場合、特許権者は、補正の申請を高等裁判所に行い、その申請を管理官に通知しなければなりません〈58条(2)〉。管理官は、補正に関して高等裁判所に出頭する権利を有し、また、補正に関して高等裁判所から出頭要求があったときは、それに応じなければなりません〈58条(2)〉。

　高等裁判所は、補正を許可する場合、補正許可の命令書の写しを管理官に送達し、管理官は、命令書に従って登録簿にその旨を記録します〈58条(3)、67条(1)〉。

●補正の効果

　特許権付与前に補正が許可された場合、補正された明細書は補正前の明細書と同様に審査及び調査対象になります〈13条(3)〉。

　特許権付与後に許可された補正は、明細書及びそれに係る他の書類の一部を構成するものとみなされ〈59条(2)(a)〉、補正された明細書は、最初に受理された明細書も参酌して解釈されます〈59条(3)〉。

　補正が特許権付与前に行われたか付与後に行われたかにかかわらず、明細書などの補正の許可が欺瞞により取得されたものである場合、当該特許権は、無効理由を有することになります〈64条(1)(o)〉。

●コメント

　権利範囲を広げる補正は基本的に認められないと考え、出願時においては、クレームに不要な発明特定事項が含まれていないことを慎重に検討すべきです。また、カテゴリーの変更や追加が認められないケースを考慮し、必要な各カテゴリーのクレームを出願時に作成しておくべきです。

　さらに、発明特定事項の追加が認められないケースも考慮し、特許出願に係る発明に関連する主要な発明特定事項を有する従属クレームを漏れなく作成しておくことが望ましいでしょう。

　なお、EPO、USPTO などで登録されたクレームに合わせる補正については比較的柔軟な判断がなされており、多くの場合、問題なく補正が認められます。ただし、57条、58条に基づく補正許可を詐欺により取得した場合、無効理由になる点〈64条(1)(o)〉に留意すべきです。

　国際出願後に、権利範囲を広げる補正が必要な場合、国際段階で補正を行うことが望ましいでしょう。

4.7節　拒絶理由解消期間と聴聞手続

●拒絶理由解消期間と聴聞手続の概要

　特許法は、所定の拒絶理由解消期間内に特許出願を特許権付与可能な状態にしなければ、当該特許出願を放棄したものとみなす旨を規定しています(21条)。拒絶理由解消期間は、最初の審査報告(FER)の発送日から6か月[22]であり〈21条、規則24B条(5)〉、申請及び手数料の納付により最長3か月延長[23]することができます〈規則24B条(6)〉。期間延長は、1回に限り、1か月単位で行えます。9か月を超えて拒絶理由解消期間を延長させることはできません。

　聴聞は、特許審査手続を構成する重要な手続の一つです。自然的正義の原則は「公正な告知(fair notice)」と「聴聞」の2つの要素に集約されます。拒絶理由解消期間内に答弁を行い、聴聞の申請を行えば、聴聞を受ける機会が与えられ(14条)、拒絶理由解消期間の経過後も特許出願をインド特許庁に係属させることができます。聴聞は、聴聞の通知(hearing notice)の日から約1か月後に行われています。

　聴聞後の書面による応答書(written submission)(以下、聴聞応答書)の提出期間は15日です。

22　2016年特許規則改正により、拒絶理由解消期間は12か月から6か月に短縮された。
23　2016年特許規則改正により、拒絶理由解消期間は1回に限り1か月単位で最大3か月延長できるようになった。

●拒絶理由解消期間

図9に拒絶理由解消期間の概要を示します。

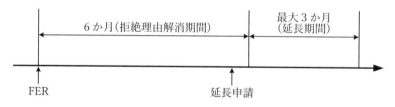

図9：拒絶理由解消期間

出願人は、最初の審査報告に記載された拒絶理由を解消し、特許法により課される要件を全て遵守しなければならず、出願人が最初の審査報告の発送日から拒絶理由解消期間（6か月）以内に答弁を行わなければ、当該特許出願は放棄されたものとみなされます（21条）[24]。

ただし、6か月の期間満了前に様式4により申請を行い、所定の手数料[25]を納付すれば、拒絶理由解消期間を最長3か月だけ延長することができます〈規則24B条(6)〉。延長は1か月単位で1回に限り行うことができ、3か月を超えて拒絶理由解消期間を延長することはできません（2017年1月11日付けの特許庁の通達[26]）。

拒絶理由解消期間内に出願人が反論及び補正を行った場合、審査官は当該特許出願を新たに審査しなければなりません。当該審査は、応答書の受理順に処理されます〈規則24B条(4)〉。

なお、拒絶理由解消期間は、審査報告に対して出願人が応答できる期間であり、この期間内に特許査定を得なければならないというものではありません。聴聞を申請していれば、審査報告に対する応答後、拒絶理由解消期間が経過しても問題はなく、管理官の次の応答（聴聞通知）を待てばよいです。近年（2021～2022年）、審査処理は遅延しており、応答書提出後、聴聞通知が発送されるまで数箇月から数年の時間がかかることがあります。

---

24 拒絶理由解消期間を徒過した特許出願が救済されたケースがある〈*The European Union v. Union of India and Ors.*, W.P.(C)-IPD 5/2022 and W.P.(C)-IPD 6/2022〉。出願人に放棄の意思がなく（むしろ積極的に権利化手続を進めており）、現地代理人のミスが立証されたため、例外的に救済が認められた。

25 庁費用は4000ルピー（法人の場合）／月

●聴聞手続

図10に聴聞手続の概要を示します。

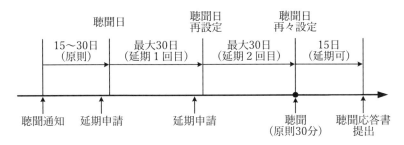

図10：聴聞手続

　出願人の申請により聴聞を受ける機会が与えられます。聴聞の請求は拒絶理由解消期間満了日の10日前までに行わなければなりません（規則28条(2)ただし書）。手数料は不要です。出願人により提出された答弁／補正が、法に定める要件を満たしていない場合、管理官は聴聞の機会を提供した後、特許査定又は拒絶の最終判断を行います。聴聞の日時及び場所は、管理官による聴聞の通知によって指定され、聴聞時間として30分の時間が設定されます。聴聞は、原則として通知後10日以内に行われます（規則129条）。ただし、聴聞期日の何日前（10日以上）に通知を行うかどうかは管理官の裁量に委ねられています。2017年1月11日付けの特許庁の通達によれば、聴聞開催日の約1か月（約4週間）前に通知を行うことになっています。

　しかし、合理的な理由（reasonable cause）がある場合、出願人は、聴聞の期日延期を申請することができます（規則129A条）。

　どのような理由であれば「合理的な理由」として認められるのか、その判断指針を示すガイドラインはありません。聴聞期日の延長の可否は管理官の裁量であるため、その判断が分かれる可能性があります。

　また、延長期間も管理官の裁量に委ねられています。聴聞期日の延長が認められても、2週間など、30日未満の期間しか延長が認められないことがある点に留意する必要があります。

26　2017年1月11日付けの特許庁の通達（CGPDTM Office response on issues raised and suggestions made in Stakeholders Meeting on 14-12-2016）

　延期申請は聴聞日の少なくとも3日前に行わなければなりません。管理官は、期日延期が適切と認めるときは、聴聞の期日を延期することができます。ただし、延期は最大2回までであり、各延期申請で認められる最大延期期間は30日（合計60日）です。なお、聴聞は通常テレビ会議で行われます〈規則28条(6)〉。

　管理官は、出願人を聴聞した後、適切と認める場合、明細書について補正をすべき旨を指示し、又は許可することができます。出願人は、聴聞後、書面による聴聞応答書を提出できます。聴聞応答書の提出期限は、聴聞後15日です〈規則28条(7)〉。当該期限は申請により1か月延長できます[27]。

　管理官は、指示又は許可した補正がなされない場合、又は特許法及び特許規則に定めるその他の要件が遵守されていない場合、特許出願を拒絶することができます。

●実務的な対応例

　前述のように、拒絶理由解消期間及び聴聞関連手続のスケジュールは全体的にタイトです。また、進歩性、不特許事由などに関する実質的な拒絶理由について十分に争う機会を確保する観点から最初の審査報告(FER)に続いて発送され得る後続の審査報告(SER：Subsequent Examination Report)を受けて反論する機会を確保することが望ましい場合もあります。最初の審査報告に対する1回の応答のみで聴聞手続に進むと、対応期間が限られた聴聞手続で重要な争点について聴聞の準備と反論を行い、聴聞後15日（1か月延長可）以内に聴聞応答書を提出しなければならず、十分な対応が難しい場合もあります。

　次ページの図11に対応例を示します。最初の審査報告を受理した場合、出願人はできるだけ早期に、具体的には3か月以内をめどに応答書を提出することが望ましいでしょう。

　拒絶理由解消期間満了までに3か月以上の期間を確保することによって、6か月の拒絶理由解消期間の満了前に後続の審査報告が通知されることを期待することができます[28]。

27　2018年8月20日付けの特許庁の通達(Issues raised and Suggestions received in Stakeholders' meeting held on 03-08-2018 at IPO Delhi.)

　仮に6か月の期間満了間際に後続の審査報告が通知されたとしても、拒絶理由解消期間を3か月延長すれば、当該後続の審査報告に対して十分な応答が可能です。拒絶理由解消期間内に争点を絞った反論を行うことによって、聴聞の段階で新たな争点が提起されるおそれを回避することができ、余裕を持って聴聞及び聴聞応答書の提出に対応することが可能になります。

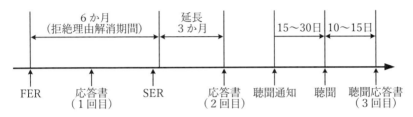

図11：審査報告への対応例タイムライン

　なお、上記のように対応しても後続の審査報告を得られる保証はありませんが、少なくとも早期審査請求を行った案件については、応答書を処理する期限があるため（3か月）、後続の審査報告を得ることが期待できます。

　近年（2021～2022年）、ファーストアクション期間が短縮されている一方で、応答書提出後の審査処理は遅延しているため、2回目の審査報告が通知されるケースはほとんどないのが現状です。審査のバックログが解消されることが期待されます。

28　審査官は、最初の審査報告に対する応答書を、受理した順に処理する〈規則24B条(4)〉。例えば出願番号1450/DELNP/2009のケースでは、最初の審査報告(2017年8月9日)の受領後、早期に応答(2017年9月19日)したところ、後続の審査報告(2017年11月29日)が発行されている。現在、インド特許庁に滞留している特許出願の未処理案件解消の問題があり、後続の審査報告を受けることが難しい状況にあるが、審査官の大増員が図られており、後続の審査報告を受けるケースも増えてくると予想される。
　なお、早期審査においては、審査報告に対する応答書をその受理日から3か月以内、又は拒絶理由解消期間の最終日から3か月以内のいずれか早い日までに処理することが義務付けられている〈規則24C条(12)〉。

●その他

　聴聞応答書を提出した後であっても（15日の応答書提出期間経過後）、実質的に特許可能な状態となっていれば、実務上、管理官の要求に応じて更に聴聞や電話面接が行われたり、追加の補正書を提出したりすることもあります。

　また、FERへ応答する前に、発明の内容を説明するためなど、管理官と面談を行いたいという出願人の要望がありますが、この種の面談の正式な手続手段は用意されてはいません。電子メールなどで面談を申し込んでもそれに応じるか否かは管理官の裁量判断となります。ほとんどの場合、管理官は応答することがなく、面談の申込みは受け入れられません。

●過去の改正

　拒絶理由解消期間は度々改正されており、2005年まで短縮の方向にありましたが、2006年特許規則改正によって延長され、審査促進のため2016年特許規則改正により再び短縮されました。法律及び規則の改正により拒絶理由解消期間は比較的頻繁に変更されているため、拒絶対応時に拒絶理由解消期間の変更の有無を確認することが好ましく、最近の審査報告には応答期限が記載されているため、審査報告に記載された応答期限を確認するとよいでしょう。

4.8節　拒絶査定取消訴訟等

　特許出願の拒絶査定に不服がある出願人は、その取消しを求めて高等裁判所に不服申立て(appeal)を行うことができます〈117A条(2)〉。本書では、拒絶査定の取消しを求める不服申立ての訴えを、拒絶査定取消訴訟と呼びます。また、中央政府又は管理官によって行われた、その他の各種決定・命令・指示に不服がある者は、その取消しを求めて高等裁判所に不服申立てを行うことができます〈117A条(2)〉。

●拒絶査定、その他の不服申立てが可能な決定・命令

　高等裁判所に不服申立てを行うことができる対象は以下のとおりです〈117A条(2)〉。

(ⅰ)特許出願の拒絶査定(15条)

(ⅱ)特許出願の分割に係る命令(16条)

(ⅲ)特許出願の後日付に係る命令(17条)

(ⅳ)先発明に係る他の明細書についての言及を明細書中に挿入すべき旨の指示(18条)

(ⅴ)侵害のおそれがある他の特許についての言及を明細書中に挿入すべき旨の指示(19条)

(ⅵ)出願人の名義変更に係る命令(20条)

(ⅶ)付与後異議申立てに係る決定〈25条(4)〉

(ⅷ)特許証、完全明細書及び登録簿への発明者の記載に係る命令(28条)

(ⅸ)特許共有者に対する特許の売却若しくは賃貸、又はライセンス許諾に係る指示(51条)

(ⅹ)追加特許の出願の拒絶査定(54条)

(ⅺ)願書又は明細書の補正の申請に対する決定(57条)

(ⅻ)消滅した特許の回復に係る決定(60条、61条)

(ⅹⅲ)特許の放棄に係る決定(63条)

(ⅹⅳ)公共の利益を損なう特許権の取消し決定(66条)

(ⅹⅴ)特許に係る各種権原(持分、実施権など)の登録申請を拒絶する決定〈69条(3)〉

　(xvi)誤記などの訂正に係る命令(78条)

　(xvii)強制実施権に係る命令〈84条(1)〜(5)、88条、91条、92条、94条〉

　(xviii)不実施による特許権の取消し決定(85条)

　その他の決定、命令若しくは指示に対して、117A条に基づく不服申立てを行うことはできません〈117A条(1)〉。例えば付与前異議申立てに係る決定〈25条(1)〉、国防技術関連発明に対する秘密保持指示(35条)、原子力関連発明に係る特許権の取消し(65条)、特許医薬品の輸出に係る強制実施権(92A条)に関する決定に対する不服申立てはできません。

●申立時期

　管理官又は中央政府による決定、命令又は指示に不服がある者は、その日から3か月以内[29]に不服申立てを行う必要があります〈117A条(4)〉。ただし、高等裁判所は、その定める規則に従って付加期間を与える権限を有します〈117A条(4)〉。準備に時間を要するなど合理的な理由があれば、所定の手数料とともに嘆願書及び延長の理由を述べた申請書を高等裁判所に提出できます。付加期間は1〜3か月が妥当であるといわれています[30]。

●管轄裁判所

　拒絶査定、その他117A条(2)に列挙された各種決定に対する不服申立ては、当該処分を行った特許庁の所在地を管轄する高等裁判所に行う必要があります[31]。例えばコルカタ特許庁、デリー特許庁、ムンバイ特許庁、チェンナイ特許庁に出願した特許出願が拒絶された場合、拒絶査定取消訴訟の提起先は、各庁に対応する管轄権を有するカルカッタ高等裁判所、デリー高等裁判所、ボンベイ高等裁判所、マドラス高等裁判所となります[32]。

29　IPAB審決350/2014/PT/DELでは117A条(4)に規定されている3か月の期間の起算日は、管理官又は中央政府による決定、命令又は指示を出願人（現地代理人）が受け取った日と解釈された。

30　IPAB審決499/2013/PT/DELでは461日の付加期間が認められた。

31　C.O.(COMM.IPD-PAT) 3/2021 & I.As. 13644/2021, 3420/2022.

32　カルカッタ、ボンベイ、マドラスの都市の名前はそれぞれコルカタ、ムンバイ、チェンナイに変わったが、高等裁判所の名称は変わっていない。

　なお、特許出願を行った特許庁によって不服申立先の高等裁判所が決まります。特許出願の審査及び最終処分を行った審査官及び管理官の所在は裁判所の管轄と無関係です。拒絶査定を受けた際にデリー高裁でその特許性を争いたい場合、デリー特許庁に出願しておく必要があります。コルカタ特許庁に行った特許出願がデリーの管理官によって拒絶された場合の不服申立先はデリー高等裁判所ではなく、カルカッタ高等裁判所です。

●上訴

　拒絶査定取消訴訟の第一審は、高等裁判所の1人の裁判官が審理します。高等裁判所のシングルベンチ（1人の裁判官）で行われた第一審の判決に不服がある場合、特許権者は、高等裁判所のディビジョンベンチ（2人の裁判官）に上訴することができます（デリー高裁の場合、IPD規則38条）。

　高等裁判所のディビジョンベンチで行われた第二審の判決にも不服がある場合、特許権者は最高裁判所へ特別許可申立てを行うことができます（憲法136条）。

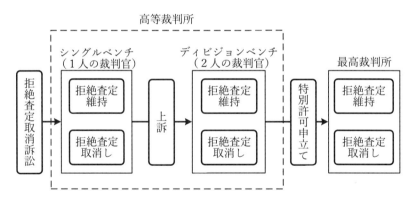

図12：拒絶査定取消訴訟の判決に対する不服申立てルート

4.9節　強い特許権と円滑な権利取得

●強い特許権を取得するために

（1）減縮補正対応

独立クレームの権利範囲は最大限広く確保しておくべきです。日本と異なり、出願後に権利範囲を拡大する補正を行うことができず、権利範囲を拡大した発明を分割出願することもできないためです。なお、PCT19条補正、34条補正を利用すれば、権利範囲を拡大する補正も可能です。必要であれば国際段階で補正しておくことが望ましいでしょう。

（2）限られた応答機会への対応

拒絶理由解消期間は6か月（期間延長した場合は、最長9か月）であり、応答機会は限られています。真に権利化したいクレームを作成しておくことが望ましいです。また、発明の特徴となり得る構成要素を従属クレームとして漏れなく用意しておくべきです。管理官によっては、クレームされていない構成要素を外的付加する補正が争点になることがあるからです。

（3）必要な発明カテゴリーの準備

発明のカテゴリーを変更する補正及び分割出願は一般的に難しいといわれています。例えばプログラムクレーム、媒体クレームを方法クレームに補正することは難しいです。必要なカテゴリーは出願時に用意しておくべきでしょう。

（4）技術的課題と技術的貢献

日本と異なり、非技術的課題、非技術的効果は認められにくいので、出願時から、可能な限り技術的な課題と、その技術的解決手段（技術的貢献）を特定し、技術的な構成をクレームすべきです。

（5）3条の不特許事由対応

特許出願に係る発明が、コンピュータ関連発明、医薬品、物質発明、生物学的素材を用いた発明など、不特許事由に該当する可能性があるかどう

かを確認します。該当しないことを主張できるよう、可能な限り明細書の記載を充実化させることが望ましいでしょう。(3.5〜3.9節参照)

(6)実験データの準備

特に「既知の物質の新規形態」〈3条(d)〉、「単なる混合物」〈3条(e)〉に該当する可能性がある場合、治療効果の増大、混合物の相乗効果など、拒絶対応に必要な実験データを前倒しで準備しておくべきです。3条(d)、3条(e)などに該当するとして拒絶された場合、実験データを用いて特許性を主張する必要がありますが、一般的に実験データの収集には時間を要します。審査報告を受ける前から、準備を開始しておけば、拒絶応答時に有効な反論を行うことが可能になります。

(7)現行の審査基準

インド特許庁の各種マニュアル、ガイドラインは急に変更され、経過措置もなく即日で実務的運用が変更されることがあります。このため、現行の各種マニュアルに拘泥しないようにすべきです。現行のマニュアルによれば、特許が認められる可能性が低いものであっても、特許法上、保護されるべきと信じる発明があれば、積極的に権利請求すべきです。例えば媒体クレームが必要であれば、将来的に保護される可能性を考慮し、記録媒体に係る発明もクレームしておくことが考えられます。

(8)タイトな審査スケジュール対応

前述のように審査スケジュールはタイトです。聴聞後の補正対応、拒絶査定取消訴訟、不服申立てなど、現地代理人に迅速に指示できるよう、対応方針を事前に検討しておくことが望ましいでしょう。

(9)優先権書類の翻訳文

条約出願において管理官から要求された場合、あるいはPCTルートの国内段階出願において、提出不要である旨を反論しても管理官から要求された場合、優先権の効果を確実なものとするためには、優先権書類の翻訳文(英訳)を提出しておくのが安全です。

(10)付与前異議申立て

　出願人は、異議申立人から送付された付与前異議申立書を受け取った場合、インド特許庁から異議申立ての通知を受ける前に対応を準備しておくことが望ましいでしょう。異議申立ての通知に対する応答期限は僅か3か月であり、拒絶理由解消期間の半分の期間しかないからです。

　インド特許庁が行う異議申立ての通知は、特許出願の審査が開始されてから行われるため、出願人が異議申立人からの付与前異議申立書を受け取ってから、インド特許庁による異議申立ての通知を受け取るまでに1年以上かかることもあります。出願人は、その間に十分な対応準備を行うことができます。

●早期権利化

(1)早期の審査請求と公開請求

　出願人は、早期に審査請求を行うことが先決です。また、特許出願の公開が審査開始の条件であるため、特許出願がインドで未公開の場合、早期公開請求を行うべきです。インド特許庁のミスで公開が行われていない場合、早期に公開すべきことを上申すべきです。審査は、公開された特許出願について、審査請求順に行われます。早期の審査請求と公開により、審査の開始時期を早めることができ、早期権利化を図ることができます。

(2)早期審査請求

　出願人は、所定の条件(4.3節参照)を満たす場合、早期審査請求を行うことができます。早期審査請求により、審査期間を短縮し、早期権利化を図ることができます。

(3)条約出願と国内段階出願の審査速度

　審査速度に関して、条約出願と国内段階出願との間に大きな違いはありません。出願方法の選択により、審査開始時期を早めたり、審査期間を短縮できる可能性は低いです。なお、推測の域を出ませんが、国際出願の国際調査機関見解書、他国の審査結果が得られている場合、全く審査結果が得られていない状況に比べ、審査速度が若干速い可能性はあります。

●円滑な手続と費用削減

　形式的な拒絶理由を受けないように明細書、クレーム、図面、要約の方式を整えて出願することが大切です。出願書類の何をどのように整えるかを現地代理人に任せたとしても、出願書類の方式が適切か否かを日本の弁理士、出願人が判断できる知識を持つ必要があります(付録2参照)。

　また、円滑な手続のため、必要書類は所定の手続期間内に提出すべきです。そのためには、必要書類の提出可能な期間、延長可能な期間、延長できない期間を日本の弁理士及び出願人は知っておく必要があるでしょう(付録1参照)。こうした知識を持つことが早期権利化や費用削減につながるのです。

●他国の審査結果の活用と円滑な権利化

　最初の審査報告に対する応答方針に関して、これまでは他の主要国、例えば日本、欧州、米国とほぼ同じような応答方針を採用することが可能でした。インドにおける応答方針を特別に検討する必要はなかったのです。

　しかし、審査請求日から6か月以内に最初の審査報告が送付されるケースが増えています。そうすると、他の主要国の審査結果が出ていないか、審査結果が出ていても応答方針が決まっていないようなケースが発生します。すなわち、他の主要国で応答方針を決める前にインドにおける応答方針を決める必要が生じます。

　また、他の主要国に提出した意見書及び補正書は、インドでの反論や権利範囲に影響を及ぼす可能性があり、特に発明の内容が高度である場合、他国の審査結果がないと、その真価が適切に評価されず、インドでは拒絶査定となる可能性があります。

　知的財産審判委員会が廃止される前であれば、審判請求を行って特許性を争うことができましたが、現在は高等裁判所で争う必要があるため費用面、決裁手続面でのハードルが高くなっていると思われます。また、拒絶査定取消訴訟において審理が迅速に進行するのか、不透明な状況にあるため、インド特許庁での審査を遅らせることも選択肢の一つです。

　インド特許庁での審査を遅らせるには、以下の（ⅰ）～（ⅳ）方法が考えられます。

（ⅰ）パリルート出願の優先期間（優先日から12か月）又はPCT国際出願
　　　のインド国内段階出願を移行期限（優先日から31か月）の満了間際に
　　　出願する。

（ⅱ）審査請求の法定期限（優先日から48か月）の満了間際に審査請求を行
　　　う。

（ⅲ）最初の審査報告の応答期限、すなわち拒絶理由解消期間を最長の3
　　　か月間延長する。

（ⅳ）拒絶理由解消期間の満了間際に応答書を提出する。

　なお、聴聞は拒絶理由解消期間の満期の10日前に請求する必要があることに留意する必要があります。また、インド特許庁のオンラインポータルがダウンするなどのトラブルが発生することが報告されていることから、手続期間満了間際とはいえ、ある程度（2～3日）は余裕をもって手続を行うことをお勧めします。

●現地代理人の協力と質問方法について

　強い特許権の早期権利化と円滑な手続を実現するには、現地代理人の協力を得ることが不可欠です。確立された法解釈や明確な運用指針がないものが多いため、現地代理人に質問する機会も多いと思われます。ところが、同じ質問をしても現地代理人によって回答が異なることは、珍しいことではありません。これはどのように考えればよいのでしょうか。

　大事なことは、現地代理人の回答を鵜呑みにしないことです。これは、現地代理人を信用しないということではなく、その回答の意味を考える必要があるということです。根拠条文・規則は何条か、その解釈は他の条文の解釈と矛盾していないか、判例・審決を踏まえた解釈なのか、法改正の経緯と整合しているか、法の目的からして妥当な解釈か、実際の運用はどうか、解釈が覆されたときのリスクは何かなどを考える必要があります。

　不明な点や、腑に落ちない点があれば、現地代理人に再質問をする前に、まずは可能な限り自身で条文や規則、マニュアルなどを確認すべきです。そうしないと、的確な質問をすることができず、曖昧な質問をしても、条文レベルの一般的な回答が返ってくるだけです。

　突き詰めて確認していくと、まずは一般論として条文レベルの回答をする代理人、実務を重視した回答をする代理人、審査基準に基づいて回答をする代理人など、様々な回答スタンスがあることが見えてきます。

　妥当な法律解釈の姿も少しずつ明らかになってきます。当然のことですが、判例が全くない問題について正解・不正解はなく、最終的には自身で最も妥当な解釈を選択しなければなりません。

　もう一つ注意しないといけないのは、現地代理人から同じ回答が返ってきたときの対応です。現地代理人が皆同じ回答をしているからといって安心はできません（あるいは、諦めてはいけない。）。差し当たり、法的根拠のない実務常識を単に回答しているだけという場合もあるからです。ある対応について、現地代理人が皆「できない」と言っていても、法律的には争う余地が十分にあることがあり、数年後、裁判所で「できる」と判断されることも珍しくなく、逆もまたしかりです。

　このように、現地代理人に質問し、妥当な回答を得るためには、出願人や日本の代理人もインド特許法の基本的な事項を理解しておくことが望ましいでしょう。

第5章　特許権付与・権利維持・権利放棄

5.1節　特許権付与・更新手続

●特許権付与

　特許出願が特許法及び特許規則の要件を遵守しており、特許権付与可能な状態にあると判断された場合、特許権が付与（grant）されます。管理官により特許権が付与された日（特許権付与日）は、電子登録簿に記録されます[1]〈43条(1)〉。特許権が付与されると、電子システムにより特許番号が付与され、特許権付与の通知書及び特許証が電子的に発行されます。

　図1に通知書の一例、図2に特許証の一例を示します。なお、登録簿が電子化された現在においては、登録日（Date of Recordal）は、特許権付与日（Date of Grant）と同日です[2]。

　特許権が付与された事実は特許庁の官報に掲載されます。なお、侵害訴訟などにおいて裁判所は、電子的に発行された特許証を証拠として受理しません。インド特許庁より特許証の認証謄本を取得して裁判所に提出する必要があります。

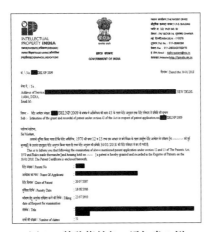
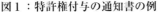

図1：特許権付与の通知書の例

図2：特許証の例

1　MPPP 項目09.07.02
2　登録簿の電子システム導入前に登録された特許については、登録日と特許権付与日は異なる日付になることが多かった。

日本と異なり、特許料の納付は特許権付与の条件ではありません。特許権付与の通知書は、特許権が登録されたことを事後報告として出願人に通知するものです。

このため、出願人は、本通知書を受け取った時に初めて特許権が付与され、特許出願が係属中でなくなったことを知ることになります。出願人は事前に特許権が付与されるタイミングを知ることはできません。

なお、日本の特許公報のように、特許が許可されたクレームを含む権利確定後の出願情報が1つにまとめられた体裁の特許公報は存在しません。

●特許権の効力

特許権を付与された特許権者は、特許権の効力として、特許発明の実施に関して排他的権利を有します(48条)。この特許権の効力は、特許出願したインド特許庁の管轄地域のみならずインド全土に及びます。

特許権に係る発明の主題が製品である場合、特許権者は、権原なき第三者がインドにおいて当該製品を製造し、使用し、販売申出をし、販売し、又はこれらの目的で輸入する行為を排除することができます〈48条(a)〉。

特許権に係る発明の主題が方法である場合、特許権者は、権原なき第三者が当該方法を使用する行為、インドにおいて同方法により直接得られた製品を使用し、販売の申出をし、販売し、又はこれらの目的で当該製品を輸入する行為を排除することができます〈48条(b)〉。

●特許権の存続期間

特許権の存続期間は出願日から20年です〈53条(1)〉。インド特許法には存続期間の延長制度は設けられていません[3]。すなわち、発明の技術分野にかかわらず、特許権は出願日から20年で消滅します。特許権の存続期間の起算日は特許出願の種類によって異なります(次ページの表1参照)。

---

3 日本では、出願から特許権が付与されるまでに不合理な遅延があった場合、医薬の承認手続によって特許の存続期間が侵食された場合などに、特許権の存続期間を延長させることができる(日本特許法67条2項、4項)。

通常の特許出願（7条）及び条約出願（135条）に係る特許権の存続期間はインドにおける実際の出願日[4]から20年、国内段階出願に係る特許権の存続期間は国際出願日から20年〈53条(1)説明書〉、分割出願に係る特許権の存続期間は親出願の出願日から20年です〈16条(3)〉。追加特許権の存続期間は、主発明特許の存続期間と同一です〈55条(1)〉。

●特許権の更新

特許権を維持するためには所定の納付期間内に更新手数料を納付しなければなりません〈53条(2)〉。更新手数料の納付は登録簿に記録されます（規則93条）。ただし、追加特許権（54条）については更新手数料の納付は不要です〈55条(2)〉。

表1：特許権の存続期間と更新手数料の要否

特許出願の種類	特許権の存続期間	更新手数料
通常の特許出願	出願日から20年	要
条約出願	出願日から20年	要
国内段階出願	国際出願日から20年	要
分割出願	親出願の出願日から20年	要
追加特許の出願	主発明の特許権の存続期間と同一	不要

●更新手続

特許権を維持するためには、次ページの図3に示すように原則として特許証の日付（Date of Patent）から存続期間の2年度満了前に3年度の更新手数料を納付しなければなりません〈53条(2)、規則80条(1)〉。以降、各年度の満了前に次年度の更新手数料を納付しなければなりません。

「特許証の日付」は納付期間を計算するための起算日であり、特許出願日と定められています〈45条(1)〉。「特許証の日付」は上述した存続期間の起点に対応しています。国内段階出願の「特許証の日付」は国際出願日〈7条(1B)〉、分割出願の「特許証の日付」は親出願の出願日です〈16条(3)〉。「特許証の日付」は、特許登録の際、登録簿に記録されます〈45条(2)〉。

4　パリ条約4条の2(5)

（1）出願日から2年経過前に特許権付与

　出願日から2年経過前に特許権が付与された場合[5]、図3に示すように、3年度の更新手数料は2年度が満了する前に納付しなければなりません。

　3年度以降の更新手続は2年度と同様、前年度満了前に納付する必要があります。

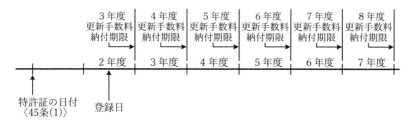

図3：特許権の更新（出願日から2年経過前に特許権付与）

（2）出願日から2年経過後に特許権付与

　出願日から2年経過後に特許権が付与された場合、登録日から3か月以内に更新手数料を納付しなければなりません〈142条(4)〉。この際、本来は納付すべきであった各年度の更新手数料を納付する必要があります〈142条(4)〉。

　例えば次ページの図4に示すように、4年度に特許権が登録された場合、3～4年度の更新手数料を納付しなければならず、5年度の更新手数料は4年度が満了する前に納付しなければなりません。6年度以降の更新手続は5年度と同様です。

5　2016年規則改正で設けられた早期審査制度により、出願日から2年が経過する前に特許権が付与されることが可能になった。例えば特許出願201741028935（特許第293617号）は出願日が2017年8月16日で、2018年2月28日に特許権が付与された。

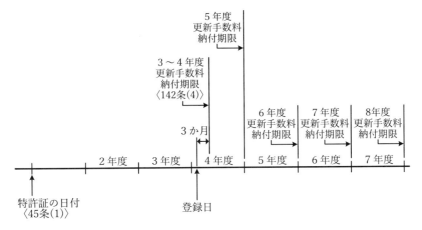

図4：特許権の更新（出願日から2年経過後に特許権付与）

（3）更新手数料の納付期間の延長

　図5に示すように、更新手数料の納付期間を徒過した場合であっても、追加手数料を添えて期間延長の請求（様式4）を行うことにより、納付期間を最長6か月まで延長することができ、更新手数料を追納することができます〈53条(2)、142条(4)、規則80条(1A)、第1附則〉。

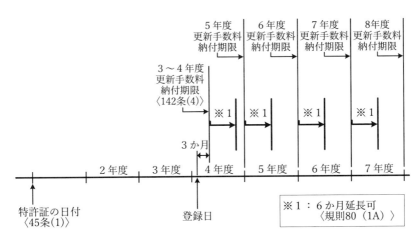

図5：更新手数料の納付期間の延長図

（4）更新手数料の前納

特許権を更新する際、２年分以上の更新手数料を前納することもできます〈規則80条(3)〉。

●特許権の更新手続の実例

特許証の日付、特許権付与日、登録日など、よく似た表記が紛らわしいですが、実例を見ると特許権の更新手続の実際がよく分かります。特許意匠商標総局の検索ポータルサイト「Patent E-register」を利用すると特許権の更新状況を確認することができます。（9.2節参照）

図６：特許権の更新状況表示画面

図６の右上に、（ⅰ）特許証の日付（Date of Patent）、（ⅱ）特許権付与日（Date of Grant）、（ⅲ）登録日（Date of Recordal)が表示されます。

　よく似た表記に戸惑うかもしれませんが、更新申請手続に重要な日付は、（ⅰ）特許証の日付と、（ⅲ）登録日です。更新手数料納付期間の起算日は、（ⅰ）特許証の日付です。通常、特許証の日付は出願日であり、図6に示す例では2006年8月3日が特許証の日付として登録されています。

　特許権の種類、親出願の日付などを確認しなくても、特許証の日付によって更新手数料納付期間の起算日を知ることができるので便利です。

　当該特許出願は2016年7月4日に登録されており、2008年8月3日〜2017年8月3日分（3〜11年度）の更新手数料が、2016年10月4日の納付期間満了前に納付されています。

　なお、初回の更新手数料納付期間の起算日は（ⅲ）登録日（2016年7月4日）であり、（ⅱ）特許権付与日（2016年6月29日）ではありません。

　12年度の納付期間満了日は（ⅰ）特許証の日付が基準であり、2017年8月3日となります。13年度以後の納付期間満了日も8月3日に到来します。

　また、図6に示すように、追納できる更新料納付期限も確認することができます。

●特許登録簿・特許証などの認証謄本

　所定の手数料を支払い、認証謄本を請求することによって、特許庁の公印が押印された特許登録簿、特許証、明細書、その他の公文書の認証謄本を取得することができます（72条、147条、規則133条）[6]。

　特許権侵害訴訟、付与後異議申立て、無効訴訟などにおいて、証拠として明細書などを提出する場合、その認証謄本を提出すべきです。認証謄本は、全ての裁判所及び手続において、原本に代えて証拠として認められます〈147条(2)〉。

　また、インドにおいては、日本の特許公報のようなものが存在しないため、登録された特許権の内容を確実に把握するためにも、認証謄本を取得することが望ましいです。

6　MPPP 項目19.04

5.2節　特許権の消滅と回復

　更新手数料を追納できる6か月の延長期間を徒過し、特許権が消滅した場合であっても、特許権の消滅後18か月経過前であれば特許権の回復申請により、特許権の回復が認められることがあります。

●特許権の消滅

(1)存続期間満了による消滅

　特許権は存続期間の満了により、消滅します〈53条(4)〉。存続期間の更なる延長を行うことはできません。

(2)更新手数料の未納による消滅

　特許権は、所定の納付期間内又は延長期間内に更新手数料が納付されなかった場合、当該所定の納付期間の満了時に効力を失います〈53条(2)〉。つまり、特許権は、更新手数料の通常の納付期間満了時に遡及消滅します。

　なお、特許出願日から2年経過後に特許が付与され、累積更新手数料(3年度～登録年度の更新手数料)を支払わない場合、特許権は、累積更新手数料の納付期限に遡って消滅するという意見と、付与日に遡って消滅するという意見の2つがあります。

　累積更新手数料の納付期限に遡って消滅するという意見が多数派です。登録簿上、登録日から3か月の末日が特許権の消滅日として記録されるためです。ただし、この意見が正しいとすると、累積更新手数料を支払わなくても、特許権者は出願公開日に遡って特許権侵害に準ずる損害賠償請求、不当利得返還請求などを行えることになり(8.3節参照)、不合理です。また、累積更新手数料不納により消滅した場合に国内実施報告の義務が生ずるのかどうかが問題になります (5.3節参照)。

　一方、条文及び規則の文言上、付与日に遡って消滅すると解する余地もあります〈53条(2)、60条、142条(4)、規則80条〉。60条では、53条に基づく所定期間 (2年度満了前) と、142条(4)に基づいて許可された期間 (2年度満了後に登録されたときの期限) が区別されており、53条(2)は所定期間の満了時に効力を失うと規定しています。

　特許出願日から２年経過後に特許が付与され、累積更新手数料を支払った後、次年度の更新手数料を納付しなかった場合、当該年度の納付期限の満了日に特許権は消滅します。

●特許権の回復

　特許権の回復申請手続の流れを図７に示します。

　特許権者であった者は、更新手数料の未納によって特許権が消滅した日から18か月以内に特許権の回復を申請できます〈60条(1)〉。回復の申請は様式15により行い〈規則84条(1)〉、納付期限を徒過した状況を詳細に説明した陳述書及び証拠を添付しなければなりません〈60条(3)〉。陳述書は、以下の事項を管理官に納得させるものである必要があります〈61条(1)〉。

（ⅰ）更新手数料の納付期限を徒過したことが故意ではなかったこと。

（ⅱ）回復の申請に不当な遅滞がなかったこと。

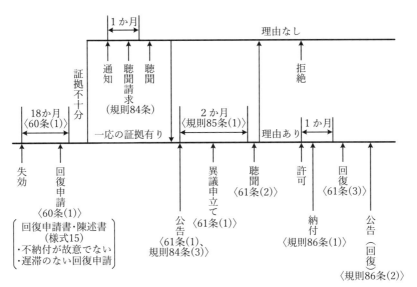

図７：特許権の回復申請手続

　管理官は、特許権の回復について一応の証拠がある事件として立証されていないと確信した場合、その旨を申請人に通知します〈規則84条(2)〉。

申請人は、その通知の日から1か月以内に聴聞の申請を行うことができます。聴聞の結果、管理官の心証を覆すことができなかった場合、あるいは1か月以内に聴聞の申請がなかった場合、管理官は回復の申請を拒絶します〈規則84条(2)〉。管理官の決定に対して不服がある場合は、高等裁判所に不服申立てを行うことができます(117A条)。

　更新手数料の納付期限徒過が故意でなかったことを管理者が一応納得した場合[7]、管理官は回復の申請を公告しなければなりません〈61条(1)、規則84条(3)〉。「故意でなかったこと」の判断基準は日本の「不責事由」及び平成23年改正の「正当な理由」(旧基準)よりは低いと思われます[8]。

　利害関係人は、特許権の回復について公告後2か月以内に異議を申し立てることができます〈61条(1)、規則85条(1)、様式14〉。異議申立てがあった場合、管理官は異議申立書の写しを回復申請の申請人に送付し、申請人及び異議申立人には聴聞を受ける機会が与えられます〈61条(2)、規則85条(2)、(3)〉。

　異議申立ての審理の結果、回復の申請を認める場合、又は異議申立てがなかった場合、管理官は、回復申請の許可を命令し、申請人は当該命令の日から1か月以内に不納付の更新手数料及び追加手数料を納付しなければなりません〈61条(3)、規則86条(1)〉。更新手数料及び追加手数料の納付があった場合、管理官は特許権を回復させ〈61条(3)〉、特許権の回復を公告します〈規則86条(2)〉。

　回復した特許権は一定の制限を受けます。特許権の消滅日から特許回復の公告日までの間に、回復に係る発明を実施した者、又は実施の準備を行った者は保護され〈62条(1)〉、特許権者はその間に行われた第三者の行為について特許権侵害訴訟を提起することはできません〈62条(2)〉。

7　特許出願5199/DELNP/2007(特許第274300号)の最初の申請では「不十分な伝達により更新手数料の納付を行わなかった」旨を説明した。しかし、管理官は納得しなかったため出願人に更なる説明を求めた。これに対して現地代理人は次の説明を行ったところ、管理官は納得し、回復を容認した。
　「特許権者から他の方法により年金を納付するため二重の納付を避けるために年金を納付しないようにと指示を受けた。その後、特許権者から、不十分な伝達により年金を納付していないことが判明したので年金を納付してほしいと指示を受けた。メールのやり取りを添付する」

8　日本の事件、東京地判平成26年1月31日 平成25年(行ウ)467号などと、上記5199/DELNP/2007を単純比較はできないが、おおよそ日本のほうが厳しい判断を示している。

5.3節　国内実施報告制度

　国内実施報告制度とは、インドにおける特許発明の商業的実施状況を定期的に報告することを特許権者及び実施権者に義務付ける制度をいいます。特許権者及び実施権者による、インドにおける特許発明の実施状況を記載した書面を国内実施報告と呼びます。

　排他的権利を有する特許権者及び実施権者に対してインドにおける特許発明の適正な実施を促すための制度です。実施状況の報告を怠ると罰金の対象となり、実施状況の虚偽報告を行った者には罰金又は禁固、又はこれらが併科されます。

●排他的権利と特許発明の実施

　特許権者は、特許発明の実施に関して排他的権利を有します(48条)。一方、特許権者及び実施権者には特許発明の適正な実施が求められています。特許権は発明を奨励し、インドにおける経済的・技術的発展に寄与するためのものであり、特許権者及び実施権者が第三者による特許発明の実施を排除し、自身も実施しないような状況を許せば、インド経済の発展をむしろ阻害する結果になるためです。

　特許法は、特許発明の適正な実施を担保するために、強制実施権制度(84～94条)とともに、特許発明の実施を促す国内実施報告制度を設けています(146条)。

●国内実施報告の要件

（1）報告の主体

　現存する特許権の特許権者及び実施権者は特許発明の国内実施報告を管理官に提出しなければなりません〈146条(2)〉。特許審査中にある特許出願人、国内実施報告の対象期間前に特許権が消滅した特許の元特許権者には提出の義務はありません。特許権が付与された年度の国内実施報告を行う義務がないことは明確に規定されています。

　しかし、国内実施報告の対象期間中に放棄申請又は更新料の不納により特許権が消滅した場合、元特許権者に当該対象期間中の国内実施報告を行う義務がないことは明確に規定されてはいません。国内実施報告については、排他的実施権者(日本の専用実施権者に相当)のみならず、非排他的実施権者(日本の通常実施権者に相当)も当該義務を負います。

（2）国内実施報告の対象特許

　全ての特許発明が国内実施報告義務の対象です〈146条(2)〉。特許権付与前の特許出願に係る発明、国内実施報告の対象期間前に特許権が消滅した特許は国内実施報告義務の対象外です。特許発明が実施されている場合はもちろん、実施されていない特許発明も国内実施報告(不実施の報告)の対象です。

　国内実施報告の対象期間は、図8に示すように、特許が付与された会計年度の直後に始まる各会計年度(4月1日〜3月31日)であり、特許権者及び実施権者は当該期間における特許発明の実施の有無及び程度を報告しなければなりません〈規則131条(2)〉。特許が付与された会計年度は国内実施報告の対象期間外であり、特許発明の国内実施報告は不要です。

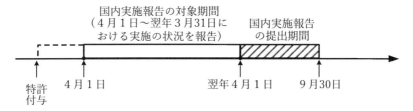

図8：国内実施報告の提出期間

（3）報告の時期

特許発明の国内実施報告書は、報告対象の期間である各会計年度の終了後6か月以内（4月1日～9月30日）に提出しなければなりません〈規則131条(2)〉。

（4）手続

特許権者及び実施権者は、様式27に従って特許発明の商業的実施の程度を記載し、管理官に提出しなければなりません〈146条(2)、規則131条(1)〉。国内実施報告は、特許権者若しくは実施権者、又はこれらの承認された現地代理人（authorized agent）が適法に認証しなければなりません〈規則131条(1)〉。承認された現地代理人とは特許権者若しくは実施権者から委任状を得ている代理人です。

国内実施報告書に記載すべき事項は次のとおりです。

（ⅰ）特許番号ごとに実施しているか否かを記載します。

（ⅱ）実施している場合、インドで製造又は輸入した特許発明によって得られた収益／価値の概算を記載し、実施の概要を記載します。

（ⅲ）実施していない場合、実施していない理由と、実施に向けて行った措置を記載します（500文字以内）。

表2：新様式27（2020年改正特許規則）の抜粋

3. 実施／不実施 この様式を提出している各特許が実施済みか不実施かを述べてください。	特許番号	実施［該当する場合はチェック］	未実施［該当する場合はチェック］
4. 実施している場合	(a) 実施された特許番号の明細を提出した特許権者／ライセンシーにインドで発生したおおよその収益／価値		
	(1) インドでの製造 … （インドルピー）		(2) インドへの輸入 … （インドルピー）
	(b) 上記(a)に関する概要（500語以内）		
5. 実施していない場合	特許発明を実施していない理由と、実施のためにとっている措置（500字以内）		

　国内実施報告書には、特許権者、実施権者又は代理人が署名します。権利者が同一で各特許発明から得られる収益／価値を区別できない場合、複数の関連する特許については1つの報告書にまとめて記載することができます。特許が共有に係る場合、共同で1つの実施報告書を提出することができます。国内実施報告(様式27)の提出に庁費用はかかりません。

　なお、旧様式27で要求されていた具体的記載、例えばインドで生産され又はインドに輸入された特許製品の数量及び価格、ライセンス情報などの記載は、2020年改正特許規則により不要になり、適正価格で公衆の需要を満たしていることの陳述も同規則改正により不要になりました。

●**国内実施報告の効果**

　管理官は国内実施報告の内容を公開することができます〈146条(3)、規則131条(3)〉。誰でも国内実施報告を閲覧することができ、ある特許がインドで実施されているか否か、どのように実施されているかを知ることができます。(9.2節参照)

●**国内実施報告の提出率及び実施状況**

　有効に存在する特許権の約5割について国内実施報告が提出されています。また、提出された国内実施報告のうち、約1割弱の特許発明が実施されています。(9.8節参照)

●**国内実施報告義務違反**
(1)国内実施報告の提出を怠った場合

　国内実施報告の提出を拒絶した者は、100万インドルピー[9]以下の罰金が科されます〈122条(1)〉。

(2)虚偽の国内実施報告を行った場合

　虚偽の国内実施状況を報告すると、その者は6か月以下の禁固若しくは罰金に処され、又はこれらが併科されます〈122条(2)〉。

9　約162万円である(2023年4月1日時点：1インドルピー＝約1.62円)。

　虚偽の国内実施報告に関する判例はないため、どのような報告が虚偽報告として解釈されるかは定かではありません。しかし、実施していないにもかかわらず実施していたという報告、実態からかけ離れた収益の報告が虚偽報告として解釈される可能性があります。

●国内実施報告の記載例

　国内実施報告には特許発明の実施の有無、不実施の理由、特許発明によって得られた収益／価値の概算などを記載する必要がありますが、その具体的な記載方法についてのガイドラインなどはありません。多くの場合、数行程度の簡単な記載で国内実施報告が行われています。

　重要なのは、国内実施報告を提出して特許発明の実施に関する何らかの情報を報告すること、虚偽の実施状況を報告しないことです。

（1）実施している場合の記載例

例1）収益概算（輸入の場合）　250000000 (INR)

　　　実施概要…Imported from a joint venture in China

例2）収益概算（製造の場合）　100000 (INR)

　　　実施概要…Over 1 Lac INR (exact value cannot be ascertained)

（2）実施していない場合の記載例

例1）The patentee is contemplating an opportunity to work the patent in India.

例2）No specific plan for working currently.

●留意事項

　国内実施報告を怠った特許権者に対して実際に罰金が科された事例はありませんが、罰金の対象として条文に明記されていることから特許権者は国内実施報告書を提出すべきと考えられています。なお、特許発明を実施していない旨の国内実施報告書を提出することについて、不実施に基づく強制実施権の設定を過度に懸念する必要はありません。国内実施報告の不提出は特許権の無効理由ではありません（64条）。

5.4節 登録簿の更正

●申立人

登録簿の瑕疵による被害者は、登録簿の瑕疵の更正を高等裁判所に申し立てることができます(71条)。

●更正申立ての理由

登録簿の更正申立ての理由は、次の(ⅰ)～(ⅳ)のような登録簿の記載の瑕疵です〈71条(1)〉。

(ⅰ)登録簿における何らかの記載の欠如若しくは脱漏

(ⅱ)十分な理由なく登録簿に記入された何らかの記載

(ⅲ)登録簿に不正に残存している何らかの記載

(ⅳ)登録簿の誤記若しくは瑕疵

●更正申立てが可能な時期

登録簿の更正申立てを行うことができる期限については、特許法に特段の規定はありません。しかし、瑕疵ある登録がなされたときから3年以内に更正申立てを行わなければならない旨の判断が示された判例[10]があります(出訴期限法137条)。特許権の譲受人又は実施権者が権原の登録申請などを行った場合、登録内容に不備がないことを確認し、不備がある場合、登録から3年以内に更正申立てを行うことが望ましいです。

ただし、上記判例は特許権者が更正申立てを行う場合の請求期限を判断したものです。登録簿の瑕疵を知り得ない他の被害者の更正申立期限も、瑕疵ある登録がされてから3年と解釈することは、被害者に酷であり、瑕疵ある登録を知り得ない第三者の更正申立期限はこれに限られないと考えられます。

---

10 *Bayer Aktiengesellschaft of Leverkusen Federal Republic of Germany v. Controller of Patents, Government of India*, AIR 1982 Cal 30.

●**更正申立ての手続**

　高等裁判所は、登録簿の更正申立てがあったことと、その内容を特許庁の管理官に通知します〈71条(3)〉。必要に応じて管理官の聴聞が行われ、裁判所は、登録簿の更正の適否を決定します〈71条(2)、(3)〉。

　裁判所は、更正申立てが正当であると認めるときは、登録簿の更正を管理官に命令します。管理官は、裁判所の命令に従って、登録簿を更正しなければなりません〈71条(4)〉。

5.5節　特許権の放棄

●特許権の放棄(Surrender of Patent)の申請

　特許権者は、いつでも自己の特許権の放棄を申請することができます〈63条(1)〉。放棄申請を行っても特許権は即時かつ自動的に消滅するものではありません。所定の手続を経て、管理官に受理された場合にのみ消滅します。

　例えば無効訴訟の審理中に、放棄申請を行ったとしても直ちに特許権が消滅することはなく、特許権の遡及的消滅を回避することはできないと考えられます[11]。

●特許権放棄の手続

　特許権の放棄申請があった場合、管理官は、放棄申請の事実を官報にて公告し、登録簿に記録がある利害関係人に通知します〈63条(2)、規則87条(1)〉。

　特許権者によって勝手に特許権が放棄されてしまうと、その利害関係人が不利益を被ることがあります。そこで、いかなる利害関係人も、当該公告後、3か月以内に特許権の放棄に対する異議を管理官に申し立てることができます〈63条(3)、規則87条(2)〉。異議申立てがあった場合、特許権者にその旨が通知されます〈63条(3)〉。

　異議申立ての審理手続は、付与後異議申立手続と同様です〈規則87条(3)〉。両当事者は答弁書、弁駁証拠などの提出を行い、必要に応じて聴聞が行われます。

　管理官は、特許権を正当に放棄することができると納得した場合は、放棄申請を受理し、命令によって当該特許を取り消します〈63条(4)〉。特許権が放棄された事実は公告されます〈規則87条(4)〉。

11　IPAB審決 ORA/31/2015/PT/CH.

第6章　特許権の移転と実施許諾

6.1節　特許権の移転及び実施許諾と契約

　特許権は移転可能な権利です。特許権者は特許権を譲渡し、実施許諾し、その他の方法でこれを処分する権原を有します。また、法の適用その他の原因によって特許権は移転します。特許権の譲渡及び実施許諾は当事者の契約によって自由に行うことができますが、所定の要件を満たさなければその効力を生じません(68条)。インド特許庁に登録の申請(69条)を行う必要がある点に留意する必要があります。

●特許権の移転

(1)特許権の3種類の譲渡(Assignment)[1](68〜70条)

(a)法律上の譲渡(Legal Assignment)

　法律上の譲渡は、特許権の譲渡人と譲受人との間で締結された譲渡契約によって行われる特許権の譲渡です。特許権の譲渡が法的に有効であるためには、特許権の譲渡契約が書面(譲渡証書)で行われたものであること、適法に締結されたものであることが必要です(68条)。特許権の譲受人は特許権の所有者又は共有者として登録簿に登録されます(69条)。

(b)衡平法上の譲渡(Equitable Assignment)[2]

　衡平法上の譲渡は、上記のように適法に締結された法律上の譲渡でない場合であっても、当事者間で特許権を譲渡する旨の合意が明白であるような場合に衡平法上、認められ得る譲渡です。

1　Tamali Sen Gupta., Intellectual Property Law In India, (Kluwer Law International, 2011), p.61.

2　「エクイティ上の譲渡　元来は、chose in action (債権)の譲渡のようにコモン・ロー上は無効であるが、エクイティによって強制力を付与される譲渡を意味した。イギリスの Law of Property Act 1925(財産権法)やアメリカの Uniform Commercial Code(統一商事法典)等により、多くのものが legal assignment, つまりエクイティの助けがなくても効力の発生する譲渡として認められるようになった。しかし、これらの制定法の適用は受けないが、エクイティ上は強制力が付されるものが残っており、それらはなおこの名称でよばれている」(田中英夫『英米法辞典』1991年 東京大学出版会)

（c）譲渡抵当（Mortgages）

　譲渡抵当は、債務の担保として特許権者が債権者へ特許権を移転し、債務の弁済があれば特許権を元の特許権者へ返還させる契約に基づく譲渡です。特許権者（債務者）は譲渡抵当権設定者であり、債権者は譲渡抵当権者です。適法な譲渡抵当はインド特許庁の登録簿に登録され、債権者は譲渡抵当権者として登録簿に登録されます（69条）。

（2）特許権のその他の移転の原因

（a）中央政府による特許権の取得（102条）

　中央政府は、公共目的のために特許権を取得する必要があると認めるときは、官報にその旨を告示し、特許権者から中央政府へ特許権を移転させることができます〈102条(1)〉。この場合、中央政府は、特許権者に補償金を支払います。

（b）特許権者の死亡又は倒産などによる承継[3]

　特許権者が人である場合、特許権者の死亡により特許権は、死亡した者の財産権を法律上代表する者に移転します。特許権者が法人である場合、法人の倒産などによって、特許権は特定の者へ承継されます。

●実施許諾
（1）当事者間の契約に基づく実施許諾

　当事者間の契約に基づく実施許諾には大きく次の3種類の実施許諾があります。いずれの実施許諾においても、特許権者は特許発明の実施地域、許諾期間、発明の内容、実施内容（製造、販売など）を一定範囲に限定して、特許発明の実施を許諾することができます。実施許諾された当事者は、実施権者と呼ばれ、特許発明を実施するための実施権を有します。

　日本と異なり、実施権の登録は単なる対抗要件ではなく、独占的通常実施権か否かにかかわらず、実施権の登録申請を行う必要があります（69条）。

3　P. Narayanan（2006）. Patent Law Fourth Edition: pp. 270, 12-12.

（ a ）独占的実施許諾（Exclusive License）

　独占的実施許諾は「特許権者が実施権者に対して、又は実施権者、及び、その者から授権された者に対して、他の全ての者（特許権者を含む。）を除外して、特許発明に関する権利を付与する実施許諾」です〈2条(1)(f)〉。

　つまり、特許法における独占的実施許諾は特許権者の権利を留保せず、特定の者のみに特許発明の実施を許諾するものです。独占的実施権者は特許権侵害に対して、特許権者と同様の権利を有し（109条）、差止命令及び損害賠償又は不当利得返還による救済を求めることができます（108条）。

（ b ）準独占的実施許諾

　準独占的実施許諾は、特許権者が特許発明を実施する権利を留保した上で、特定の者のみに特許発明の実施を許諾する実施許諾です。

（ c ）非独占的実施許諾（Non-Exclusive License）[4]

　非独占的実施許諾は、日本の通常実施権の許諾に相当するものであり、特定の者に限定することなく、特許権者が複数の第三者に特許発明の実施を許諾し得る実施許諾です。

（ 2 ）強制実施権の付与（実施許諾）（82～94条）

　強制実施権は、所定の条件を満たす場合、特許権者の合意なく、政府が第三者に対して強制的に付与する実施権であり、この実施権付与は、当事者間で行われた実施許諾としての効力を有します。（6.2節参照）

（ 3 ）黙示の実施許諾[5]

　黙示の実施許諾は、明示的に許諾されたものではありませんが、当事者を取り巻く状況から黙示的に特許発明の実施を許諾したものと解釈されるものです。例えば特許権者が特許製品を販売した場合、その特許製品の購入者に対しては特許方法の実施を黙示的に許諾したものと考えられます。

4　「non-exclusive license」の用語は90条(1)(iv)に現れるが、その用語の意味は定義されていない。

5　P. Narayanan (2006). Patent Law Fourth Edition: pp. 271, 12-18.

●譲渡契約及び実施許諾契約の要件

特許権の譲渡及び実施許諾は以下の要件を満たさなければなりません。

（1）譲渡及び実施許諾の主体

特許権の被付与者又は所有者[6]として登録された者が特許権を譲渡し、特許権に基づく実施許諾を行うことができます（70条）。特許権が共有に係る場合、各特許権者は別段の合意がない限り、他の共有者の合意を得る必要があります〈50条(3)〉。

（2）譲渡及び実施許諾の対象及び内容

現に登録簿に登録されている特許権が譲渡及び実施許諾の対象となります。特許権は全部を譲渡することはもちろん、特許権の一部を部分的に譲渡することもできます。実施許諾は特許権の範囲を地域的、時間的、内容的に限定して許諾することができます。

ただし、特許権の譲渡及び実施許諾は、登録簿に登録された他の者の権利を害するものであってはなりません（70条）。

（3）書面によって適法に締結されていること

譲渡及び実施許諾の契約は、書面によらなければなりません（68条）。関係当事者間の合意がそれぞれの者の権利義務を規定する全ての条件が書面に記載され、適法に締結されている必要があります（68条）。そうでない場合は効力が生じません。

（4）インド契約法[7]を遵守すること

インド契約法は、インドにおける契約に関する法律です。

譲渡及び実施許諾が適法に締結されるためには、インド契約法の規定に従う必要があります。当事者間の申込み[8]と承諾[9]によって形成された合意[10]が法的強制力を有する契約[11]となるためには、インド契約法10条の条件を満たす必要があります。

同法10条の概要は次のとおりであり、英米法と同様、契約には約因（対価性）が必要です。

（ⅰ）合意は当事者間の自由意思による同意であること。

　　（インド契約法10条、13条、14条）

（ⅱ）適法な約因が存在すること。

　　（インド契約法10条、23〜25条）

（ⅲ）契約の目的が合法であること。

　　（インド契約法10条、23条、25条）

（ⅳ）無効なものと明示的に宣言されたものでないこと。

　　（インド契約法10条）

（5）制限条件（140条）

　実施許諾契約においては、次ページの表1のような条件を契約に挿入することは違法であり、かかる条件は契約書にあっても無効です〈140条(1)〉。また、特許権侵害訴訟において、侵害に係る特許権に関する契約に当該条件が含まれていた場合、抗弁事由となります〈140条(3)〉。140条の制限条件に留意すべきです。なお、次ページの表1に示す条件を含む契約を実施許諾と別途締結しても、当該条件は無効です〈140条(1)〉。

6　特許の「被付与者(grantee)」は審査の結果、43条の規定により特許権を付与された者、「所有者(proprietor)」は、譲渡又は何らの原因による移転によって特許又はその持分を取得した者と解される。

7　The Indian Contract Act, 1872.

8　インド契約法2条(a)

9　インド契約法2条(b)

10　インド契約法2条(e)

11　インド契約法2条(h)

表1：実施許諾契約に係る制限

（ⅰ）非特許物品（※1）の取得の禁止・制限〈140条(1)(a)〉 ・実施権者に対して、実施許諾者などから非特許物品を取得するように要求すること。 ・実施権者が非特許物品を取得することを禁止すること。 ・何人からも非特許物品を取得できる実施権者の権利を制限すること。 ・実施権者が実施許諾者など以外から非特許物品を取得することを禁止すること。
（ⅱ）非特許物品の使用の禁止・制限〈140条(1)(b)〉 ・実施許諾者などによって供給されない非特許物品の実施権者による使用を禁止すること。 ・実施許諾者などによって供給されない非特許物品を使用できる実施権者の権利を制限すること。
（ⅲ）非特許方法（※2）の使用の禁止・制限〈140条(1)(c)〉 ・実施権者による非特許方法の使用を禁止すること。 ・非特許方法を使用できる実施権者の権利を制限すること。
（ⅳ）排他的グラントバック（exclusive grant back）〈140条(1)(d)〉 ・排他的グラントバックを規定すること。 ・特許権の有効性に対する異議申立ての抑止を規定すること。 ・強制的包括ライセンスの許諾を規定すること。

※1：非特許物品：特許物品以外の物品又は特許方法以外の方法で製造された物品

※2：非特許方法：特許方法以外の方法

（6）権原の登録申請（69条）

　特許権の譲受人又は実施権者[12]は、管理官に対して、その者の権原を登録簿に登録すべき旨を様式16により申請しなければなりません〈69条(1)、規則90条(1)〉。特許権の譲渡人又は実施許諾者が当該申請を行うこともできます〈69条(2)、規則90条(1)〉。特許権又は実施権の権原に影響を及ぼす全ての譲渡契約書又は実施許諾契約書の写しを様式16の申請書に添付して管理官に提出しなければなりません〈69条(4)、規則91条〉。

12　69条(1)は、実施権の登録対象として排他的実施権と非排他的実施権を区別していない。非排他的実施権であってもインド特許庁に登録されていないとして、その実施権が認められなかったケースがある（*National Research Development Corpn. v. ABS Plastics Limited*）。

　ただし、管理官から要求があった場合、その要求日から15日以内に譲渡契約書又は実施許諾契約書の原本を提出しなければなりません〈規則6条(1A)〉。

　実施許諾の場合、権原の申請人は実施許諾の条件を開示しないよう管理官に請求することができます〈69条(4)ただし書〉。

(7)登録の期限

　特許権の譲渡又は実施許諾に係る権原の登録申請の期限は特許法に規定されていませんが、遅滞なく登録申請を行うことが好ましく、契約締結日から6か月以内[13]をめどに登録申請を行うとよいでしょう。

●権原登録と効果

(1)インド特許庁における権原登録

　管理官は、提出された証拠に基づいて、申請者の権原を確認します。申請者が申請どおりの権原を有していると認められる場合、管理官は、申請された権原、例えば特許権の移転、特許権の持分、実施権、譲渡抵当権などの詳細を登録簿に登録します〈69条(3)〉。

　具体的には、「…に関して受理された申請に従い、…年…月…日付にて、当事者…と相手方当事者…との間で締結された譲渡証書／実施権証書／譲渡抵当証書などによって、特許権の所有者／実施権者／譲渡抵当権者などとして登録された」という様式で登録簿に記入されます(規則92条)。

　申請者が申請に係る権原を有するものと認められない場合、当該申請は拒絶されます。

(2)公開

　登録簿は公衆の閲覧に供するものであり〈72条(1)〉、実施許諾の権原登録によって実施許諾の条件の詳細も原則として閲覧可能になります。

13　2005年特許法改正前の68条には、権原の登録申請を所定の方法で契約締結日から6か月以内に行わなければ、その効力を生じない旨が規定されていたが、2005年特許法改正により、登録申請期限の規定がなくなった。現地代理人は、改正前の68条に規定されていた「6か月」の期限に倣って実務を行っているようである。

　しかし、実施許諾の条件を開示しないことを求める申請があった場合、管理官は当該実施許諾の条件を開示しません〈69条(4)ただし書〉。

(3)権原を証明する証拠として認定可能になる

　登録簿に登録された譲渡契約書、実施許諾契約書などの書類は、特許権又は実施権などの権原が存在する証拠として、管理官又は裁判所により認定され得る状態になります〈69条(5)〉。

(4)登録簿の更正

　登録簿の記載に瑕疵があった場合、被害者は登録簿の更正を高等裁判所に申し立てることができます。(5.4節参照)

(5)登録簿に登録された権利と抵触するような他の権原登録の排除

　登録内容に抵触する他の譲渡又は実施許諾を排除することができます。例えば実施権を取得した後、特許権が第三者へ譲渡されるような場合、実施権の登録を行っていると、実施権者の権利が害されるような形での権利移転は行われないと考えられます。特許権者の特許権を処分する権限は、「登録簿に通知の登録があるその他の者に属する権利に従うことを条件として」(70条)行使することができるためです。

6.2節　強制実施権制度

　特許発明に関する公衆の合理的な需要が充足されておらず、所定の要件を満たす場合、利害関係人の申請により、強制実施権が付与されます。

　また、流行病の蔓延などにおける対処薬の提供不足などの国家的緊急状況下にある場合、その他の理由によって強制実施権が付与され得ます。

●特許の意義と強制実施権の関係

　特許権は、発明を奨励し、当該発明がインドにおいて商業的に実施されることを保証するために付与されるものです〈83条(a)〉。特許権による発明の保護及び公開により、技術革新を推進し、技術の移転及び普及に貢献することが期待されます〈83条(c)〉。一方、特許発明の恩恵は合理的に手頃な価格で公衆が利用できるものでなければならず〈83条(g)〉、公衆衛生の保護を阻害するものであってはなりません〈83条(d)〉。

　特許発明に関する公衆の合理的な需要が充足されていないなど、特許権付与の目的に反する状況にある場合、利害関係人の申請により、管理官は当該利害関係人に対して強制実施権を付与することができます(84条など)。管理官による強制実施権の付与の命令は、特許権者及び強制実施権の申請人の間で締結された実施権許諾証としての効力を有します(93条)。

　また、強制実施権の付与があってから2年が経過しても公衆の需要が充足されていない状況が継続している場合、管理官は特許を取り消すことができます(85条)。

●強制実施権の種類

管理官が付与可能な強制実施権は次の4種類です。

（ⅰ）不実施の強制実施権（84条）

（ⅱ）関連特許（利用関係）の強制実施権（91条）

（ⅲ）国家的緊急状況における強制実施権（92条）

（ⅳ）特許医薬品の輸出に係る強制実施権（92A条）

●不実施の強制実施権（84条）

（1）強制実施権の申請人

　強制実施権の申請人は、利害関係[14]を有し、強制実施権に係る発明を実施する能力を有し〈84条(6)(ⅱ)〉、資本提供及び発明実施における危険を負担する能力を有する必要があります〈84条(6)(ⅲ)〉。

　また、申請人は、合理的な条件で特許権者から実施権を取得する努力を行い、この努力が合理的な期間内に成功しなかった事実が必要です〈84条(6)(ⅳ)〉。実施許諾の努力がなかったとして強制実施権の付与の申請が却下された事例があります（特許第203937号）。

（2）強制実施権付与の理由

　84条には強制実施権を付与する理由が3つ列挙されています。

（ⅰ）特許発明に関する公衆の適切な需要（requirements）[15]が充足されていない。

（ⅱ）特許発明が合理的に手頃な価格で公衆に利用可能でない。

（ⅲ）特許発明がインド領域内で実施されていない。

　上記3つの理由の全てに該当する必要はなく、各理由のいずれか1つに該当すれば、強制実施権が付与されます。

14　「利害関係人」は、当該発明に係る分野と同一の分野における研究に従事し、又はこれを促進する業務に従事する者を含む〈2条(1)(t)〉。

15　「demands」ではなく「requirements」の用語が用いられている。文言上、購買力に裏付けられた「(有効)需要」ではなく、購買力を問わない単なる公衆の「要求」又は「必要」と考えることもできる。

（3）申請時期

特許権付与日から3年の期間満了後、いつでも強制実施権の申請を行うことができます〈84条(1)〉。

（4）申請手続

申請人は、利害関係の内容及び所定の明細、並びに当該申請を基礎付ける事実を記載した陳述書を含む申請書を管理官に提出することにより、強制実施権の付与を申請することができます〈84条(3)〉。

（5）申請の処理手続

管理官は、強制実施権の付与理由のいずれかに該当するか否かを審査し、適切な条件で強制実施権を付与します〈84条(4)〉。強制実施権を付与すべきか否かを審査するに当たり、考慮されるべき事項は次ページの表2に示すとおりです。

特許権者に対するロイヤリティ及び対価は、特許発明の開発、特許の取得及び維持などに要した費用などを考慮して定められます〈90条(1)(i)〉。また、特許発明の実施による実施権者の利益〈90条(1)(ii)〉、合理的に手頃な価格〈90条(1)(iii)〉が確保されるように強制実施権の条件が裁定されます。

表2：強制実施権付与の審査で考慮されるべき事項

不実施に対する強制実施権付与の理由〈84条(1)〉
（ⅰ）特許発明に関する公衆の適切な需要(requirements)が充足されていない。
（ⅱ）特許発明が合理的に手頃な価格で公衆に利用可能でない。
（ⅲ）特許発明がインド領域内で実施されていない。
　※いずれか一つを満たせばよい。

特許権付与の目的(83条)
（ⅰ）特許物品の輸入を独占するためにのみ付与されるものではない〈83条(b)〉。
（ⅱ）公衆衛生の保護を阻害しない〈83条(d)〉。
（ⅲ）技術革新、技術普及、技術知識の生産者及び使用者の相互利益、並びに権利及び義務の平衡に貢献する〈83条(c)〉。
（ⅳ）特許発明の利益を公衆が合理的に手頃な価格で利用可能にする〈83条(g)〉。

強制実施権付与の目的(89条)
（ⅰ）特許発明がインド領域内において商業的規模で、不当な遅延なしに、かつ、適切に実施されること〈89条(a)〉。
（ⅱ）現にインド領域内において特許発明を実施又は開発している者の利益を不当に阻害しないこと〈89条(b)〉。

参酌事項／特許権者側の事情〈84条(6)〉
　特許発明実施のためにとった措置

参酌事項／申請者側の事情〈84条(6)〉
（ⅰ）実施能力
（ⅱ）資本及び危険負担能力
（ⅲ）実施許諾を得る努力

（6）強制実施権付与の効果など

　強制実施権の付与は、特許権者及び申請人の間で締結された実施権許諾証としての効力を有します(93条)。当該強制実施権は、譲渡することはできません〈90条(1)(ⅴ)〉。当該強制実施権は、非独占的実施権です〈90条(1)(ⅳ)〉。

　強制実施権の申請に係る決定について不服がある場合は、高等裁判所に不服申立てを行うことができます(117A条)。

（7）強制実施権の終了

　強制実施権の付与理由が消滅し、強制実施権の付与を行った状況の再発のおそれがない場合、特許権者等による申請により、管理官は強制実施権を終了させることができます〈94条(1)、規則102条〉。強制実施権者は、強制実施権の終了に係る申請に対して異論を申し立てることができ、管理官は強制実施権者の利益が不当に害されないことを考慮します〈94条(2)〉。

（8）強制実施権が付与された特許権の取消し

　強制実施権の付与の命令の日から2年の期間が満了し、特許権者による特許発明の実施状況が依然として上記強制実施権付与理由(ⅰ)〜(ⅲ)に該当する場合、利害関係人又は中央政府は特許権を取り消すべき旨の命令を発するように管理官に申請することができます〈85条(1)〉。

（9）強制実施権の申請状況

　強制実施権の申請は過去に数件、不実施の強制実施権が付与された事例が1件ある程度です[16]。強制実施権を過度におそれる必要はありません。

表3：強制実施権の申請事例

特許番号	特許製品	処分	処分年度
第215758号	抗がん剤 Nexaver®	強制実施権付与	2012年
第203937号	抗悪性腫瘍剤 SPRYCEL®	申請却下	2013年
第206543号	糖尿病治療薬 Saxagliptin®	申請却下	2015年

●その他の強制実施権の概要

（1）関連特許（利用関係）の強制実施権（91条）

　特許権者又は実施権者は、他人の特許権の存在により、自己の特許発明を効率的又は有効に実施することができないような場合、当該他人の特許権付与後にいつでも、当該他人の特許権について強制実施権の付与を管理官に対して申請することができます〈91条(1)〉。

16　https://pib.gov.in/PressReleasePage.aspx?PRID=1557861（最終アクセス日：2023年4月1日）

（2）国家的緊急状況における強制実施権（92条）

　流行病の蔓延などにおける対処薬の提供不足などの国家的緊急状況下において中央政府は、強制実施権の付与が必要と納得する場合、その旨を公告し、利害関係人から申請があったとき、管理官は適切と認める条件により強制実施権を当該申請人に対して付与することができます〈92条(1)〉。

（3）特許医薬品の輸出に係る強制実施権[17]（92A条）

　管理官は、公衆衛生問題に対処するため、医薬品業界における関係製品の製造能力が不十分である国向けの特許医薬品の製造及び輸出に関して、強制実施権を付与することができます〈92A条(1)〉。

　なお、92A条に基づく強制実施権付与の申請が行われた事例がありますが（例えば特許第209251号）、強制実施権が付与された事例はありません。92A条に基づいて行われた強制実施権の付与に係る管理官の決定に対して不服申立てを行うことはできません〈117A条(2)〉。

17　2005年特許法改正で導入された。

第7章 異議申立て・無効訴訟・特許取消しの反訴

7.1節 付与前異議申立て

　特許法には、瑕疵ある特許権付与を防止するための仕組みとして、付与前異議申立制度が用意されています。何人も、出願公開後、特許権付与前に付与前異議申立てを行うことができ、瑕疵ある特許権付与を防止することができます。付与前異議申立制度は、審査官による特許出願の審査を補助するものと捉えることができます。

●異議申立人

　何人も付与前異議申立てを行うことができます〈25条(1)〉。ただし、競業相手の特許の取得を阻止する目的で行われるダミー申立人による付与前異議申立て(いわゆる、ベナミー異議申立て)が認められるわけではありません[1]。ヒンディー語の「ベナミー(benami)」は日本語で「偽名の」を意味します。付与前異議申立ての法目的は、管理官による特許出願の査定を支援することにあり、特許取得の遅延及び阻止を目的とする付与前異議申立ては、権利の濫用というべきものです。

1　WRIT PETITION (L) No.3718 OF 2020.

「何人」の明確な判断基準はありませんが、異議申立人の適格性が問題になった場合、申立人の技術的バックグラウンド、異議申立ての背景事情などを立証し、法目的に反しないことを証明する必要があると考えられます。

●申立時期

特許出願の出願公開後、特許権付与前であればいつでも付与前異議申立てを行うことができます〈25条(1)〉。特許出願（早期審査対象の特許出願を含む。）の公開日から6か月が経過するまで特許権は付与されません〈規則55条(1A)〉。したがって、付与前異議申立てを行うことができる期間として、少なくとも6か月の期間が確保されています。

特許権付与後に付与前異議申立てが行われた場合、異議申立書は異議申立人に差し戻されます。付与前異議申立てを行う前に特許権が付与されているか否かを確認すべきです。特許権が付与されているかどうかの確認方法の詳細は、9.1節、9.2節を参照してください。

●付与前異議申立理由

付与前異議申立理由は、25条(1)に列挙されています。これらの理由の1つ又は複数を用いることができます。25条(1)に列挙されている理由以外の理由で異議申立てを行うことはできません。付与前異議申立理由の概要は次のとおりです。無効理由との対比は7.3節を参照してください。

（ⅰ）本件特許出願が冒認出願であること〈25条(1)(a)〉。

（ⅱ）クレームされた発明が文献公知発明などであること〈同項(b)〉。

（ⅲ）クレームされた発明が優先日以後に公開された先願にクレームされていること〈同項(c)〉。

（ⅳ）クレームされた発明がインドにおける公知公用発明であること〈同項(d)〉。

（ⅴ）クレームされた発明が進歩性を有しないこと〈同項(e)〉。

（ⅵ）クレームされた発明の主題が法上の発明（3条、4条）に該当しないこと〈同項(f)〉。

（ⅶ）完全明細書が実施可能要件を満たしていないこと〈同項(g)〉。

(viii)出願人が外国出願関連情報（8条）を開示せず、又は虚偽の情報を提供したこと〈同項(h)〉。

(ix)本件特許出願が優先期間満了後に行った条約出願であること〈同項(i)〉。

(x)完全明細書において生物学的素材の出所などの開示要件違反があること〈同項(j)〉。

(xi)クレームされた発明がインド又は他の国の地域コミュニティーで入手可能な知識に鑑みて新規性を喪失していること〈同項(k)〉。

●付与前異議申立手続

付与前異議申立手続の概要を次ページの図1に示します。

異議申立人は、様式7A の付与前異議申立書を特許出願が行われたインド特許庁に提出します〈規則55条(1)〉。手数料は不要です。異議申立人は、（ⅰ）陳述書、（ⅱ）付与前異議申立理由を立証するための証拠(任意)、（ⅲ）聴聞の請求(任意)を付与前異議申立書とともに提出し、かつ、出願人に写しを送達しなければなりません〈規則55条(1)〉。

証拠は、原則として宣誓供述書(79条、規則126条)によって提出しなければなりません。(2.22節参照)

管理官は、審査請求が行われた場合に限り、付与前異議申立ての審査を行います〈規則55条(2)〉。審査の結果、付与前異議申立てに理由がないと管理官が判断した場合、異議申立人から聴聞の請求があるとき、管理官は異議申立人に聴聞を受ける機会を与えます〈25条(1)、規則55条(5)〉。

聴聞の結果、依然として付与前異議申立てに理由がないと管理官が判断した場合、管理官は付与前異議申立てを却下します。この処理は通常1か月以内に完了します。

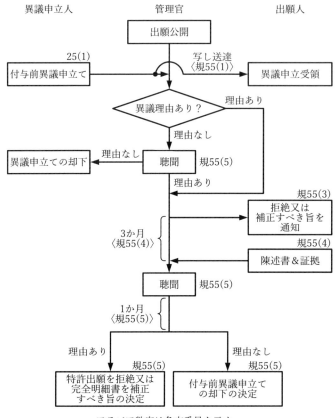

アラビア数字は条文番号を示す。
「規」は特許規則の番号を示す。

図1：付与前異議申立手続

　付与前異議申立ての審査の結果、付与前異議申立てに理由があり、付与前異議申立て対象の特許出願を拒絶又は完全明細書を補正すべきであると認められる場合、管理官は、その旨を出願人に通知します〈規則55条(3)〉。当該通知を受領した出願人は、通知を受領した日から3か月以内（延長不可）に、陳述書及び証拠（任意）を提出することができます〈規則55条(4)〉。管理官は、付与前異議申立書及び出願人から提出された陳述書及び証拠などに基づいて審査を行います。

　付与前異議申立てに理由があると認められる場合、管理官は、特許出願を拒絶し、又は完全明細書を補正すべき旨の決定を行います〈規則55条(5)〉。

　付与前異議申立てに理由がないと認められる場合、管理官は、付与前異議申立ての却下の決定を行います。異議申立人や出願人から聴聞の請求がある場合、管理官は聴聞を行い、聴聞の手続完了後1か月以内に、上記のいずれかの決定を行います〈規則55条(5)〉。

　付与前異議申立ての審理とは別に、特許出願の審査を行っている管理官は、付与前異議申立ての審査結果も踏まえて、特許又は拒絶の査定を行います。

●不服申立て

　付与前異議申立ての決定の結果である拒絶査定又は特許査定に対する不服申立てルートを図2に示します。

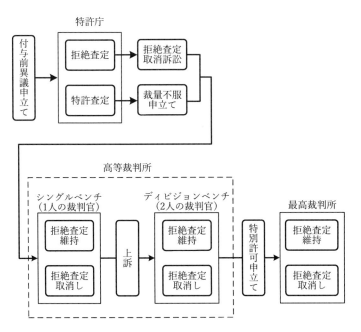

図2：付与前異議申立ての決定に対する不服申立てルート

（1）拒絶査定に対する不服申立て

　出願人は、付与前異議申立ての決定の結果である拒絶査定に不服がある場合、高等裁判所に不服申し立てを行うことができます〈117A条(2)〉。付与前異議申立て〈25条(1)〉を容認するという決定自体は、不服申立て可能な理由として列挙されていません〈117A条(2)〉。しかし、付与前異議申立ての容認の決定が行われ、その結果に基づく特許出願の拒絶査定は15条（通常の特許審査における拒絶査定に関する規定）に基づくものであり、15条に基づく拒絶は、不服申立ての理由として列挙されています〈117A条(2)〉。

　拒絶査定取消訴訟の第一審は、高等裁判所のシングルベンチ（1人の裁判官）が審理します。シングルベンチの判決に不服がある場合、特許権者は、高等裁判所のディビジョンベンチ（2人の裁判官）に上訴することができます（デリー高裁の場合、IPD規則38条）。

　高等裁判所のディビジョンベンチで行われた第二審の判決にも不服がある場合、特許権者は最高裁判所へ特別許可申立てを行うことができます（憲法136条）。

（2）特許査定に対する不服申立て

　付与前異議申立て〈25条(1)〉の却下決定、及び付与前異議申立ての結果である特許査定及び特許権付与（43条）は、不服申立てが可能な理由として列挙されていません〈117A条(2)〉。しかし、事実若しくは証拠について正しく理解されなかった、又は知性の適用（application of mind）がなされなかったことから生ずる法律問題に対して、異議申立人は、高等裁判所に裁量不服申立てを行うことができます。

　第一審は、高等裁判所のシングルベンチが審理します。シングルベンチの判決に不服がある場合、特許権者は、高等裁判所のディビジョンベンチに上訴することができます（デリー高裁の場合、IPD規則38条）。

　高等裁判所のディビジョンベンチで行われた第二審の判決にも不服がある場合、異議申立人は、この判決に対して最高裁判所に特別許可申立てを行うことができます（憲法136条）。なお、異議申立人は、特許査定に対して最高裁判所に直接、特別許可申請を行うこともできます。

●冒認出願に係る救済措置

　付与前異議申立ての対象の特許出願に係る発明が異議申立人から知得されたものである場合、異議申立人に対して、以下の救済措置が用意されています。

（1）冒認出願に係る発明の削除

　付与前異議申立ての対象の特許出願に係る発明の一部が異議申立人から知得されたものと判断される場合、つまり、当該特許出願が冒認出願と判断される場合、管理官は、この発明部分を明細書から削除補正すべきことを命令することができます〈26条(1)(b)〉。

（2）冒認出願の優先日取得

　異議申立人が付与前異議申立てに係る発明の全部又は一部を含む特許出願を行っており、この特許出願がインド特許庁に係属している場合、管理官は異議申立人のクレームの優先日を冒認出願の出願日とすることができます〈26条(2)〉。先の出願の優先日を得るためには、付与前異議申立てに係る決定が行われる前に特許出願を行う必要がある点に留意すべきです。

●その他

　付与前異議申立ての決定の閲覧方法については9.3節を参照してください。

　付与前異議申立ての利用状況については9.8節を参照してください。

7.2節　付与後異議申立て

　特許法には、瑕疵ある特許権付与を防止するための仕組みとして、付与後異議申立制度〈25条(2)〉が用意されています。利害関係人は、特許権付与後1年の期間が満了するまでの間、付与後異議申立てを行うことができ、瑕疵ある特許権を取り消すことがでます。

●異議申立人

　利害関係人[2]は付与後異議申立てを行うことができます〈25条(2)〉。当該異議申立人は利害関係人である必要があります。

●申立時期

　特許権付与の公告日から1年以内に付与後異議申立てを行うことができます〈25条(2)〉。

●付与後異議申立理由

　付与後異議申立理由は、付与前異議申立理由と同様です〈25条(2)〉。

●異議申立手続及び審理

　付与後異議申立手続の概要を次ページの図3に示します。

2　「利害関係人」は、当該発明に係る分野と同一の分野における研究に従事し、又はこれを促進する業務に従事する者を含む〈2条(1)(t)〉。

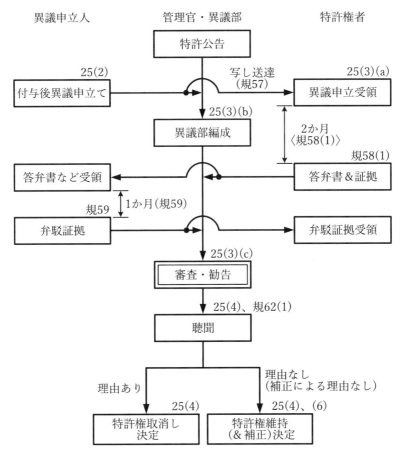

アラビア数字は条文番号を示す。
「規」は特許規則の番号を示す。

図3：付与後異議申立手続

（1）異議申立て・異議部の編成

　異議申立人は、様式7の付与後異議申立書を、特許出願が行われたインド特許庁に提出し（規則55A条）、所定の手数料を納付します。異議申立人は、（ⅰ）異議申立人の利害内容、（ⅱ）陳述書、（ⅲ）付与後異議申立理由を立証するための証拠（2.22節参照）を異議申立書とともに提出し、かつ、特許権者に写しを送達しなければなりません（規則57条）。証拠の提出は任意です。

　異議申立てが適法になされた場合、管理官は、その旨を特許権者に通知しなければなりません〈25条(3)(a)〉。管理官は 3 人からなる異議部(opposition board)を編成します〈規則56条(1)～(3)〉。管理官は、その 3 人のうちの 1 人を異議部部長として任命し、関連書類とともに異議申立ての事件を異議部に付託します〈25条(3)(b)〉。

（2）答弁書

　特許権者は、異議申立てに対して争う意思がある場合、異議申立書の写しの送達があった日から 2 か月以内に答弁書及び証拠をインド特許庁に提出することができます。証拠の提出は任意です。また、その写しを異議申立人に送達しなければなりません〈規則58条(1)〉。2 か月の期間内に答弁書が提出されない場合、特許権は取り消されたものとみなされます〈規則58条(2)〉。答弁書提出期間は、嘆願書の提出によって 1 か月延長することができます(規則138条)。ただし、延長を許可するか否かは管理官の裁量に委ねられています。

（3）弁駁証拠

　異議申立人は、答弁書の送達があった日から 1 か月以内に、弁駁証拠を提出することができます（規則59条）。弁駁証拠の提出期限は、嘆願書の提出により 1 か月延長することができます(規則138条)。ただし、延長を許可するか否かは管理官の裁量に委ねられています。異議申立人はその写しを特許権者に送達しなければなりません(規則59条)。弁駁証拠は、特許権者の証拠における事項に厳格に限定したものでなければなりません。

（4）証拠の提出方法

　異議申立書及び答弁書に添付する各種証拠及び弁駁証拠は宣誓供述書によって提出されなければなりません(79条、規則126条)。(2.22節参照)

（5）異議部による報告書の作成

　異議部は、両当事者から提出された異議申立書、答弁書及び弁駁証拠(規則57～60条)を審査し、審査結果に係る勧告を含む報告書を作成します。

　異議部は、管理官から異議申立ての事件の付託を受けた日から３か月以内に報告書を管理官に提出します〈規則56条(4)〉。

(6)管理官による聴聞

　管理官は、異議部の報告書を受領後、特許権者及び異議申立人に聴聞を受ける機会を与えます〈25条(4)、規則62条〉。明確な規定はありませんが、管理官は、当該報告書を受領後、３か月以内に聴聞を実施すべきとされています[3]。

　管理官は、聴聞の日時を10日以上前に当事者に通知しなければなりません〈規則62条(1)〉。聴聞を受けることを希望する当事者は、所定の手数料とともにその旨を管理官に通知しなければなりません〈規則62条(2)〉。管理官は、届けがない当事者の聴聞を拒絶することができます〈規則62条(3)〉。

　25条(4)には、聴聞前に異議部が作成した報告書を管理官が当事者に送付及び開示すべき旨は規定されていませんが、25条、規則56条(異議部の構成及び手続)、規則62条(聴聞)からすると異議部の見解を示した報告書は非常に重要な書類であり、異議申立人及び特許権者は聴聞の前に報告書の内容を知る権利を有します[4]。事前に、当該報告書の内容を知ることによって、両当事者は聴聞で有意義な主張ができます。

(7)決定

　管理官は、異議部が作成した報告書の受領及び聴聞後(聴聞の希望がない場合は聴聞を行わない。)、異議部が作成した報告書の内容に基づいて、特許権を維持する決定、明細書などを補正した上で特許権を維持する決定、又は特許権を取り消す決定を行い、理由とともに当事者に通知しなければなりません〈25条(4)、規則62条(5)〉。管理官により明細書などの補正が指示されている場合、特許権者は管理官の指示に従って、補正された書類を提出しなければなりません〈25条(6)〉。

3　W.P.(C)12105/2019.
4　*M/s Diamcad NV v. Assistant Controller of Patents and Designs* (IPAB 審決 OA/4/2009/PT/CH, Order 189 of 2012).

（8）証拠の追加提出について[5]

　原則として、答弁書及び弁駁証拠を提出する期間を除き、証拠を提出することはできません。しかし、当事者は、聴聞が決定される前に管理官の許可を請求し、許可されれば追加の証拠を提出することができます（規則60条）。具体的には、聴聞の日程が確定する前に、管理官の許可が得られれば、当事者は、追加の証拠を提出することができます。証拠の追加提出は、証拠を提出できる正規の期間に当該証拠を提出できなかったことを正当化できる例外的な場合にのみ許可されるものです。

　また、当事者は、聴聞において未提出の刊行物に依拠しようとするときは、聴聞実施日の5日以上前に、その提出の意図及び刊行物の詳細を相手方の当事者及び管理官に通知しなければなりません〈規則62条(4)〉。つまり、当事者は、聴聞実施日の5日前まで例外的に証拠を追加提出することができます。しかし、この追加提出についても、当事者がその刊行物を知ることができなかった例外的な場合に限り認められるものと解されます。

　聴聞実施前に追加提出できる証拠は刊行物であり、専門家の宣誓供述書、その他の内部文書などの私的文書は含まれません。刊行物の「詳細」とは、出版物の日付と名前、依拠した出版物の正確な引用箇所などを相手方に示し、相手方が聴聞ですぐに反論できるようにするための説明を意味します。

　なお、聴聞の日程は、請求により延長することができますが、当該延長によって、上述した証拠提出期限が延長されることはありません。

●不服申立て

　付与後異議申立てに係る特許権維持決定又は特許権取消し決定に対する不服申立てルートを次ページの図4に示します。当事者は、これらの異議申立ての決定に不服がある場合、高等裁判所に対して取消訴訟を提起することができます〈117A条(2)〉。

　付与後異議申立てに係る特許権維持決定又は特許権取消し決定〈25条(4)〉は、不服申立てが可能な理由として列挙されています〈117A条(2)〉。異議申立ての決定に対する取消訴訟の第一審は、高等裁判所のシングルベンチが審理します。

5　W.P.（C）12105/2019.

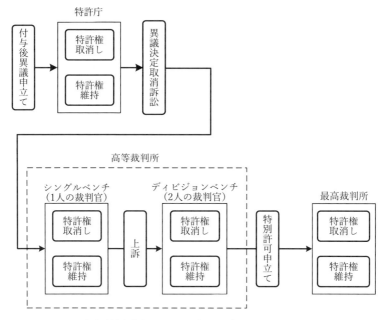

図4：付与後異議申立ての決定に対する不服申立てルート

高等裁判所のシングルベンチの判決に不服がある場合、特許権者又は利害関係人は、高等裁判所のディビジョンベンチに上訴することができます（デリー高裁の場合、IPD 規則38条）。高等裁判所のディビジョンベンチの判決に対しても不服がある場合、特許権者又は利害関係人は最高裁判所へ特別許可申立てを行うことができます（憲法136条）。

●冒認出願に係る救済措置

付与後異議申立ての対象の特許権に係る発明が異議申立人から知得されたものである場合、当該異議申立人に対して、以下の救済措置が用意されています。

（1）冒認出願に係る特許権の移転

冒認出願を理由〈25条(2)(a)〉に特許権が取り消された場合、真の発明者又は出願権を有する異議申立人は、この特許権を異議申立人の名義に補正すべきことを請求することができます〈26条(1)、規則63A 条〉。

　日本の移転請求権（日本特許法74条）に類似する制度です。この請求は、管理官が特許取消しを命令した日から3か月以内に様式12により行います（規則63A条）。手数料は不要です。管理官は、異議申立人の請求に基づいて、取り消した特許権を異議申立人の名義に補正すべき旨を指示することができます〈26条(1)(a)〉。

（2）冒認出願に係る発明の削除（7.1節参照）
（3）冒認出願の優先日取得（7.1節参照）

●付与後異議申立ての対象の特許の取下げ

　特許権者が特許を取り下げる意思を管理官に通知した場合、管理官は、事件の実体に応じて、異議申立費用を異議申立人に支払わせるべきか否かを決定することができます（規則63条）。

●付与前異議申立てと付与後異議申立ての利用状況について

　付与前異議申立てと付与後異議申立てでは、付与前異議申立てのほうが多く利用されています。（9.8節参照）

　競業相手の特許取得を阻止する目的で行われるダミー申立人による付与前異議申立ての存在が、付与前異議申立ての件数が多い理由の一つと考えられます。一方、管理官は、一度付与した特許権を取り消すことには抵抗があるといわれています。インド特許庁に付与後異議申立てを行うよりも、高等裁判所に無効訴訟を提起したほうが公平な判断が得られるといわれています。このような事情が、付与後異議申立ての件数が、付与前異議申立てに比べて少ない一因と考えられます。

●特許取消し手段の選択
（1）3つの取消し手段
　特許権の付与後に特許を取り消すには次の3つの手段があります。
　（ⅰ）付与後異議申立て
　（ⅱ）無効訴訟（7.3節参照）
　（ⅲ）特許取消しの反訴（7.3節参照）

　利害関係人は、任意の取消し手段を選択することができますが、いずれか1つの取消し手続を開始した場合、他の取消し手続を並行して行使する権利を失います[6]。また、1つの取消し手段を選択した場合、異なる無効理由及び証拠を用いても、同一の利害関係人は他の取消し手段を行使することができないと考えられています。ただし、特許権侵害訴訟における特許無効の抗弁を主張することは許されます。

　1つの取消し手段を開始した後、他の取消し手段を行使したい場合に、前者の取消し手段を取り下げるということも考えられますが、取消し手段の取下げが自由に認められる保証はありません。また、私見ですが、取消し手段の手続が実質的に進行していた場合、取消し手段の取下げが認められたとしても、他の取消し手段の行使が認められないと思われます。

（2）取消し手段の選択方法

　取消し手段の選択は、取消し手段を行使するタイミング、特許取消しの理由、付与前異議申立ての有無、係争費用、権利行使の目的などを総合的に考慮し、個別具体的に判断する必要があります。なお、特許権付与前であれば、7.1節で説明した付与前異議申立てが適しています。

　付与前異議申立てが却下されているケースでは、上記のとおり、付与後異議申立てを行うより、無効訴訟又は特許取消しの反訴が適していると考えられます。付与前異議申立てが行われていない場合、特許権付与の公告日から1年が経過していないときは、係争費用、手続の簡便さを考慮し、付与後異議申立てを行うことが考えられます。

　特許を取り消すための理由が異議申立理由にない場合、特許権付与の公告日から1年が経過している場合、必然的に無効訴訟又は特許取消しの反訴を行うことになります。

　無効訴訟と特許取消しの反訴については、特許権侵害訴訟が提起されているか否かに応じて選択することができます。

6　*Dr. Aloys Wobben And Another v. Yogesh Mehra And Others*(Civil Appeal No. 6718 of 2013).

●その他

　付与後異議申立ての決定の閲覧方法については9.3節を、付与後異議
申立ての利用状況については9.9節を参照してください。

7.3節　無効訴訟と特許取消しの反訴

　無効訴訟は、利害関係人の訴えにより、無効理由を有する特許を取り消すための訴訟です。反訴は、特許権侵害訴訟において、被告が無効理由を有する特許の取消しを求めて提起する訴訟です。特許出願の審査は、特許権の有効性を保証するものではありません〈13条(4)〉。瑕疵ある特許権付与が行われることがあります。利害関係人又は特許権侵害訴訟における被告は、高等裁判所に無効訴訟又は反訴を提起することによって、かかる無効理由を有する特許を取り消すことができます。

●原告

　利害関係人[7]又は中央政府は、64条(1)に挙げられた無効理由に基づく特許権の取消しを求めて、高等裁判所に無効訴訟を提起することができます。

　また、特許権侵害訴訟における被告は、64条(1)に挙げられた無効理由に基づいて、特許取消しの反訴を提起することができます。

●請求時期

　特許権付与後であれば、いつでも請求できます。

●審理主体

　第一審は、高等裁判所のシングルベンチが、後述の無効理由の有無を審理します。高等裁判所は、当該無効理由を有する特許権を取り消すことができます〈64条(1)〉。また、高等裁判所は、特許権侵害訴訟において、特許取消しの反訴があった場合、当該反訴に基づき、無効理由を有する特許権を取り消すことができます〈64条(1)〉。

　地方裁判所での特許権侵害訴訟において、特許取消しの反訴が被告よりなされた場合、当該特許権侵害訴訟は高等裁判所へ移送され(104条ただし書)、高等裁判所が無効理由を審理します。

7　「利害関係人」は、当該発明に係る分野と同一の分野における研究に従事し、又はこれを促進する業務に従事する者を含む〈2条(1)(t)〉。

●特許取消し手段の選択

　無効訴訟又は反訴を行う場合、両方を選択することができない点、つまり、無効訴訟と反訴を並行して進行させることができない点に留意する必要があります。（7.2節参照）

●無効理由

　17の無効理由が64条(1)に列挙されていますが、その列挙順序や、異議申立理由〈25条(1)、(2)〉との関係が非常に分かりにくいので、無効理由を、以下のとおり実体的要件に関する無効理由、形式的要件に関する無効理由、不正及び虚偽行為に関する無効理由の3つに分類し、無効理由及び異議申立理由の条項を対比整理しました。無効理由の中には、異議申立理由として列挙されていないものがあり、申立ての理由によっては、特許異議申立て(25条)ではなく、無効訴訟(64条)が適するケースもあります。また、64条(1)(g)、(l)など、幾つかの見慣れない無効理由が存在します。

（1）実体的要件に関する無効理由

　発明の実体的要件に関する無効理由は表1のとおりです。

表1：実体的要件に関する無効理由と異議申立理由の対比表

	無効理由〈64条(1)〉	異議申立理由〈25条(1)、(2)〉
発明の主題	(d) 完全明細書のいずれかのクレームの主題が本法の趣旨に該当する発明ではないこと。	(f) 完全明細書のいずれかのクレームの主題が、本法の意味における発明ではなく、又は本法の下で特許を受けることができないこと。
	(k) 完全明細書のいずれかのクレームの主題が本法の下で特許を受けることができないものであること。	
新規性・進歩性等	(a) 完全明細書のいずれかのクレーム中にクレームされている限りの発明が、インドで付与されたもう1つの特許の完全明細書に含まれた先の優先日を有する有効なクレーム中にクレームされていたこと。	(b) 完全明細書のいずれかのクレーム中にクレームされている限りの発明が、当該クレームの優先日より前に公開されており、それが、 (i) 1912年1月1日以後にインドで行われた特許出願について提出されたいずれかの明細書中…あったこと。

	(c) 完全明細書のいずれかのクレーム中にクレームされた限りの発明が、当該出願人のクレームの優先日以後に公開された完全明細書のクレーム中にクレームされており、かつ、インドにおける特許出願について提出されたものであり、そのクレームについての優先日が当該出願人のクレームの日より先であること。
(e) 完全明細書のいずれかのクレーム中にクレームされている限りの発明が、当該クレームの優先日の前にインドで公然と知られ、若しくは公然と実施されていたもの。 又はインド若しくは他の地域で13条にいういずれかの書類に公開されていたものに鑑みて、新規でないこと。	(d) 完全明細書のいずれかのクレーム中にクレームされた限りの発明が、当該クレームの優先日より前にインドにおいて公然と知られ又は公然と実施されたこと。…
	(b) 完全明細書のいずれかのクレーム中にクレームされている限りの発明が、当該クレームの優先日より前に公開されており、それが、… (ii) インド又は他の地域において、他の書類中にあったこと。 ただし、(ii)に規定された根拠は、当該公開が29条(2)又は(3)により発明の先発明を構成しないときは、有効とはならないものとする。
(f) 完全明細書のいずれかのクレーム中にクレームされている限りの発明が、当該クレームの優先日の前に、インドで公然と知られ、若しくは公然と実施されていたもの又はインド若しくは他の地域で公開されていたものに鑑みて、自明であるか。若しくは進歩性を含まないこと。	(e) 完全明細書のいずれかのクレーム中にクレームされた限りの発明が、(b)にいう公開された事項又は出願人のクレームの優先日より前にインドで行われた実施に鑑みて、自明であり、かつ、明らかに進歩性を含まないこと。
(q) 完全明細書のクレーム中にクレームされている限りの発明が、口頭か否かにかかわらず、インドその他における地域の、若しくは在来のコミュニティーにおいて利用可能な知識に鑑みて、新規性を喪失したこと。	(k) 完全明細書のいずれかのクレーム中にクレームされた限りの発明が、口頭か否かにかかわらず、インドその他における地域の、若しくは在来のコミュニティーにおいて利用可能な知識に鑑みて、新規性を喪失したこと。

発明の有用性	(g) 完全明細書のいずれかのクレーム中にクレームされている限りの発明が、有用ではないこと。	なし
発明の秘密実施	(l) 完全明細書のいずれかのクレーム中にクレームされている限りの発明が、当該クレームの優先日の前に、(3)にいうもの以外に、インドで秘密に実施されていたこと。	なし

（a）発明の主題

　特許出願に係るクレームの主題が本法の趣旨に該当する発明でない場合、当該特許権は無効理由を有します〈64条(1)(d)〉。本法の趣旨に該当する発明とは、「進歩性を含み、かつ、産業上利用可能な新規の製品又は方法」を意味します。

　また、クレームの主題が本法の下で特許を受けることができないものである場合、つまり、特許性要件を満たさない場合、当該特許権は無効理由を有します〈64条(1)(k)〉。クレームされた発明が不特許事由(3条)に該当する場合、原子力に関する発明に該当する場合(4条)、特許性要件を満たしません。(3.5節参照)

（b）新規性・進歩性など

　特許権に係る発明が、先の優先日を有する他の特許出願の有効なクレーム中に記載されている場合、当該特許権は無効理由を有します〈64条(1)(a)〉。

　また、特許権に係る発明が、優先日前にインドにおける公知・公用発明であった場合、又はインド若しくは外国における文献公知発明であった場合、当該特許権は無効理由を有します〈64条(1)(e)〉。

　ただし、新規性喪失の例外事項(29～32条)に該当する場合、特許権は取り消されません(34条)。クレームされた発明が、インド又はその他の地域における地域コミュニティー内で入手可能な口頭その他の知識に鑑みて、新規性を喪失したものである場合も、当該特許権は無効理由を有します〈64条(1)(q)〉。

　さらに、特許権に係る発明が、優先日前にインドにおいて公知のもの、公用されていたもの、又はインド若しくは外国において公開されていたものに基づいて、自明であるか、若しくは進歩性を有しない場合、当該特許権は無効理由を有します〈64条(1)(f)〉。

(c) 発明の有用性

　特許権に係る発明が有用(useful)でない場合、当該特許権は無効理由を有します〈64条(1)(g)〉。これに対応する異議申立理由は存在せず、見慣れない無効理由の一つです。特許法において「有用性」の用語は進歩性との関係で使用されておらず、進歩性に係る無効理由は別に規定されていることから〈64条(1)(f)〉、本規定は発明の進歩性を問題にしたものではないと考えられます。

　実利的・商業的な有用性の問題ではなく、クレームされた発明が明細書の記載から期待されているように機能せず、その効果を発揮しないような場合、発明の有用性を欠くと考えられています[8]。

(d) 発明の秘密実施

　特許権に係る発明がその優先日前にインドにおいて秘密に実施されていた場合、当該特許権は無効理由を有します〈64条(1)(l)〉。

　これに対応する異議申立理由は存在せず、見慣れない無効理由の一つです。本無効理由の解釈を示した判例はありませんが、旧英国特許法(1949年法)に同様の規定があります[9]。

　64条(1)(l)の目的は、特許権の存続期間の実質的延長を防止すること、及び先使用者を保護することにあると考えられます[10]。

8　P. Narayanan, "Patent Law" Fourth Edition, p. 447.

9　Section 32.-(1) Subject to the provisions of this Act, a patent may, on the petition of any person interested, be revoked by the court on any of the following grounds, that is to say, -(1)that the invention, so far as claimed in any claim of the complete specification, was secretly used in the United Kingdom, otherwise that as mentioned in subsection(2)of this section, before the priority date of that claim.

10　IIP Bulletin 2012 Vol.21, 19 Comparative Study on the Basis of the Prior User Right(Focusing on Common Law), Takeo Masashi.

（ⅰ）特許権の実質的延長防止

　例えば発明者がある発明をノウハウとして商業的に実施し、その後、当該発明を特許出願して特許権を取得したような場合、新規性・進歩性などの他の特許要件を満たしていても64条(1)(l)の無効理由を有することになると考えられます。ノウハウとして発明を実施してきた期間を考えると、発明の独占期間が実質的に延長されることになるためです。

　ただし、特許出願人が、専ら適切な試験又は実験目的のために、発明を優先日前に秘密に実施していたような場合、64条(1)(l)に該当しないとされています〈64条(3)(a)〉。この規定を反対解釈すると、特許出願人が商業目的で発明を優先日前に秘密に実施していた場合、64条(1)(l)に該当すると考えられます。日本特許法においては、出願日前に発明が秘密状態から脱していない状態であれば、特許権は有効に登録されますが、インドにおいては、64条(1)(l)を根拠に特許権が取り消されるおそれがあります。

　また、特許出願人が発明を開示した結果として生ずる、第三者による発明の実施であって、特許出願人の同意若しくは黙認を得ていない場合も、64条(1)(l)に該当しないとされています〈64条(3)(c)〉。

（ⅱ）先使用者の保護

　インドには日本の先使用権に相当する規定がなく、インド国内において善意で発明を秘密に実施していた者は、後に特許出願を行い権利取得した特許権者に対抗する実施権を有しません。64条(1)(l)はその防御手段であり[11]、インド国内において発明を秘密に実施していた者は、その実施を根拠に特許権を取り消すことができると考えられます。

11　"As a result of introducing the concept of absolute novelty, it was no longer permissible to provide "secret prior use" as a ground for invalidity (the revocation) of patent, as in Section 32(1)(l) of the Patents Act 1949, and thus that provision was repealed. Deletion of such provision alone led to the possibility of leaving the secret prior user with no protection, so the Banks Committee recommended the establishment of a prior user right, which is now provided in Section 64 of the current UK Patents Act." (IIP Bulletin 2012 Vol.21, 19 Comparative Study on the Basis of the Prior User Right (Focusing on Common Law), Takeo Masashi)
　旧英国特許法における秘密実施の規定削除と、先使用権導入の関係が説明されている。

（2）形式的要件に関する無効理由

　形式的要件に関する無効理由は、表2のとおりです。

　明細書が特許権に係る発明及びその実施方法を十分かつ明確に記載していない場合（実施可能要件違反）、クレームの範囲が十分かつ明確に定義されていない場合（明確性要件違反）、又はクレームが明細書に開示された事項に基づいていない場合（サポート要件違反）、当該特許権は無効理由を有します〈64条(1)(h)、(i)〉。

表2：形式的要件に関する無効理由と異議申立理由の対比表

	無効理由〈64条(1)〉	異議申立理由〈25条(1)、(2)〉
実施可能要件	(h) 完全明細書が発明及びそれを実施すべき方法を十分かつ明瞭に記載していないこと、すなわち、完全明細書に含まれる発明実施の方法の記載若しくはその指示がそれ自体において、インドで当該発明に係る技術分野の平均的な技能を有し、かつ、その平均的知識を有する者に当該発明を実施させることを可能にする程度には十分でないこと、又は完全明細書が特許出願人に知られており、かつ、その保護を請求することができた最善の実施方法を開示していないこと。	(g) 完全明細書が、発明又は実施されるべき方法を十分かつ明確に記載していないこと。
明確性要件等	(i) 完全明細書のクレームの範囲が十分かつ明確に定義されていないこと、又は完全明細書のいずれかのクレームが当該明細書に開示された事項に適正には基づいていないこと。	なし
その他	(p) 完全明細書が発明に使用される生物学的素材の出所又は地理的原産地を開示しておらず、又は誤って記載していること。	(j) 完全明細書が発明に使用された生物学的素材の出所又は地理的原産地について開示せず、又は誤って記載していること。

　また、発明に使用される生物学的素材の出所又は地理的原産地が明細書に記載されていない場合、又は誤って記載されている場合、当該特許権は無効理由を有します〈64条(1)(p)〉。

　これらの無効理由は、表現が若干異なりますが、明細書の記載要件、「発明そのもの、その作用又は用途及びその実施の方法を十分かつ詳細に記載し」〈10条(4)(a)〉、「保護を請求する発明の範囲を明確にする…クレームをもって完結し」〈10条(4)(c)〉、「クレームは…明確かつ簡潔であり、また、明細書に開示された事項を適正に基礎としなければならない」〈10条(5)〉、「明細書において生物学的素材の出所及び地理的原産地を開示していること」〈10条(4)ただし書(d)〉に対応します。なお、発明の明確性要件違反及びサポート要件違反は、無効理由ですが、異議申立理由ではありません。

（3）不正及び虚偽行為に関する無効理由

　不正及び虚偽行為に関する無効理由は表3のとおりです。

表3：不正・虚偽行為に関する無効理由と異議申立理由の対比表

	無効理由〈64条(1)〉	異議申立理由〈25条(1)、(2)〉
特許権の不正取得	(b) 特許権が、本法の規定の下で出願する権原のない者による出願に基づいて付与されたこと。	なし
	(c) 特許権が、申立人又は前権利者の権利に反して不正に取得されたものであること。	(a) 特許出願人又は前権利者が、当該発明若しくはその一部を、利害関係人又は前権利者から不正に知得したこと。
虚偽の示唆等	(j) 特許権が虚偽の示唆又は不実表明に基づいて取得されたこと。	なし
	(o) 57条又は58条の下での完全明細書の補正許可を詐欺により取得したこと。	なし
関連外国出願情報提供義務違反	(m) 特許出願人が管理官に対して8条により要求される情報を開示しなかったか、又は重要な明細において、その者が偽りであることを知っている情報を提供したこと。	(h) 出願人が、管理官に対して8条により要求された情報を開示せず、又は重要な明細が虚偽であることを自ら認識している情報を提供したこと。
秘密保持違反	(n)特許出願人が35条の下で発せられた秘密保持の指示に違反したこと、又は39条に違反してインド国外で特許権付与の出願を行い又は行わせたこと。	なし

（ a ）特許権の不正取得

　出願権を有しない者による特許出願に基づいて特許権が付与された場合
〈64条(1)(b)〉、又は無効訴訟の原告若しくは前権利者の権利を侵して不
正に特許権が取得された場合〈64条(1)(c)〉、当該特許権は無効理由を有し
ます。64条(1)(b)及び64条(1)(c)は、よく似た規定ですが、取消しの対象
が若干異なります。

　特許権に係る発明を不正に取得した場合は、当該特許権は、64条(1)(c)
に基づく無効理由を有します。特許権に係る発明の内容それ自体を正当に
知得していた場合、64条(1)(c)の無効理由に該当しませんが、発明を知得
した者が出願権を有していなければ、特許出願を行うことはできず〈6条
(1)〉、このような場合、当該特許権は、64条(1)(b)に基づく無効理由を
有します。出願権は、真正かつ最初の発明者が有する権利であり、発明者
又は出願権の譲受人が特許出願を行うことができます〈6条(1)〉。なお、
正当に知得した発明についての冒認出願は無効理由ですが、異議申立理由
ではありません。

（ b ）虚偽の示唆など

　虚偽の示唆（false suggestion）又は不実表明（false representation）に基づ
いて取得された特許権は無効理由を有します〈64条(1)(j)〉。特許査定に影
響を与えた実験データに虚偽があった場合、特許査定の結論を左右する発
明の基本原理及び効果について虚偽の記載があったような場合、特許権は
取り消されると考えられます。

　また、明細書の補正許可を詐欺によって取得した特許権は無効理由を有
します〈64条(1)(o)〉。

（ c ）関連外国出願情報提供義務

　特許出願人は、インド出願に係る発明と同一又は実質的同一の発明を外
国に特許出願している場合、外国出願の明細事項を記載した「陳述書」及
び「所定の明細」を提出しなければなりません（8条）。特許出願人が、こ
れらの情報を開示しない場合、又は虚偽の情報を提供した場合、当該特許
権は無効理由を有します〈64条(1)(m)〉。

（d）秘密保持違反

　管理官は、特許出願に係る発明が国防目的に関連するものであると認める場合、その発明に関する情報の公開又は伝達を禁止又は制限すべき旨の秘密保持指示を発することができます〈35条(1)〉。特許出願人が秘密保持指示に従わなかった場合、当該秘密保持に係る特許権は無効理由を有します〈64条(1)(n)〉。

　また、国防に関連する機密情報の国外流出を防止する観点から、インド居住者は、原則として外国出願許可を取得しなければインド国外で特許出願を行ってはなりません（39条）。特許出願人が外国出願許可の規定（39条）に違反して外国出願を行った場合、当該発明に係るインドの特許権は、無効理由を有します〈64条(1)(n)〉。

　本来、35条及び39条に違反した特許権は放棄されたものとみなされ、特許権は付与されませんが、錯誤により登録されても当該特許権は取り消されるべきものとされます（40条）。

●その他の特許権取消し

（1）政府目的のための発明実施要請に係る特許権取消し〈64条(4)〉

　特許権者が、適切な条件付で中央政府の目的のために特許発明を製造、使用又は利用することにつき、中央政府の要請に適切な理由なく従わなかった場合、中央政府は特許権の取消しを高等裁判所に請求することができます。高等裁判所は、上記事情を認めるとき、当該特許権を取り消すことができます。

（2）原子力関連発明に係る特許権取消し（65条）

　特許権付与された発明が、1962年原子力法20条(1)に基づいて特許することができない原子力関連発明[12]である場合、当該特許権は取り消されます（65条）。中央政府は、特許権に係る発明が上記原子力関連発明であると認めるときは、当該特許権を取り消すべき旨を管理官に指示することができます。管理官は、その旨を特許権者又は登録された各権利者に通知し、聴聞を受ける機会を与えます。聴聞の結果、特許権が取り消されるべきと認められる場合、管理官は特許権を取り消すことができます〈65条(1)〉。

　また、管理官は、特許権を取り消す代わりに、明細書の必要な補正を特許権者に許可することができます〈65条(2)〉。

（3）公共の利益に係る特許権取消し（66条）

　特許権又はその行使態様が国家にとって有害である場合、又は一般に公共の利益を損なうものである場合、当該特許権を取り消すことができます。この理由に基づいて特許権が取り消された例があります〈例えば特許第252093号（出願番号1076/CHE/2007）〉。特許権の取消しは中央政府の官報（ガジェット）にて公告されます。

　中央政府は、特許権が上記事由に該当すると認めるときは、特許権者に聴聞を受ける機会を与えます。聴聞の結果、特許権が取り消されるべきと認められる場合、中央政府は、官報にその旨を宣告します。特許権はその宣告に基づいて取り消されたものとみなされます。

（4）不実施に係る特許取消し（85条）

　特許権が以下の要件を全て満たす場合、当該特許権の利害関係人又は中央政府は、当該特許を取り消すべき旨の命令を管理官に申請することができます〈85条(1)〉。

（ⅰ）強制実施権が許諾されていること。

（ⅱ）強制実施権の許諾命令の日から２年の期間が満了したこと。

（ⅲ）以下のような不実施状態にあること。

　・特許発明に関する公衆の適切な需要が充足されていない。

　・特許発明が合理的に手頃な価格で公衆に利用可能でない。

　・特許発明がインド領域内で実施されていない。

12　Section 20 in Atomic Energy Act, 1962 "(1) As from the commencement of this Act, no patents shall be granted for inventions which in the opinion of the Central Government are useful for or relate to the production, control, use or disposal of atomic energy or the prospecting, mining, extraction, production, physical and chemical treatment, fabrication, enrichment, canning or use of any prescribed substance or radioactive substance or the ensuring of safety in atomic energy operations."

　管理官は、前記要件を満たすと認めた場合、当該特許権を取り消す命令を発することができます〈85条(3)〉。特許権取消しの審査については通常1年以内に決定が下され〈85条(4)〉、特許権取消しの命令は公告されます(規則99条)。この理由に基づいて特許権が取り消された例はありません。

●管轄裁判所

　無効訴訟は、訴因(cause of action)の所在地を管轄する高等裁判所に行うことができると考えられます[13]。例えば特許出願が行われた特許庁の所在地のみならず、特許製品を製造販売する工場及び店舗の所在地、その他、商業的利益が存在する地域を管轄する高等裁判所に無効訴訟を提起することができると解されます。

●不服申立て

　高等裁判所のシングルベンチの判決に不服がある場合、特許権者又は利害関係人は、図5に示すように、高等裁判所のディビジョンベンチに上訴することができます(デリー高裁の場合、IPD規則38条)。高等裁判所のディビジョンベンチの判決に不服がある場合、特許権者又は利害関係人は最高裁判所へ特別許可申立てを行うことができます(憲法136条)。

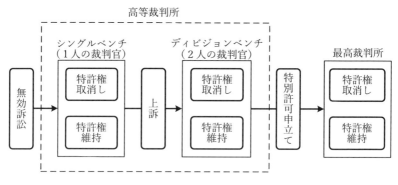

図5：高等裁判所の判決に対する不服申立てルート

第8章　特許権の侵害と防御

8.1節　特許権侵害の成立

●特許権の侵害

特許権者は、その承認を得ていない第三者による以下の行為を防止する排他権を有します(48条)。この排他権を侵す行為は特許権の侵害を構成します。

(ⅰ)製品(物)の特許権について、インドで当該製品を製造し、使用し、販売の申出をし、販売し、又はこれらの目的で輸入する行為〈48条(a)〉

(ⅱ)方法の特許権について、インドで当該方法を使用する行為〈48条(b)〉

(ⅲ)方法の特許権について、インドで当該方法により直接得られた製品を使用し、販売の申出をし、販売し、又はこれらの目的で輸入する行為〈48条(b)〉

●権利解釈

(1)文理解釈

特許権侵害の判断は基本的に文理解釈により行われます。文理解釈は、クレームに記載された発明と、被疑侵害製品又は方法を厳密に対比することにより行われます。被疑侵害製品又は方法がクレームの範囲に含まれている場合、特許権侵害が成立します。

(2)目的論的解釈／ピスアンドマロー(Pith and Marrow)

厳密な文理解釈による特許権侵害が成立しない場合であっても、その権利範囲が不当に狭い場合、発明者の意図及び発明の目的を考慮した目的論的解釈が行われます[1]。

1　*F. Hoffmann-La Roche Ltd, ... v. Cipla Ltd., Mumbai Central*, CS（OS）No.89/2028 and C.C. 52/2008, パラグラフ232-235

　また、権利範囲を拡張解釈する手法として、明細書及びクレームの記載に拘泥せず、発明の神髄を検討すべきとする「ピスアンドマロー」手法があります[2]。

　なお、均等論に関する確立された判例は見当たりません[3]。

（3）間接侵害

　特許法には間接侵害を規定する条文は存在しませんが、特許発明の実施に使用される部品を意図的に提供するといった行為や、第三者に働きかけて特許権侵害を積極的に誘発させる行為は、いわゆる寄与侵害(contributory infringement)及び誘導侵害(induced infringement)として、コモンロー上、特許権侵害の責任を問われる可能性があります。

2　*Raj Parkash v. Mangat Ram Chowdhry And Ors.*, パラグラフ12
　　P. Narayanan,「Patent Law」Fourth Edition, P528, Eastern Law House.
3　均等侵害に関して「製品は、その構成及び機能が特許発明と同様の場合は、特許発明に均等であると考えられる(*Ravi Kamal Bali v. Kala Tech and Ors.*)」(Kalyan C. Kankanala ほか『インド特許法とそのプラクティス』2013年 発明推進協会)との考えがあるが、本判決では均等侵害(日米における均等論と同様の考え方)の適用を判示していないと思われる。

8.2節　抗弁

●抗弁事由及び侵害とみなされない行為

（1）無効理由の抗弁

　被告は、特許権が64条に基づく無効理由を有する場合、特許権侵害訴訟において無効理由を抗弁理由として主張することができます〈107条(1)〉。被告が利害関係人として、付与後異議申立て、無効訴訟を提起していた場合であっても（7.2節参照）、特許権侵害訴訟において無効理由の抗弁を主張することは可能です。

（2）試験目的の実施など

　被告の行為が試験目的の実施など、47条に挙げられた次のような事項に該当する場合、その旨を抗弁理由として主張することができます〈107条(2)〉。例えば専ら実験（教育活動を含む。）又は研究の目的で、特許製品を製造し、又は使用する行為、特許方法を用いて製造された物品を使用する行為、特許方法を使用する行為については特許権が及びません〈47条(3)〉。政府による政府のための特許製品及び特許方法の使用も特許権が及びません〈47条(1)〉。

（3）ボーラー条項

　ボーラー条項〈107A条(a)〉は、製品の製造、販売などを規制する法律（インド又は外国において有効なもの。）がある場合、その法律が要求する開発及び情報の提出に適切に関連する使用のためにのみ、特許発明を製造、組立て、使用、販売又は輸入する行為は侵害とみなされない旨を規定します。107A条(a)の侵害とみなされない行為には輸出も含まれます[4]。

　例えば医薬の特許権を侵害するジェネリック医薬品であっても、専ら当該医薬の開発及び承認のためであれば、その医薬を製造、使用、販売及び輸入する行為は、特許権の侵害とみなされません。

4　*Bayer Corporation v. Union of India & Ors.* (W.P.(C) 1971/2014), *Bayer Intellectual Property Gmbh & Anr v. Alembic Pharmaceuticals Ltd.* (CS (COMM) No.1592/2016).

107A条(a)における製造販売などを規制する法律には、インド国内における法律のみならず、外国における法律が含まれます。また、侵害とみなされない期間についても特に限定はなく、ジェネリック医薬品を扱う製薬会社は、特許権が消滅するタイミングに合わせて早期に医薬の実験及びデータ収集を開始し、承認申請を行うことが可能であると考えられます。

（4）並行輸入[5]

並行輸入に係る107A条(b)は、製品を製造し、販売し、又は頒布することを「法律」に基づき正当に授権された者(a person who is duly authorised under the law)からの、何人(any person)による当該特許製品の輸入行為は、特許権の侵害とみなされない旨を規定しています。

この「法律」の解釈を示した判例は見当たりませんが、107A条(a)(b)の一連の文脈から、当該法律は、前記ボーラー条項における「製品の製造、販売などを規制する法律」〈107A(a)〉と解され、並行輸入品を無条件で非侵害とする規定ではないと考えられます。

例えばインド国外から正規に購入した先発医薬(正規品)をインドに輸入する行為は特許権を侵害しないと考えられます。

（5）一時的又は偶発的にインドに入る外国船舶などにおける実施

一時的又は偶発的にインドの領域に入る外国の船舶、航空機、陸上車両などにおける特許製品又は方法の実施であって、船舶など、又はその付属品における当該発明の実施などは、インドにおける特許権を侵害しないものとみなされます(49条)。

5　商標法において並行輸入は合法と判断された(国際消尽)。
　「We accordingly conclude that 'the market' contemplated by Section 30(3) of the Trade Marks Act 1999 is the international market i.e. that the legislation in India adopts the Principle of International Exhaustion of Rights.」(*Kapil Wadhwa & Ors. v. Samsung Electronics Co. Ltd.* 〈FAO (OS) 93/2012)〉.
　時折、特許権の並行輸入問題で引き合いに出されるが、並行輸入を考える法的根拠が特許権と商標では全く異なるものと考えられる。

（6）無知侵害

　無知侵害とは、特許権の存在を知らずに当該特許権を侵害することをいいます。インドでは、侵害行為があったときに、特許権の存在を知らず、かつ、知らないことに合理的理由があったことを被告が立証した場合、裁判所は、当該被告に対して損害賠償又は不当利得返還を命令しません〈111条(1)〉。なお、差止めについてはこの限りではなく、無知侵害であっても、裁判所は差止めを命令することができます〈111条(4)〉。

　日本においては、特許公報の公開をもって、特許権侵害の過失が推定され（日本特許法103条）、特許権の存在を知らなかったことを理由に損害賠償が免責されることは非常に困難です。しかし、インドにおいては特許権の無知侵害については、損害賠償又は不当利得返還の請求を免れ得ます。

8.3節　特許権侵害に対する救済と特許権関連訴訟

●民事的救済

（1）特許権侵害に対する民事的救済の種類

　特許権者は、侵害訴訟において、① 差止命令、② 損害賠償請求、③ 不当利得返還請求などの民事的救済を求めることができます〈108条(1)〉。なお、損害賠償請求と不当利得返還請求は、いずれか一方しか請求できません。また、裁判所は、侵害を構成した商品、主な用途が当該商品の製造である原料及び器具の押収、没収又は破棄を命令することができます〈108条(2)〉。

（2）差止命令の種類

　差止命令には、終局的差止命令と、仮差止命令があります（特定救済法[6]36条、37条）。終局的差止命令は、侵害訴訟の終局的判決において侵害行為を差し止める命令です。仮差止命令は、侵害訴訟開始後、終局的判決前に侵害行為を差し止める命令です。

　終局判決前に認められる仮差止命令は、① 侵害行為についての一応有利な事件であるか否か、② 原告及び被告の利益バランス、③ 仮差止めが認められなかった場合に回復不能な損害を被る可能性などが考慮されます。裁判所は、これら3つの要素を全て検討し、仮差止命令の可否を決定しなければなりません[7]。

（3）部分的に有効な権利に基づく救済

　特許権侵害訴訟において、クレームの一部が無効である場合でも、侵害の申立て対象のクレームが有効なときは、裁判所は、有効なクレームに基づいて救済を付与することができます(114条)。しかし、無効なクレームについて、善意かつ適切な熟練及び知識をもって作成されたことを原告が立証しない限り、裁判所は、有効なクレームについても差止命令以外の救済措置を付与することができません。

　また、損害賠償などを付与するに当たり、無効なクレームを挿入し、又は残存させた当事者の行為が参酌されます。不当に広い特許権が損害賠償請求において不利に働く可能性があります。

●特許権侵害に対する行政的救済

侵害品がインドに輸入されている場合、特許権者は侵害品の税関差止めを申し立てることができます(税関法[8]11条)。

●特許権侵害に対する刑事的救済

特許法には、刑事罰の規定がありますが(118～124条)、特許権侵害に係る罰金刑、禁固刑などは規定されていません。

●侵害訴訟手続

(1)請求人

特許権者はもちろん、排他的実施権者も侵害訴訟を提起することができます(109条)。特許権が共有に係る場合、別段の有効な合意がない限り、各共有者は、他の共有者に報告することなく、侵害訴訟を提起することができます(50条)。また、強制実施権者(84条)は、特許権侵害訴訟を提起すべき旨を特許権者に請求することができ、請求後2か月が経過しても特許権者が訴訟提起を拒絶し、又は無視した場合、強制実施権者は、特許権侵害訴訟を提起することができます(110条)。

(2)時期

特許権者は、特許権付与後に、侵害訴訟を提起することができます(11A条(7)ただし書)。特許権者は、侵害の事実を知った日から3年以内に侵害訴訟を提起することができます(出訴期限法[9])。原告は侵害の事実を知った日と経緯を説明する必要があり、被告はそれに対して反論できます。

特許出願人は、出願公開後、特許権付与日まで、当該発明の特許権が公開日に付与されたものとしての権利を有し、特許権者は、出願公開後の侵害行為についても損害賠償を請求することができます〈11A条(7)〉。

6　THE SPECIFIC RELIEF ACT, 1963
　　https://www.indiacode.nic.in/bitstream/123456789/1583/2/A196347.pdf（最終アクセス日：2023年4月1日）
7　FAO (OS) (COMM) 160/2019.
8　Customs Act, 1962.
9　The Limitation Act, 1963.

（3）裁判所の管轄権

　地方裁判所及び高等裁判所は、特許権侵害訴訟事件を審理する管轄権を有します(104条)。現在、インドには600を超える地方裁判所、25の高等裁判所、1つの最高裁判所があります。地方裁判所は当該訴訟事件を第一審として取り扱う第一審管轄権(original jurisdiction)を有し、訴額に関する一定の条件を満たす特許権侵害訴訟事件については、25の高等裁判所のうち、幾つかの高等裁判所も第一審管轄権を有します。例えばデリー高等裁判所、カルカッタ高等裁判所、ボンベイ高等裁判所、マドラス高等裁判所[10]などは第一審管轄権を有します。

　図1は裁判所の管轄権と特許権侵害訴訟の上訴の流れの一例を示したものです。特許権者又は被疑侵害者は、特許権侵害訴訟について地方裁判所又は第一審管轄権を有する高等裁判所(訴額が一定額以上の場合)に訴えを提起することができます(図1参照)。高等裁判所が第一審である場合、1人の裁判官が審理を行います。

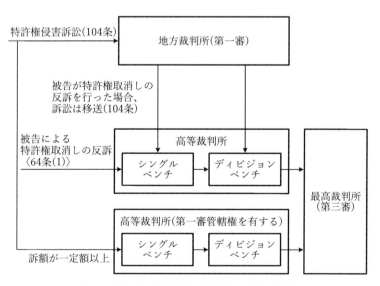

図1：管轄権と特許権侵害訴訟の上訴の流れ

10　第4章の脚注32を参照されたい。

　相手方（被告）が特許権の取消しの反訴を、特許権侵害訴が審理されている地方裁判所を管轄する高等裁判所に行った場合、地方裁判所で審理されている特許権侵害訴訟事件は、反訴が行われた高等裁判所に移送され、特許権侵害訴訟及び反訴とも高等裁判所で審理されることになります。

　地方裁判所で行われた第一審の判決に不服がある場合、特許権者又は被疑侵害者は、高等裁判所に上訴することができます。高等裁判所で行われた第一審の判決に不服がある場合、特許権者又は被疑侵害者は、最高裁判所ではなく、同高等裁判所に上訴することができます。上訴の場合には高等裁判所は2人の裁判官が審理を行います。

　高等裁判所で行われた第二審の判決に不服がある場合、特許権者又は被疑侵害者は最高裁判所に上告することができます。最高裁判所は第三審として訴訟事件を審理します。

　インドでは、2015年商事裁判所、高等裁判所の商事専門部及び商事控訴部法[11]により、商業的な性質の紛争に対する迅速な判決によって、紛争の早期解決を図る特別裁判所が設立されました。訴額が一定の条件を満たす場合、紛争当事者は、地方裁判所の代わりに商事裁判所へ、第一審管轄権を有する高等裁判所の代わりに第一審管轄権を有する高等裁判所の商事専門部へ、第二審管轄権を有する高等裁判所の代わりに第二審管轄権を有する高等裁判所の商事控訴部へ訴訟を提起できます[12]。

（4）立証責任

　特許権侵害の立証責任は特許権者側にあります。しかし、製品を製造するための方法の特許権の場合、所定の要件を満たせば、特許権侵害の立証責任は被疑侵害者側に移ります（104A条）。具体的には、前提として特許権者などは、被疑侵害者の製品と、特許方法により直接得られる製品とが同一であることを立証しなければなりません。そして、次ページの各要件（ⅰ）及び（ⅱ）を満たす場合、裁判所は被疑侵害者に対して、その者が使用した方法が、特許方法と異なることを立証すべき旨を指示します。

11　The Commercial Courts, Commercial Division And Commercial Appellate Division Of High Courts Act, 2015.［原文］
12　https://www.jetro.go.jp/ext_images/_Reports/02/2016/b144db8e9cdd07f3/rP_in_tradingtrial_report_201608.pdf（最終アクセス日：2023年4月1日）。

（ⅰ）特許権に係る発明の主題が新たな製品を得る方法である場合。

（ⅱ）同一の製品が当該方法により製造されるおそれが十分にあり、かつ、特許権者又はその者から権原を得た者が適切な努力によっても実際に使用された方法を決定することができなかった場合。

●その他の特許権関連訴訟

特許権に関連する訴訟として、非侵害の宣言を求める訴訟、特許権侵害訴訟に関する脅迫に対する救済を求める訴訟などがあります。

（1）非侵害の宣言（105条）

何人も、特許権付与の公告日以後、以下の要件を満たす場合、非侵害確認訴訟（非侵害の宣言を求める訴訟）を提起することができます〈105条(1)、(4)〉。非侵害確認訴訟の費用は、原則として原告が負担します〈105条(2)〉。

（ⅰ）原告が、書面で特許権者に対して、訴訟に係る宣言の趣旨の書面による確認を求め、当該方法又は物品を記載した書面による完全な明細を提出したこと。

（ⅱ）特許権者がそのような確認をすることを拒絶又は無視したこと。

なお、非侵害確認訴訟においては、特許権の有効性について争うことはできず、当該宣言は、特許権の有効性を示すものではありません〈105条(3)〉。

日本における非侵害確認訴訟では上記（ⅰ）及び（ⅱ）の要件は不要です。なお、特許権を侵害しているか否かの判定をインド特許庁に求める日本の判定制度（日本特許法71条）に類する制度はありません。

（2）脅迫事件（106条）

特許権侵害訴訟を提起すると脅迫された被害者は、当該脅迫者に対して、救済を求める訴訟を提起することができます〈106条(1)〉。脅迫者が、特許権に係る権利を有するか否かは問題ではありません。なお、特許権が存在する旨の単なる通知は、106条が問題とする脅迫には該当しません。請求可能な救済は以下のとおりです。

（ⅰ）当該脅迫が不当である旨の宣言

（ⅱ）当該脅迫の続行に対する差止命令

（ⅲ）当該脅迫によってその者が被った損害の賠償

　被告(特許権者など)は原告の行為が特許権の侵害を構成することを立証しない限り、裁判所は、請求された救済の一部又は全部を許与することができます〈106条(2)〉。

　特許権侵害訴訟を提起する旨の脅迫を行った場合、その脅迫によって被った損害を賠償する責めを負う可能性がある点に留意すべきです。

8.4節　特許表示

特許表示(patent marking)とは、特許出願又は特許権に係る物品に付することにより、その物品が特許出願又は特許権に係る物品であることを表示することをいいます。「Patent Applied XXXXXXX」（特許出願中）、「Patent XXXXXXX」（特許）などの表示がその一例です(X は英数字。以下同様)。

●特許表示は義務規定？

特許表示は義務ではなく、特許表示を行わないことに対する罰則はありません。権利者が特許表示を行うか否かは基本的に任意です。

特許権表示に係るインド特許法111条(1)は、特許表示の義務規定ではなく、日本特許法187条のような特許表示を付するように努めなければならないとする訓示規定とも異なります。もちろん、第三者に特許権の存在を認めさせるために特許表示が必要である旨の規定(パリ条約5条Dに抵触する条項)でもありません。

●特許権の存在を知っていた合理的理由

111条(1)は「当該特許権の存在を知らず、かつ、知らないことに合理的な根拠があったことを立証する被告に対しては、損害賠償又は不当利得返還を許与しない」と規定しています。特許表示は、侵害者が特許権の存在を知っていたことの合理的理由の根拠となります。

特許表示をしていない場合、特許権の存在を知らず、かつ、知らないことに合理的な理由があったという逃げ道を被告に与えてしまうことになり、損害賠償又は不当利得返還が認められない結果になり得ます。ただし、米国特許法のように、特許表示を怠ったからといって、侵害警告通知前の損害賠償を受けることができないわけではありません。

●特許表示の方法

特許表示の方法としては、以下の3つの方法が考えられます。

（1）直接的特許表示

　直接的特許表示は、特許権に係る物品に直接、特許表示を行うことをいいます。111条(1)説明書及び120条(a)、(b)は、直接的特許表示に関連する規定です。これらの規定を合わせ読むと、

　　（ⅰ）特許権の存在を示すためには「特許」（Patent）又は「特許権取得済み」（Patented）などの語とともに特許番号を、

　　（ⅱ）特許出願の存在を示すためには「特許出願中」（Patent applied for）又は「特許係属中」（Patent pending）などの語を、

物品にスタンプし（stamp on an article）、彫刻し（engrave on an article）、印刷し（impress on an article）、又は貼付する（apply to an article）必要があることが理解できます。

　具体的には、特許権の存在を示すためには「Patent XXXXXXX」又は「Patented XXXXXXX」などの文字を物品にスタンプ、印刷などするとよいでしょう。特許出願の存在を示すためには「Patent Applied for XXXXXXX」又は「Patent pending XXXXXXX」などの文字を物品にスタンプ、印刷などするとよいです。

　また、120条(a)、(b)によれば特許表示に国を示唆する文字（IN, JP, US）がない場合、インドにおける特許表示とみなされます。例えば国名「JP」を記載せずに日本の特許番号を表示した製品をインドへ輸出した場合、インド特許権の番号を示した特許表示とみなされます。特許表示を行う場合は国名も記載したほうがよいでしょう。

（2）間接的特許表示

　間接的特許表示は、特許権に係る物品のパッケージ、説明書、カタログなどに特許番号を印刷するなどして、当該物品の付属物又は広告物に特許表示を行うことをいいます。間接的特許表示が、特許権の存在を示す特許表示に該当する旨を明示した規定はありません。ただし、このような表示であっても、被擬侵害者が特許権の存在を知っていたことを示す根拠の一つになり得ると考えられます。

（3）バーチャル特許表示（Virtual Patent Marking）

　バーチャル特許表示は、製品のホームページに当該製品に係る特許番号のリストを記載することにより特許表示を行う方法をいいますが、バーチャル特許表示は認められない可能性があります。英国特許法はインド特許法と同様の規定を有していましたが、2014年改正によりバーチャル特許表示の規定が導入されました。逆に考えると、バーチャル特許表示に係る規定を有しないインド特許法は、バーチャル特許表示を認めていないと考えられます。

●虚偽表示の罰則

　虚偽表示（false patent marking）とは、自己の販売する物品がインドにおいて特許権を取得しており、又はインドにおける特許出願の対象である旨の虚偽の表示を行うことをいいます。虚偽表示を行った者は、10万インドルピー以下の罰金が科されます（120条）。インドにおいて特許出願をしていない、又は特許権を取得していない物品に特許表示を行った場合、すなわち「何ら特許に係る権利がないのにその権限を主張した」場合、罰金が科されます。

●特許表示のメリット

　特許表示を行うことによって、特許権の存在を示すことができ、特許権侵害を未然に防止することができます。また、特許表示によって革新的で優れた製品である旨を間接的にアピールすることができ、市場での優位性確保にもつながります。

　特許表示を行うことにより、侵害訴訟において、侵害者が、特許権の存在を知らなかったこと、かつ、知らないことに適切な理由があったという反論を封じることができます。特許表示をしていない場合、通常、特許権者は侵害者へ侵害警告（cease and desist）を通知することになります。

●特許表示のデメリット

　特許出願の拒絶が確定し、又は特許権が消滅したにもかかわらず、特許表示を継続した場合の取扱いは特許法に規定されていません。無権原状態で特許表示を継続した場合、罰金が科されるおそれがあります。

第9章　特許情報収集

9.1節　特許出願及び登録特許の情報検索

特許意匠商標総局は特許情報の検索ポータルサイト「E-Gateways」[1]を提供しています。「E-Gateways」を用いて、特許出願及び登録特許の情報を検索し、閲覧することができます。

●**出願情報（書誌事項、出願書類、審査関連書類）の検索・閲覧**
① 特許意匠商標総局のホームページを開き、「E-Gateways」をクリックします。

② 情報検索ポータルサイト「E-Gateways」のページが開きます。次に、「Public Search」メニューの「Patents」をクリックします。

1　https://ipindia.gov.in/e-gateways.htm（最終アクセス日：2023年4月1日）

③ 特許情報の検索画面が開きます。公開の種類として、「Published」（公開）
と「Granted」（登録）のいずれかを選択することができます。ここでは
「Published」を選択します。そして、検索条件として、出願日、タイ
トル、要約、明細書、出願番号、登録番号、発明者の名称及び国など
の検索項目を選び、検索ワードを入力します。各検索項目に対して
AND 条件、OR 条件を選択することができます。検索条件の入力を終
えたら、ページ下の「search」（検索）ボタンをクリックします。

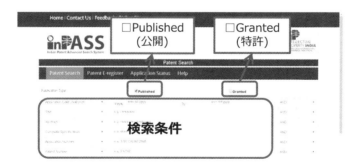

④ すると、次のような検索結果が表示されます。詳細を確認したい出願
番号をクリックします。

⑤ 出願内容の詳細が表示されます。出願番号、出願日、優先日、発明者
及び出願人の名称及び住所などの詳細を確認することができます。ま
た、要約及び明細書をテキスト形式で閲覧することができます。この
出願のステータスを確認したい場合、ページ下の「View Application
Status」ボタンをクリックします。

View Application Status

⑥ 次のようなページが開きます。先のページで確認できなかった書誌事
項を確認することができます。審査フロー図を参照することで、特許
出願の状態が「Filed」(出願)、「RQ Filed」(審査請求済み)、「Published」
(出願公開)、「Under Examination」(審査中)、「Disposed」(処分済み)
のいずれの段階にあるかを確認することができます。

　処理の進行状態に応じて該当する処理フローブロックが灰色から緑色に変化します。また、出願ステータスを参照することで、現在のより詳細な状態を確認することができます。例えば「Application referred u/s 12 for examination.」（12条の下で審査官への出願割当て済み）、「Application Awaiting Examination」（審査待ち）、「FER Issued, Reply not Filed」（FER発送済み、応答書待ち）、登録、拒絶、取下げ擬制など、出願状態の詳細を確認することができます。

　インド特許庁に提出された願書、明細書などの出願書類、審査報告、応答書、補正クレームなどの書類（以下、包袋書類）を確認したい場合、「View Documents」ボタンをクリックします。

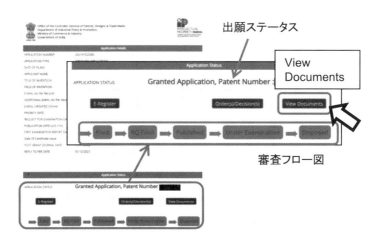

⑦ 包袋書類の一覧が表示されます。出願当初の願書、明細書、図面、要約、審査報告、応答書類、補正クレーム、許可クレームなど、各種書類が一覧表示されます。閲覧したい書類をクリックします。

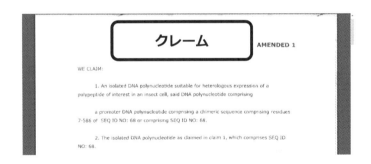

⑧ 例えば「Claims[21-06-2017（Online）].pdf」をクリックすると、2017年6月21日付けのクレームの内容を閲覧することができます。

⑨ 一方、「E-Register」をクリックすると、現時点の権利の状態、更新手数料の支払状況などを閲覧することができます。また、「Order(s)/Decision(s)」ボタンをクリックすると、管理官による命令及び決定（特許査定など）を閲覧することができます。

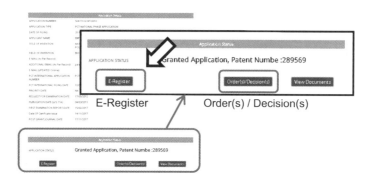

●特許番号を用いた登録情報の検索・閲覧

　先の③の画面で「Patent E-Register」メニューをクリックし、登録番号を入力して検索を行うと、この登録特許の情報を閲覧することができます。

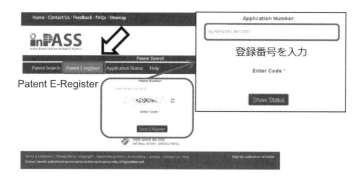

●出願番号を用いた出願ステータス情報の検索・閲覧

　先の③の画面で「Application Status」メニューをクリックし、出願番号を入力して検索を行うと、当該出願の情報を閲覧することができます。

9.2節　特許出願及び登録特許に関するその他の情報検索

　「E-Gateways」を用いて、消滅特許、特許出願の状態、登録特許の状態、国内実施状況などを確認することができます。

●消滅特許の検索

①「E-Gateways」のページで、「Dynamic Utilities」メニューの「Expired Patents」をクリックします。

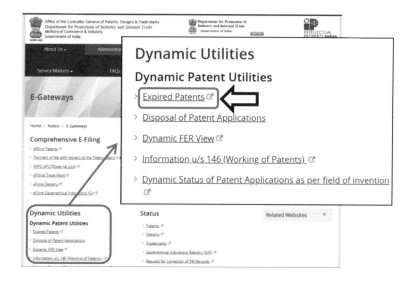

② 次のようなページが開きます。発明の技術分野を選択し、出願日の期間(始期～終期)を入力し、「Submit」ボタンをクリックします。

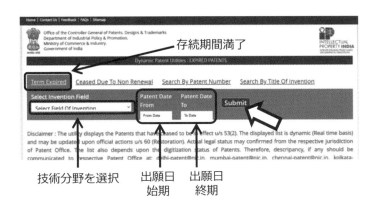

③ すると、次のように消滅した特許の一覧が表示されます。

④ また、先の②のメニュー画面で消滅特許の検索方法を選択することが
　できます。例えば特許更新料不納により消滅した権利を検索したり、
　特許番号、発明の名称で消滅特許を検索することもできます。

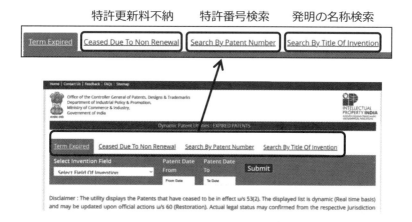

●**特許査定、拒絶査定、放棄擬制された特許出願の検索**

① 「Dynamic Utilities」メニューの「Disposal of Patent Applications」を
　クリックします。

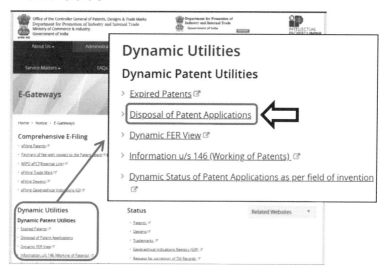

② 特許出願が処理された日の期間(始期〜終期)を入力し、「Submit」ボタンをクリックします。特許庁及び技術分野ごとに、登録された出願、拒絶された出願、放棄擬制された出願の件数が表示されます。件数をクリックすると、処分された特許出願の一覧が表示されます。

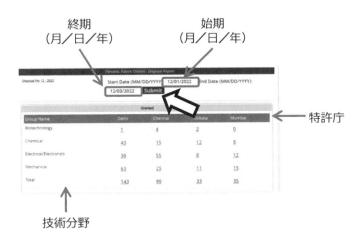

●審査報告の検索

① 「Dynamic Utilities」メニューの「Dynamic FER View」をクリックします。

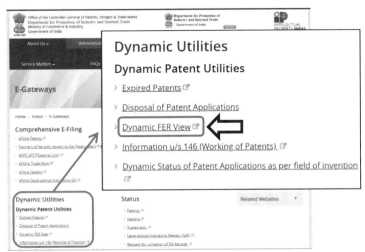

② 次の画面が開きます。審査報告が発送された日の期間(始期〜終期)を
入力し、「Submit」ボタンをクリックすると、特許庁及び技術分野ごと
に審査報告の発送件数が一覧表示されます。件数をクリックすると、
審査報告が発送された特許出願の一覧が表示されます。

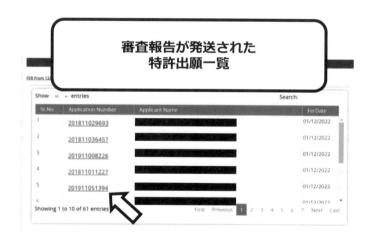

③ 審査報告が通知された特許出願の一覧が開きます。出願番号をクリッ
クすると、審査報告の内容を閲覧することができます。

●国内実施報告の検索

① 「Dynamic Utilities」メニューの「Information u/s 146（Working of Patents）」をクリックします。

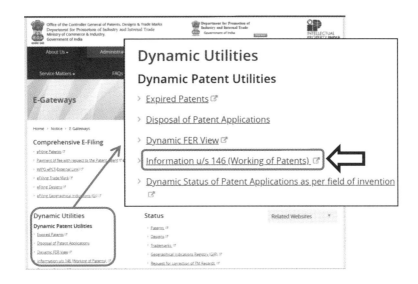

② 次のような画面が開きます。特許番号、出願番号、又は特許権者の名称を入力し、「Search」ボタンをクリックすると、実施報告が提出されている特許の一覧が表示されます。また、年度及び所在（デリー、チェンナイ、コルカタ、ムンバイ ）を選択し、「Search」ボタンをクリックすると、実施報告が提出されている特許の一覧が表示されます。右欄の「View Document」をクリックすると、実施報告を閲覧することができます。

特許番号／出願番号／特許権者の名称

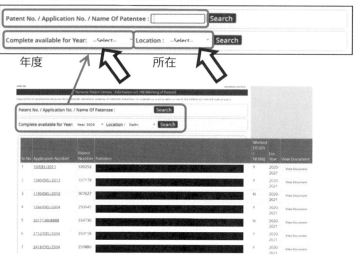

年度　　　　　　　　　所在

●特許出願の動的状態

① 「Dynamic Utilities」メニューの「Dynamic Status of Patent Applications as per field of invention」をクリックします。

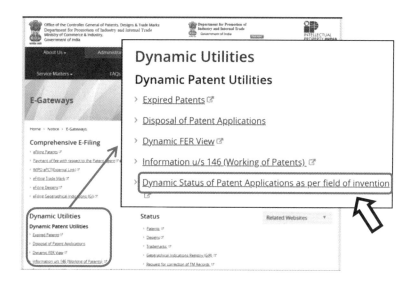

② 次のようなページが開きます。「In Process」（係属中）、「Granted」（登録）、「Refused」（拒絶）、「Abandoned」（放棄）、「Withdrawn」（取下げ）のタブのいずれか1つを選択します。検索したい発明の技術分野を選択します。出願日の期間(始期～終期)を選択し、「Submit」ボタンをクリックすると、該当する特許出願の検索結果一覧が表示されます。

係属中　登録　拒絶(15条)　放棄(21条(1))　取下げ

技術分野　　　　　出願日　　出願日
　　　　　　　　　始期　　　終期

③ 例えば「Granted」（登録）、技術分野「Electronics」（エレクトロニクス）を選択し、適当な期間を入力して「Submit」ボタンをクリックすると、次のような検索結果一覧が表示されます。

エレクトロニクス分野で
登録された特許出願一覧

9.3節　管理官の決定

　「E-Gateways」を用いて、管理官が行った各種決定、例えば付与前異議申立ての決定が行われた事件を検索することができます。

●特定の決定がなされた事件の検索

① 「E-Gateways」のページで、「Patent」メニュー中の「 The Controllers' Decision」をクリックします。

② 次のようなページが開きます。「Select Search Field」のプルダウンメニューから、特許番号、条文、出願番号、異議申立人、決定日、出願人の名称を選択できます。例えば「Section」(条文)を選択し、「Search Criteria」のテキストボックスに管理官の決定内容に関連する条文番号を入力し、「Search」ボタンをクリックします。付与前異議申立事件であれば、「25(1)」を入力します。付与後異議申立事件であれば「25(2)」を入力します。

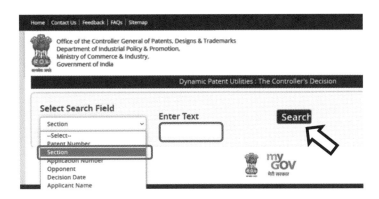

③ すると、次のように付与前異議申立てに係る決定が行われた事件番号
の一覧が表示されます。事件番号をクリックすると、決定書のダウン
ロード画面が開きます。そして、決定書のハイパーリンクをクリック
すると、決定書の PDF ファイルが開きます。管理官によって行われた
各種決定を閲覧することができます。

9.4節　条文・マニュアル・ガイドライン

　「E-Gateways」から、特許法、特許規則、マニュアル、ガイドライン、特許意匠商標総局が発行する知的財産権に関する年次報告をダウンロードすることができます。

●条文、マニュアル及びガイドライン

① 「E-Gateways」のページで、右欄の「Resources」をクリックします。表示されたメニューの中から「Act & Rules」をクリックします。

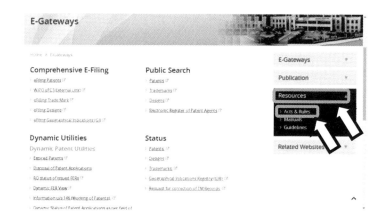

② 法律(Acts)、規則(Rules)、マニュアル(Manuals)、ガイドライン(Guidelines)の項目が表示されます。各項目の下の「>Patents」をクリックすると、特許に関するこれらの情報が表示されます。

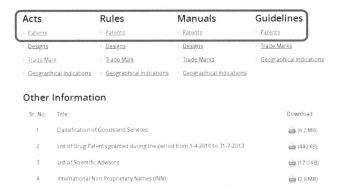

③ 例えば法律（Acts）の「＞Patents」をクリックすると、次のように、現行特許法、過去の特許法改正の一覧が表示されます。

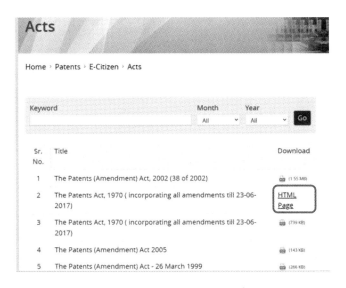

④ 右欄の「HTML Page」をクリックすると、ウェブブラウザで特許法の各条文を閲覧することができます。

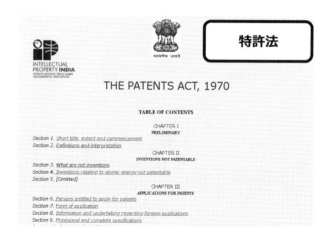

⑤ 右側の pdf ファイルのアイコンをクリックすると、1970年特許法（改正前特許法）から、過去の特許法改正を閲覧することができます。

⑥ 同様に、特許規則、マニュアル、ガイドラインを閲覧することができます。

9.5節　ジャーナル・年次報告

●ジャーナル

「E-Gateways」のページで、右欄の「Publication」をクリックします。表示されたメニューの中から「Journals」をクリックします。表示されたメニューの中から「Patents Journal」をクリックします。すると、週1回（原則）公開される公開公報集（例えば Part1．Part2）が一覧表示されます。Download 欄の Part-1.pdf などのハイパーリンクをクリックすると、公開公報集をダウンロードすることができます。1つの公開公報集は多数の公開公報から構成されています。

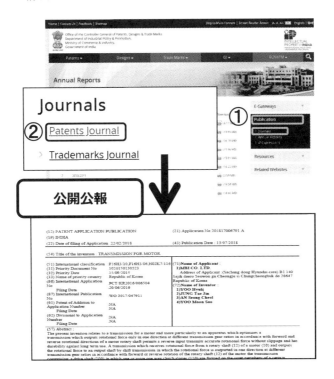

●年次報告

「E-Gateways」のページで、右欄の「Publication」をクリックします。表示されたメニューの中から「Annual Reports」をクリックします。

　すると、左側に各年の年次報告が一覧表示されます。Download 欄の
pdf アイコンをクリックすると、年次報告をダウンロードすることができ
ます。

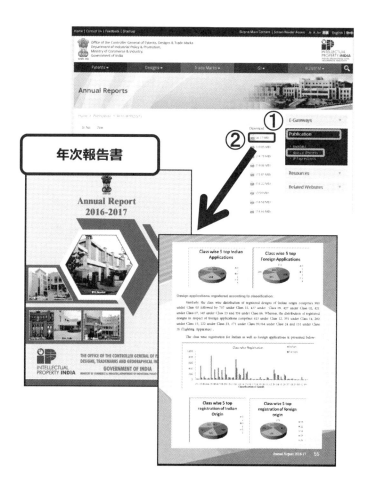

9.6節　ニュース＆アップデート

　特許意匠商標総局のホームページの「News & Updates」には、特許意匠商標総局が発した各種情報がリスト表示されています。審査ガイドライン改訂の通知、運用変更の通知、トラブルへの対応連絡など、実務的に重要な情報をリアルタイムで確認することができます。

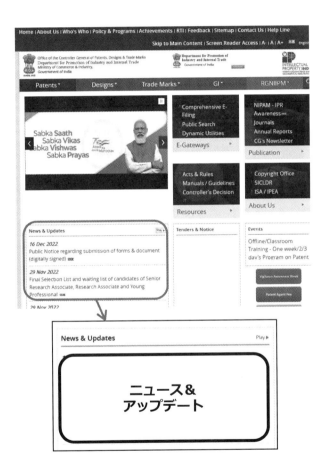

9.7節　特許弁理士の検索

●特許弁理士

① 情報検索ポータルサイト「E-Gateways」のページを開きます。そして、「Public Search」メニューの「Electronic Register of Patent Agents」をクリックします。

② 特許弁理士の検索画面が開きます。「Select Search Type」のプルダウンメニューから、検索項目を選択します。「Agent Number」（代理人登録番号）、「Agent Name」（代理人の名前）、「Agent State/City」（代理人所在の州・都市）などを選択できます。

　そして、選択した項目に応じたキーワードをテキストボックスに入力し、「Show Agents」ボタンをクリックすると、ヒットした特許弁理士がリストアップされます。

　「Show All Agents」ボタンをクリックすると、特許弁理士が全件リストアップされます。リストアップされた特許弁理士ごとに表示される「Show Profile」ボタンをクリックすると、更に詳細な情報を閲覧することができます。

Select Search Type

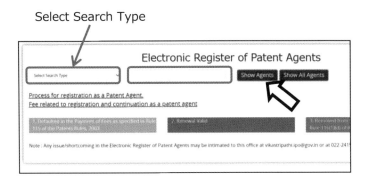

9.8節 統計情報

●管理官と審査官の合計人数の推移

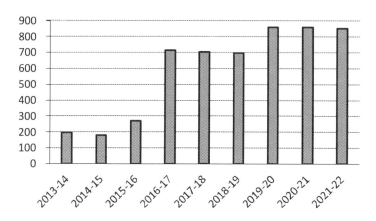

2016-17年に審査官が500名弱雇用されました。2019年 –20年にも約150人の審査官が採用されました。審査処理速度の上昇が期待されます。

●特許出願件数の推移

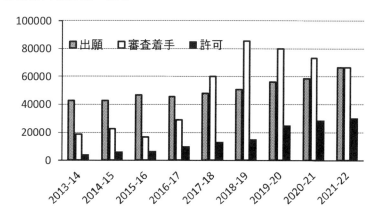

特許出願件数は2013-14年頃から現在にかけて、約4万件から6万6000件へと増加しています。審査に着手及び許可された出願件数も全体的に増加しています。

●国内・外国の特許出願件数の推移

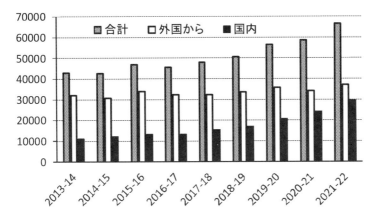

　外内出願件数は波はあるものの緩やかに増加しています。これに対して国内出願は堅調に増加を続けています。

●国内段階出願件数の推移

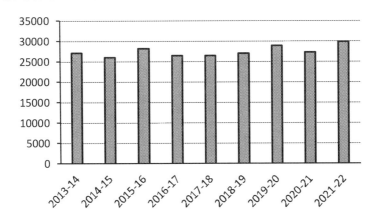

　国内段階出願の出願件数は、2013-22年にかけて約6％程度の増減がある程度であり、出願件数は約2万7000件で横ばいです。

●国別出願件数の推移

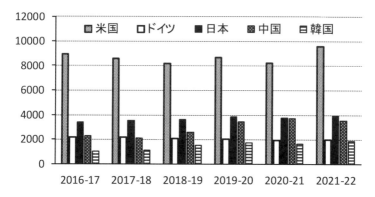

　米国からインドへの出願件数は最多です。日本からの出願は減少傾向でしたが、2017年以降、増加傾向にあります。中国からの出願も増加傾向にあります。

●技術分野別の出願件数の推移

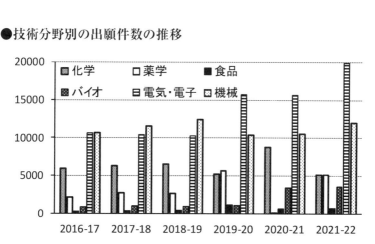

　インド特許といえば「製薬」のイメージがありますが、電気・電子、機械系の出願が多いです。

●**外国出願許可申請件数の推移**

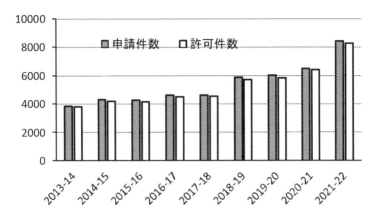

　外国出願許可の申請が増加傾向にあります。インド居住者による外国出願が増加していると考えられます。

●**国内実施報告（様式27）の提出件数**

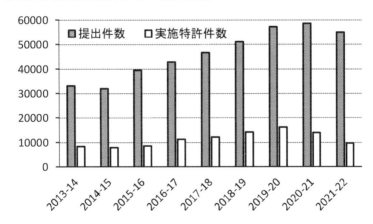

　国内実施報告の提出件数は増加傾向にありますが、2021-22年は減少に転じました。

●国内実施報告（様式27）の提出率

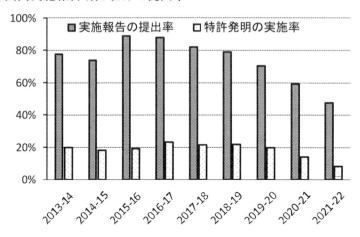

　有効に存在する特許の約5割について国内実施報告が提出されています。国内実施報告の提出率は年々減少しています。また、提出された国内実施報告のうち、特許発明の実施が報告された割合は約1割です。

●異議申立件数の推移

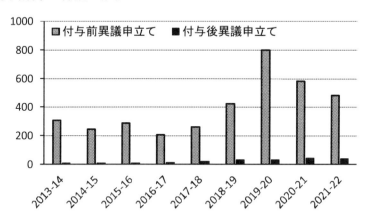

　付与前異議申立てと付与後異議申立てでは、付与前異議申立てのほうが多く利用されていることが分かります。

●特許弁理士数の推移

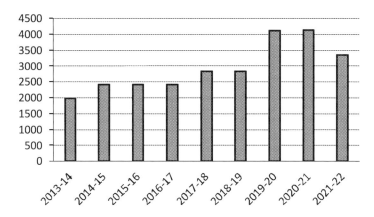

　毎年試験が行われた場合に約250人、数年の間を置いて試験が行われた場合に約500人〜1000人の特許弁理士が登録されることが分かります。

付録1

手続期限一覧

番号	事　項	期　限	延長可否[1]
1	条約出願	優先日から12か月以内〈135条(1)〉	不可
2	国内段階出願	優先日から31か月以内(国際出願の英訳文及び翻訳者宣誓書の提出)〈規則20条(3)、(4)(i)〉	不可[2]
3	仮出願後の本出願	仮出願の出願日から12か月以内〈9条(1)〉	不可[3]
4	分割出願	親出願の係属中いつでも(16条)	－
5	追加特許の出願	主発明の出願係属中又は特許権存続中いつでも〈54条(1)〉	－
6	出願の取下げの請求	・特許出願後、特許権付与前いつでも〈11B条(4)(i)ただし書〉 ・優先日[4]から15か月が経過する前に出願を取り下げた場合には、その出願は公開されない〈11A条(3)(c)〉。	－
7	8条(1)の情報提出	・出願日(移行日)から6か月以内〈規則12条(1A)〉 ・新規外国出願を行った場合、その出願日から6か月以内〈規則12条(2)〉	可[5]
8	8条(2)の情報提供	管理官から情報提供の通知を受けた日から6か月以内〈規則12条(3)〉	可[5]
9	出願権の証拠の提出	出願日(移行日)から6か月以内(規則10条)	可[5]
10	真の発明者であることの宣誓書の提出	完全明細書の提出の日〈一般的には、出願日(移行日)〉から1か月以内〈規則13条(6)〉	可[5]

1　原則として期間延長の申請は期限を徒過する前にしなければならない〈規則138条(2)〉。
2　規則138条(1)。
3　延長に関する規定はない。
4　本表において、優先日がない場合、「優先日」は「インドにおける出願日」を意味する。また、国際出願の場合、「出願日」はインドにおける「移行日」を意味する。
5　規則137、138条。管理官の裁量に委ねられており、期限を徒過しても延長は認められる。

11	委任状の提出	出願日から3か月以内〈規則135条(1)〉	可[5]
12	原本提出の必要な書類の提出	管理官から要求があった日から15日以内に原本を提出する〈規則6条(1A)〉	可[5]
13	[条約出願]優先権書類とその英訳、翻訳者宣誓書の提出	管理官から提出の通知を受けた日から3か月以内〈138条(1)、(2)、規則121条〉	可[5]
14	[国内段階出願]優先権書類(又はPCT/IB304)とその英訳、翻訳者宣誓書の提出	優先日から31か月以内〈規則21条(1)、規則20条(4)〉。管理官から提出の通知を受けた日から3か月以内〈規則21条(3)〉。	可[5]
15	・通常の審査請求 ・早期審査請求	・優先日から48か月以内〈規則24B条(1)(i)〉 ・秘密保持の指示(35条)が発せられた出願の場合、優先日から48か月以内、又は秘密保持の指示の取消しの日から6か月以内のいずれか遅いほう〈規則24B条(1)(iii)〉 ・分割出願(16条)の場合、優先日から48か月及び分割出願の出願日から6か月のうち遅い日まで〈規則24B条(1)(iv)〉 ※親出願が審査に係属している場合、分割出願の審査請求は分割出願の出願時に行う〈規則24B(2)(i)ただし書〉 ・追加特許の出願の場合、現実の出願日から48か月以内〈規則24B条(1)(i)〉	不可[6]
16	審査請求手数料の払戻し請求	FERの発送まで〈規則7条(4A)〉	－
17	生物学的素材の寄託及び生物学的素材を特定する情報を明細書に記載	・寄託: 出願日前〈10条(4)(d)ただし書(ii)(A)〉 ・記載: 出願日から3か月以内〈規則13条(8)〉	－
18	拒絶理由解消期間	FERの発送日から6か月以内〈規則24B条(5)、規則24C条(10)〉	可[7]
19	明細書を含む出願書類の補正	特許権付与前又は特許権付与後〈57条(1)〉 ※拒絶査定後は不可	－
20	聴聞請求	拒絶理由解消期間の満了日の少なくとも10日前〈規則28条(2)ただし書〉	可[8]
21	聴聞応答書及び関係書類の提出	聴聞が行われた日から15日以内〈規則28条(7)〉	可[5]

22	聴聞の日時	管理官によって指定された日時	可[9]
23	特許権の更新	特許証の日付（Date of Patent）から存続期間の2年度満了前に3年度の更新手数料を納付〈53条(2)、規則80条(1)〉。出願日から2年経過後に登録された場合、登録日から3か月以内〈142条(4)〉。以下、各年度の満了前に次年度の更新手数料を納付	可[10]
24	特許権の回復の請求	特許権が消滅した日から18か月以内〈60条(1)〉	不可
25	特許権の回復が許可された場合の更新の請求	特許権の回復が許可された旨の通知日から1か月以内〈規則86条(1)〉	−
26	国内実施報告	各会計年度の満了から6か月以内〈146条(2)、規則131条(2)〉	−
27	付与前異議申立て	特許出願公開日から特許権付与前までいつでも〈25条(1)〉	−
28	付与前異議申立てに対する出願人による反論	管理官からの通知日から3か月以内〈規則55条(4)〉	不可[6]
29	付与後異議申立て	特許権付与の公告日から12か月以内〈25条(2)〉	−
30	付与後異議申立てに対する答弁書の提出	異議申立人から陳述書及び異議申立人の証拠（もしあれば）の写しを受領した日から2か月以内〈規則58条(1)〉	可[5]
31	上記答弁書に対する弁駁証拠の提出	特許権者からの答弁書の写しを受領した日から1か月以内〈規則59条〉	可[5]
32	特許の放棄に対する不服申立て	特許権の放棄の申出書の公告の日から3か月以内〈規則87条(2)〉	不可
33	無効訴訟	特許権付与後いつでも	−
34	拒絶査定取消訴訟、その他、不服申立て	管理官の決定（査定を含む。）・指示・命令の発送日から3か月以内〈117A条(4)〉	可[11]

6　規則138条(1)
7　1回限り1か月単位で最大3か月延長可〈規則24B条(6)、規則24C条(11)〉。
8　規則28条(2)ただし書
9　聴聞の日より少なくとも3日前まで、30日単位で2回まで〈規則129A条〉。
10　延長期間は6か月以内である〈規則80条(1A)〉。この延長期間の再延長はできない〈規則138条(1)〉。
11　高等裁判所は付加期間を許可することができる〈117A条(4)〉。

付録2

出願時チェックリスト

1）条約出願（基礎出願から12か月以内に行う）

チェック （追完）	必要書類及び情報
書類関連	
必須　□	出願用明細書、クレーム、要約書、図面（英語）
必須　□	発明者及び出願人の氏名、国籍、住所の英語表記
□　（□）	関連外国出願（基礎出願など）の情報（出願国、出願日、出願番号、出願のステータス[1]、公開日、登録日）
□　（□）	個別又は包括委任状の原本 ※原本を現地代理人に郵送する。 ※公証は不要
必須 □　（□）	発明者署名済みの出願権の証拠の原本 〈願書（様式1）、譲渡証書など。〉 ※管理官から要求があった場合にすぐ提出できるよう、原本を現地代理人に郵送する。 ※公証は不要
必須　□	出願と同時に審査請求するか否か
必須 □　（□）	基礎出願全件の優先権書類又は DAS アクセスコード ※優先権書類は現地代理人に郵送する必要がある。
□　（□）	優先権書類の英訳 〈願書、明細書、クレーム、要約書、図面、手続補正書（名義変更など）の逐語訳〉
□　（□）	優先権書類の英訳に係る翻訳者宣誓書の原本 ※原本を現地代理人に郵送する。

1　ペンディング「Pending」、放棄（放置）「Abandoned」、取下げ「Withdrawn」、特許「Granted」、拒絶「Rejected」など。

		明細書の方式関連[2]
☐		左、上：4 cm、右、下：3 cm 以上の余白が確保されているか
☐		現地代理人が1ページ目に様式2の定型文、発明のタイトルなどを挿入できるように1ページ目は空ページか
☐		発明の説明は2ページ目から記載されているか
☐	全文	1ページ目から連続したページ番号がページの下部中央に記載されているか
☐		2ページ目から5行ごとに行番号が記載されているか
☐		文章が両端そろえになっているか
☐		明細書の最後（クレームの前ページ）に余分な空白部分があれば取消し線を入れているか
☐		「We Claim：」で始まっているか
☐	クレーム	従属クレームの引用句として「...as claimed in claim...」を使用しているか
☐		構成要素に参照符号（丸括弧付）が付されているか
☐		発明の名称の記載があるか
☐		構成要素に参照符号（丸括弧付）が付されているか
☐	要約書	150語（word）以内か
☐		選択図の記載はあるか （例えば Most Illustrative Drawing: FIG. 1）
☐		1から連続したページ番号があるか
☐	図面	各ページの （ⅰ）左側上端部に出願人の名称 （ⅱ）右側上端部に図面の用紙数及び各用紙の連続番号 （ⅲ）右側下端部に出願人又はその代理人の氏名を明記し、　　　出願人又は代理人が署名をする。

2　現地代理人が対応できる項目も含まれているが、日本側でも対応が可能であり、少なくともこのような規定があることを知っておくとよい。

2）国内段階出願（優先日から31か月以内に移行）

チェック（追完）	必要書類及び情報
書類関連	
必須 ☐	出願用明細書、クレーム、要約書、及び図面〈国際出願が日本語の場合、逐語訳（英訳）〉
必須 ☐	出願用明細書の英訳に係る翻訳者宣誓書の原本※原本を現地代理人に郵送する。
☐	発明者及び出願人の氏名、住所の英語表記（WIPOにて公開されている情報で国内移行する場合は不要）
必須 ☐（☐）	関連外国出願（基礎出願、国際出願）の情報（出願国、出願日、出願番号、出願のステータス、公開日、登録日）
必須 ☐（☐）	個別又は包括委任状の原本※原本を現地代理人に郵送する。※公証は不要
必須 ☐（☐）	発明者署名済みの出願権の証拠の原本〈願書（様式1）、譲渡証書など。〉※管理官から要求があった場合にすぐ提出できるよう、原本を現地代理人に郵送する。※公証は不要
必須 ☐	出願と同時に審査請求するか否か
必須 ☐	PCT19条又はPCT34条補正の内容で国内移行する場合：IPRP（PCT/IPEA/409）及びその英訳（付属書類含む。）
必須 ☐（☐）	優先権がある場合：PCT/IB/304の写し、基礎出願全件の優先権書類又はDASアクセスコード※優先権書類は現地代理人に郵送する。
☐（☐）	優先権書類の英訳〈願書、明細書、クレーム、要約書、図面、手続補正書（名義変更など）の逐語訳〉
☐（☐）	優先権書類の英訳に係る翻訳者宣誓書の原本※原本を現地代理人に郵送する。

		明細書の方式関連[3]
☐	発明の名称	国際公開公報と同じか、若しくは翻訳の範囲内か
☐	全文	左、上：４cm、右、下：３cm 以上の余白が確保されているか
☐		現地代理人が１ページ目に様式２の定型文、発明のタイトルなどを挿入できるように１ページ目は空ページか
☐		発明の説明は２ページ目から記載されているか
☐		１ページ目から連続したページ番号がページの下部中央に記載されているか
☐		２ページ目から５行ごとに行番号が記載されているか
☐		文章が両端そろえになっているか
☐		明細書の最後（クレームの前ページ）に余分な空白部分があれば取消し線を入れているか
☐	クレーム	「We Claim：」で始まっているか
☐		従属クレームの引用句として「...as claimed in claim...」を使用しているか
☐	要約書	発明の名称の記載があるか
☐		国際公開公報と同じか、若しくは国際公開公報の英語の翻訳の範囲内か
☐		選択図が張り付けられているか
☐	図面	１から連続したページ番号があるか
☐		各ページの （ⅰ）左側上端部に出願人の名称 （ⅱ）右側上端部に図面の用紙数及び各用紙の連続番号 （ⅲ）右側下端部に出願人又はその代理人の氏名を明記し、出願人又は代理人が署名をする。

3　前掲注２参照

付録3

手数料一覧

（単位：インドルピー）

番号	内容	自然人、スタートアップ、小規模団体or教育機関	その他の法人
1	特許出願の基本手数料 （仮明細書／完全明細書）	1600	8000
	（ⅰ）明細書30ページ超 　1ページ当たりの加算料	160	800
	（ⅱ）10クレーム超 　1項当たりの加算料	320	1600
2	仮出願後の完全明細書提出の基本手数料	なし	なし
	（ⅰ）明細書30ページ超 　1ページ当たりの加算料	160	800
	（ⅱ）10クレーム超 　1項当たりの加算料	320	1600
3	期間延長（1か月当たり） （ⅰ）発明者の宣言書の提出期限及び特許更新料の納付期限	480	2400
	（ⅱ）拒絶理由解消期間※通常の審査請求	1000	4000
	（ⅲ）拒絶理由解消期間 ※早期審査請求	2000	10000
4	付与前異議申立て	なし	なし
5	付与後異議申立て	2400	12000
6	出願の公開請求	2500	12500
7	審査請求		
	（ⅰ）通常の出願	4000	20000
	（ⅱ）国内段階出願	5600	28000
8	早期審査請求	8000	60000
9	明細書の補正		
	（ⅰ）特許権付与前	800	4000
	（ⅱ）特許権付与後	1600	8000

10	更新手数料（各年につき）		
	3～6年度	800	4000
	7～10年度	2400	12000
	11～15年度	4800	24000
	16～20年度	8000	40000
11	失効特許の回復申請	2400	12000
12	回復に係る追加更新手数料	4800	24000
13	管理官による再検討	1600	8000

※金額は e-filing の場合です。physical filing の場合はこれより約10%高くなります。

資料1

インド特許法英日対照表（抜粋）

The Patents Act, 1970	1970年特許法（2021年審判改革法）
Section 2 Definitions and interpretation (1) In this Act, unless the context otherwise requires, — ···省略··· (ja) "inventive step" means a feature of an invention that involves technical advance as compared to the existing knowledge or having economic significance or both and that makes the invention not obvious to a person skilled in the art; ···省略···	2条 定義及び解釈 (1) 本法においては、文脈上他の意味を有する場合を除き、 ···省略··· (ja)「進歩性」とは、現存の知識と比較して技術的前進を含み、若しくは経済的意義を有するか、又は両者を有し、当該発明を当該技術の当業者にとって非自明とする発明の特徴をいう。 ···省略···
Section 3 What are not inventions The following are not inventions within the meaning of this Act,— (a) an invention which is frivolous or which claims anything obviously contrary to well established natural laws; (b) an invention the primary or intended use or commercial exploitation of which could be contrary to public order or morality or which causes serious prejudice to human, animal or plant life or health or to the environment;	3条 発明ではないもの 以下のものは、本法の意味における発明ではない。 (a) 取るに足らない、又は確立された自然法則に明らかに反することをクレームする発明、 (b) 主たる若しくは意図された用途又は商業的実施が、公序良俗に反し、又は人、動物若しくは植物の生命若しくは健康又は環境に、深刻な害悪を生じさせる発明、

(c) the mere discovery of a scientific principle or the formulation of an abstract theory or discovery of any living thing or non-living substance occurring in nature;

(d) the mere discovery of a new form of a known substance which does not result in the enhancement of the known efficacy of that substance or the mere discovery of any new property or new use for a known substance or of the mere use of a known process, machine or apparatus unless such known process results in a new product or employs at least one new reactant.

Explanation.—For the purposes of this clause, salts, esters, ethers, polymorphs, metabolites, pure form, particle size, isomers, mixtures of isomers, complexes, combinations and other derivatives of known substance shall be considered to be the same substance, unless they differ significantly in properties with regard to efficacy;

(e) a substance obtained by a mere admixture resulting only in the aggregation of the properties of the components thereof or a process for producing such substance;

(c) 科学原理の単なる発見、又は抽象理論の形成、又は生物若しくは自然に発生する非生物物質の発見、

(d) 既知の物質の新しい形態の単なる発見であって、当該物質の既知の効能の増進にはならないもの、又は既知の物質の新規の特性若しくは新規の用途、又は既知の方法、機械若しくは装置の単なる用途の単なる発見(当該既知の方法が新規の製品を作り出し、又は少なくとも1つの新規の反応物を使用する場合は、この限りでない。)、

説明—本号の目的のために、既知の物質の塩、エステル、エーテル、多形体、代謝物質、純形態、粒径、異性体、異性体混合物、錯体、配合物、及び他の誘導体は、同じ物質とみなされるものとする。ただし、それらが効能に関して特性上実質的に異なる場合は、この限りでない。

(e) 物質の諸成分の諸特性の寄せ集めという結果となるにすぎない、単なる混合により得られる物質又は当該物質を製造する方法、

(f) the mere arrangement or re-arrangement or duplication of known devices each functioning independently of one another in a known way;

(g) (omitted)

(h) a method of agriculture or horticulture;

(i) any process for the medicinal, surgical, curative, prophylactic diagnostic, therapeutic or other treatment of human beings or any process for a similar treatment of animals to render them free of disease or to increase their economic value or that of their products.

(j) plants and animals in whole or any part thereof other than microorganisms but including seeds, varieties and species and essentially biological processes for production or propagation of plants and animals;

(k) a mathematical or business method or a computer programme per se or algorithms;

(l) a literary, dramatic, musical or artistic work or any other aesthetic creation whatsoever including cinematographic works and television productions;

(m) a mere scheme or rule or method of performing mental act

(f) 既知の方法により相互に独立して機能する既知の諸装置の単なる配置、再配置又は複製、

(g) 【削除】

(h) 農業又は園芸の方法、

(i) 内科的、外科的、治癒的、予防的、診断的、療法的若しくはその他の人間の処置方法、又は動物の病気を治し、又はそれらの経済的価値若しくはそれらの産物の経済的価値を増大させる動物の類似の処置方法、

(j) 微生物以外の植物及び動物の全部又は一部（これには、種子、変種及び種並びに植物及び動物の生産及び繁殖のための本質的に生物学的な方法を含む。）、

(k) 数学的若しくはビジネスの方法又はコンピュータプログラムそれ自体若しくはアルゴリズム、

(l) 文学、演劇、音楽若しくは芸術作品又はその他の審美的創作物（映画作品及びテレビ作品を含む。）、

(m) 精神的活動を行うための単なる計画、規則若しくは方法、又は

or method of playing game;	ゲームをする方法、
(n) a presentation of information;	(n) 情報の提示、
(o) topography of integrated circuits;	(o) 集積回路の配置図、
(p) an invention which in effect, is traditional knowledge or which is an aggregation or duplication of known properties of traditionally known component or components.	(p) 事実上、伝統的知識であり、又は古来から知られた1つ若しくは複数の構成要素の既知の特性の寄せ集め若しくは複製である発明。
Section 8 **Information and undertaking regarding foreign applications**	**8条** **外国出願に関する情報及び誓約書**
(1) Where an applicant for a patent under this Act is prosecuting either alone or jointly with any other person an application for a patent in any country outside India in respect of the same or substantially the same invention, or where to his knowledge such an application is being prosecuted by some person through whom he claims or by some person deriving title from him, he shall file along with his application or subsequently within the prescribed period as the Controller may allow—	(1) 本法に基づく特許出願人がインド以外の国において、同一若しくは実質的に同一の発明について単独で若しくは他者と共同で特許出願を行っている場合、又は自己の知る限り、当該出願が、何人かを通じて若しくは出願人から権原を取得した者により行われている場合、当該出願人は、出願とともに、又はその後管理官が許可する所定の期間内に、以下のものを提出しなければならない。
(a) a statement setting out detailed particulars of such application; and	(a) 当該出願の詳細な事項を記載した陳述書、及び、
(b) an undertaking that, up to the date of grant of patent in India, he would keep the Controller in-	(b) 前号にいう陳述書の提出に引き続いて、所定の期間内に、インド以外の国で提出した同一又は実

formed in writing, from time to time, of detailed particulars as required under clause (a) in respect of every other application relating to the same or substantially the same invention, if any, filed in any country outside India subsequently to the filing of the statement referred to in the aforesaid clause, within the prescribed time.	質的に同一の発明（もしあれば）に係る他の各出願について、(a)号に基づいて必要とされる詳細な事項を、管理官に書面でインドにおける特許付与日まで随時通知し続ける旨の誓約書。
(2) At any time after an application for patent is filed in India and till the grant of a patent or refusal to grant of a patent made thereon, the Controller may also require the applicant to furnish details, as may be prescribed, relating to the processing of the application in a country outside India, and in that event the applicant shall furnish to the Controller information available to him within such period as may be prescribed.	(2) インドでの特許出願後、それについての特許付与又は特許付与拒絶まではいつでも、管理官は、インド以外の国における出願の処理に関する所定の明細の提出を出願人に要求することもでき、その場合、出願人は、自己に入手可能な情報を所定の期間内に管理官に提出しなければならない。
Section 16 **Power of Controller to make orders respecting division of application**	**16条** **出願の分割に関する命令を発する管理官の権限**
(1) A person who has made an application for a patent under this Act may, at any time before the grant of the patent, if he so desires, or with a view to remedy the objection raised by the Controller on	(1) 本法に基づいて特許出願を行った者は、特許付与前にいつでも、もしその者が望むのであれば、又は完全明細書のクレームが2つ以上の発明に係るものであるとの理由により管理官が提起した異論を

the ground that the claims of the complete specification relate to more than one invention, file a further application in respect of an invention disclosed in the provisional or complete specification already filed in respect of the first mentioned application.

(2) The further application under sub-section (1) shall be accompanied by a complete specification, but such complete specification shall not include any matter not in substance disclosed in the complete specification filed in pursuance of the first mentioned application.

(3) The Controller may require such amendment of the complete specification filed in pursuance of either the original or the further application as may be necessary to ensure that neither of the said complete specifications includes a claim for any matter claimed in the other.

Explanation.—For the purposes of this Act, the further application and the complete specification accompanying it shall be deemed to have been filed on the date on which the first mentioned application had been filed, and the further

除くために、最初に述べた出願について既に提出済みの仮明細書又は完全明細書に開示された発明について、新たな出願をすることができる。

(2) (1)に基づく更なる出願は、完全明細書が添付されなければならない。ただし、当該完全明細書には、最初に述べた出願について提出された完全明細書に実質的に開示されていないいかなる事項も含めてはならない。

(3) 管理官は、前記完全明細書のいずれも、他方にクレームされている事項のクレームを含めないことを保障するために必要なものとして、原出願又は更なる出願のいずれかについて提出された完全明細書の補正を要求することができる。

説明―本法の目的のために、更なる出願及びそれに添付された完全明細書は、最初に述べた出願が提出された日に提出されたものとみなされ、また、更なる出願は、実質的な出願として取り扱われ、所定の期間内に審査請求が提出され

application shall be proceeded with as a substantive application and be examined when the request for examination is filed within the prescribed period.	たときに審査される。
Section 39 **Residents not to apply for patents outside India without prior permission** (1) No person resident in India shall, except under the authority of a written permit sought in the manner prescribed and granted by or on behalf of the Controller, make or cause to be made any application outside India for the grant of a patent for an invention unless— (a) an application for a patent for the same invention has been made in India, not less than six weeks before the application outside India; and (b) either no direction has been given under sub-section (1) of section 35 in relation to the application in India, or all such directions have been revoked. (2) The Controller shall dispose of every such application within such period as may be prescribed: Provided that if the invention is relevant for defence purpose or atomic energy, the Controller shall	**39条** **居住者が事前許可なしでインド国外へ特許出願することの禁止** (1) インド居住者は、所定の方法により申請し、かつ、管理官により又は管理官の代理として付与された許可書の権限による場合を除き、インド国外へ特許出願をし、又はさせてはならない。ただし、以下の場合はこの限りでない。 (a) 同一発明についての特許出願が、インド国外の出願の6週間以上前にインドで行われていた場合、及び (b) インドにおける出願に関して35条(1)に基づく指示が発せられておらず、又は全ての当該指示が取り消されている場合。 (2) 管理官は、所定の期間内に、各当該申請を処理しなければならない。 ただし、もし当該発明が国防目的又は原子力に関連するときは、管理官は、中央政府の事前の同意な

not grant permit without the prior consent of the Central Government.	しに許可を与えてはならない。
(3) This section shall not apply in relation to an invention for which an application for protection has first been filed in a country outside India by a person resident outside India.	(3) 本条は、保護を求める出願がインド国外の居住者によりインド以外の国において最初に提出された発明に関しては、適用しない。
Section 59 **Supplementary provisions as to amendment of application or specification** (1) No amendment of an application for a patent or a complete specification or any document relating thereto shall be made except by way of disclaimer, correction or explanation, and no amendment thereof shall be allowed, except for the purpose of incorporation of actual fact, and no amendment of a complete specification shall be allowed, the effect of which would be that the specification as amended would claim or describe matter not in substance disclosed or shown in the specification before the amendment, or that any claim of the specification as amended would not fall wholly within the scope of a claim of the specification before the amendment.	**59条** **願書又は明細書の補正についての補則規定** (1) 特許願書若しくは完全明細書又はそれに係る書類の補正は、部分放棄、訂正若しくは釈明の方法を除き、認められず、かつ、それらの補正は、事実の挿入の目的を除き、認められない。また、完全明細書の補正は、その効果として、補正後の明細書が補正前の明細書において実質的に開示していないか、又は示していない事項をクレームし若しくは記載することになるとき、又は補正後の明細書のクレームが補正前の明細書のクレームの範囲内に完全には含まれなくなるときは、認められない。

(2) Where after the date of grant of patent any amendment of the specification or any other documents related thereto is allowed by the Controller or by the High Court, as the case may be,—

(a) the amendment shall for all purposes be deemed to form part of the specification along with other documents related thereto;

(b) the fact that the specification or any other documents related thereto has been amended shall be published as expeditiously as possible; and

(c) the right of the applicant or patentee to make amendment shall not be called in question except on the ground of fraud.

(3) In construing the specification as amended, reference may be made to the specification as originally accepted.

Section 138
Supplementary provisions as to convention applications

(1) Where a convention application is made in accordance with the provisions of this Chapter, the applicant shall furnish, when required by the Controller, in addition to the complete specification, copies of the specifications or cor-

---

（2）特許付与日の後に、管理官又は場合により高等裁判所により当該明細書又はそれに係る他の書類の補正が認められたときは、

（a）当該補正は、全ての目的のために、当該明細書及びそれに係る他の書類の一部を構成するものとみなされ、

（b）当該明細書又はそれに係る他の書類が補正されたという事実は、できる限り速やかに公告され、かつ、

（c）特許出願人又は特許権者の補正の権利は、詐欺を根拠とする場合を除き、疑義を呈されることはないものとする。

（3）補正された明細書の解釈に当たっては、最初に受理された明細書を参照することができる。

138条
条約出願に関する補則規定

（1）本章の規定に従って条約出願をする場合において、出願人は、管理官から要求されたときは、完全明細書に加え、133条にいう条約国の特許庁に対して当該出願人が提出し、若しくは寄託した明細書又はこれに対応する書類であって、

responding documents filed or deposited by the applicant in the patent office of the convention country as referred to in section 133 verified to the satisfaction of the Controller, within the prescribed period from the date of communication by the Controller.

(2) If any such specification or other document is in a foreign language, a translation into English of the specification or document, verified by affidavit or otherwise to the satisfaction of the Controller, shall be furnished when required by the Controller.

管理官の納得するように認証されたものの写しを、管理官による通信の日から所定の期間内に、提出しなければならない。

(2) もし当該明細書又はその他の書類が外国語の場合において、管理官から要求されたときは、当該明細書又はその他の書類の英語による翻訳文であって宣誓供述書又はその他により管理官の納得するように証明されたものを提出しなければならない。

Section 146
Power of Controller to call for information from patentees

(1) The Controller may, at any time during the continuance of the patent, by notice in writing, require a patentee or a licensee, exclusive or otherwise, to furnish to him within two months from the date of such notice or within such further time as the Controller may allow, such information or such periodical statements as to the extent to which the patented invention has been commercially worked in India as may be specified in the notice.

146条
特許権者からの情報を要求する管理官権限

(1) 管理官は、特許の存続期間中はいつでも、書面による告知をもって特許権者又は排他的か若しくは非排他的かにかかわらず、実施権者に対して、当該告知の日から2か月以内又は管理官の許可する付加期間内に、インドにおける特許発明の商業的実施の程度について当該告知書に明示された情報又は定期的陳述書を管理官に提供すべき旨を要求することができる。

(2) Without prejudice to the provisions of sub-section (1), every patentee and every licensee (whether exclusive or otherwise) shall furnish in such manner and form and at such intervals (not being less than six months) as may be prescribed statements as to the extent to which the patented invention has been worked on a commercial scale in India.	(2)（1）の規定を害することなく、各特許権者及び（排他的か若しくは非排他的かにかかわらず）各実施権者は、所定の方法、様式、及び間隔（6か月以上）をもって、インドにおける当該特許発明の商業規模での実施の程度に関する陳述書を提出しなければならない。
(3) The Controller may publish the information received by him under subsection (1) or sub-section (2) in such manner as may be prescribed.	(3) 管理官は、(1)又は(2)に基づいて受領した情報を所定の方法により公開することができる。

その他の条項は右記の二次元バーコードを参照されたい。

資料2

インド特許規則英日対照表（抜粋）

The Patents Rules, 2003	2003年特許規則（2021年改正）
Rule 12 **Statement and undertaking regarding foreign applications** (1) The statement and undertaking required to be filed by an applicant for a patent under sub-section (1) of section 8 shall be made in Form 3.	**規則12条** **外国出願に関する陳述書及び誓約書** (1) ８条(1)に基づいて特許出願人による提出を必要とする陳述書及び誓約書は、様式３により作成しなければならない。
(1A) The period within which the applicant shall file the statement and undertaking under sub-section (1) of section 8 shall be six months from the date of filing the application.	(1A) 出願人が８条(1)に基づいて陳述書及び誓約書を提出する期間は、出願日から６か月とする。
Explanation. - For the purpose of this rule, the period of six months in case of an application corresponding to an international application in which India is designated shall be reckoned from the actual date on which the corresponding application is filed in India.	説明—本規則の目的のために、インドを指定する国際出願に対応する出願の場合の６か月の期間は、当該対応する出願がインドにおいてされた実際の日付から起算する。
(2) The time within which the applicant for a patent shall keep the Controller informed of the details in respect of other applications filed in any country in the undertaking to be given by him under clause (b) of sub-section (1) of section 8 shall be six months from	(2) 特許出願人が、８条(1)(b)に基づいて、その者が提出すべき誓約書において、いずれかの国において行った他の出願に係る詳細について管理官に通知し続けるべき期間は、当該出願日から６か月とする。

the date of such filing.

(3) When so required by the Controller under sub-section (2) of section 8, the applicant shall furnish information relating to objections, if any, in respect of novelty and patentability of the invention and any other particulars as the Controller may require which may include claims of application allowed within six months from the date of such communication by the Controller.

(3) 8条(2)に基づいて管理官によりその旨の命令があるときは、出願人は、発明の新規性及び特許性についての異論（もしあれば）に関する情報、並びに管理官が必要とするその他の明細（容認された出願のクレームを含む。）を、管理官による当該通知の日から6か月以内に提出しなければならない。

Rule 20
International applications designating or designating and electing India

(1) An application corresponding to an international application filed under Patent Cooperation Treaty may be made in Form 1 under sub-section (1A) of section 7.

Explanation.—For the purpose of this rule, "an application corresponding to an international application means an international application as filed under Patent Cooperation Treaty which includes any amendments made by the applicant under Article 19 and communicated to Designated Office under Article 20 or any amendment made under sub-clause (b) of clause (2) of Article 34 of the Treaty:

規則20条
インドを指定する国際出願又はインドを指定し、かつ、選択する国際出願

(1) 特許協力条約に基づく国際出願に対応する出願は、7条(1A)に基づいて様式1によりすることができる。

説明—本規則の目的において、国際出願に対応する出願とは、特許協力条約に基づき提出された国際出願を意味し、条約19条に基づき出願人が行い、条約20条に基づき指定官庁に送達された補正、又は条約34条2項(b)に基づき行った補正を含む。

Provided that the applicant, while filing such application corresponding to an international application designating India, may delete a claim, in accordance with the provisions contained in rule 14.

ただし、出願人は、インドを指定する国際出願に対応する当該出願を提出する際に、規則14条に含まれる規定に従い、クレームを削除することができる。

(2) The Patent Office shall not commence processing of an application filed corresponding to international application designating India before the expiration of the time limit prescribed under sub-rule (4) (i).

(2) 特許庁は、インドを指定する国際出願に対応してされた出願の処理を、(4)(i)に定める期限の満了前に開始してはならない。

(3) An applicant in respect of an international application designating India shall, before the time limit prescribed in sub-rule (4) (i),-

(3) インドを指定する国際出願に係る出願人は、(4)(i)に定める期限前に、

(a) pay the prescribed national fee and other fees to the patent office in the manner prescribed under these rules and under the regulations made under the Treaty;

(a) 本規則、及び条約に基づいて制定された規則に基づく所定の方法で、特許庁に所定の国内手数料及びその他の手数料を納付しなければならず、

(b) and where the international application was either not filed or has not been published in English, file with the patent office, a translation of the application in English, duly verified by the applicant or the person duly authorised by him that the contents thereof are correct and complete.

(b) また、当該国際出願が英語により提出されず公開もされていないときは、出願人又は当該出願人により適法に委任された者がその内容が正確かつ完全である旨を適法に証明した英語による出願の翻訳文を特許庁に提出しなければならない。

(4) (i) The time limit referred to in sub-rule (2) shall be thirty one months from the priority date as referred to in Article 2 (xi);

(4) (i)(2)にいう期限は、条約2条(xi)にいう優先日から31か月とする。

(ii) Notwithstanding anything contained in clause (i), the Patent Office may, on the express request filed in Form 18 along with the fee specified in First Schedule, process or examine the application at any time before thirty one months.

(5) The translation of the international application referred to in sub-rule (3) shall include a translation in English of,—

(i) the description;

(ii) the claims as filed;

(iii) any text matter of the drawings;

(iv) the abstract; and

(v) in case the applicant has not elected India and if the claims have been amended under Article 19, then the amended claims together with any statement filed under the said Article;

(vi) in case the applicant has elected India and any amendments to the description, the claims and text matter of the drawings that are annexed to the international preliminary examination report.

(6) If the applicant fails to file a translation of the amended claims and annexures referred to in sub-rule (5), even after invitation from the appropriate office to do so, within a time limit as may be fixed by that office having regard to the

(ii)（i）のいかなる規定にもかかわらず、特許庁は、別表 1 に規定された手数料とともに様式18により提出された明示の請求により、31か月前のいかなる時点でも当該出願を処理し、又は審査することができる。

(5)（3）にいう国際出願の翻訳文は、以下についての英語による翻訳文を含まなければならない。

(i)　明細書

(ii)　出願時のクレーム

(iii)　図面の語句事項

(iv)　要約

(v)　出願人がインドを選択しなかった場合において、クレームが条約19条に基づいて補正されたときは、補正されたクレーム及び同条に基づいて提出された陳述書があればその陳述書、及び

(vi)　出願人がインドを選択した場合は、国際予備審査報告書に付属する明細書、クレーム、及び図面の語句事項に対する補正があればその補正

(6)　出願人が(5)にいう補正されたクレーム及び付属書類の翻訳文を、所轄庁の要請を受けたにもかかわらず、要件を満たすのに残された期間を考慮して所轄庁が設定する期限内に提出しないときは、当該補正されたクレーム及び付属書類

time left for meeting the requirements, the amended claims and annexures shall be disregarded in the course of further processing the application by the appropriate office.

(7) The applicant in respect of an international application designating India shall when complying with sub-rule (3), preferably use Forms set out in the Second Schedule before the appropriate office as designated office.

は、所轄庁による出願の以後の処理過程においては無視される。

(7) インドを指定する国際出願に係る出願人は、(3)に従うときは、指定官庁としての所轄庁に対して、別表2に規定された様式を使用することが望ましい。

Rule 21
Filing of priority document

(1) Where the applicant in respect of an international application designating India has not complied with the requirements of paragraphs (a), (b) or (b-bis) of rule 17.1 of the regulations under the Patent Cooperation Treaty, and subject to paragraph (d) of the said rule 17.1 of regulations under the Treaty, the applicant shall file the priority document referred to in that rule before the expiration of the time limit referred to in sub-rule (4) of rule 20 in the Patent Office.

(2) Where sub-paragraph (i) or sub-paragraph (ii) of paragraph (e) of rule 51bis.1 of the regulations under the Patent Cooperation Treaty is applicable, an English

規則21条
優先権書類の提出

(1) インドを指定する国際出願に係る出願人が特許協力条約に基づく規則17.1(a)、(b)又は(bの2)の要件を遵守しなかった場合、同規則17.1のパラグラフ(d)の規定に従い、当該出願人は、規則20条(4)にいう期限の満了前に、同条約規則にいう優先権書類を特許庁に提出しなければならない。

(2) 特許協力条約に基づく規則51の2.1(e)のサブパラグラフ(i)又は(ii)が適用される場合は、出願人又は当該出願人により適法に委任された者が適法に証明したその英語

translation thereof duly verified by the applicant or the person duly authorised by him shall be filed within the time limit specified in sub-rule (4) of rule 20.	の翻訳文を規則20条(4)に規定の期限内に提出しなければならない。
(3) Where the applicant does not comply with the requirements of sub-rule (1) or sub-rule (2), the Patent Office shall invite the applicant to file the priority document or the translation thereof, as the case may be, within three months from the date of such invitation, and if the applicant fails to do so, the claim of the applicant for the priority shall be disregarded for the purposes of the Act.	(3) 出願人が(1)又は(2)の要件を遵守しない場合は、特許庁は、優先権書類又は場合によりその翻訳文を、要請の日から3月以内に提出するよう出願人に要請し、出願人がそれに応じないときは、出願人の優先権主張は、法の適用上無視される。
Rule 81 **Amendment of application, specification or any document relating thereto** (1) An application under section 57 for the amendment of an application for a patent or a complete specification or any document related thereto shall be made in Form 13.	**規則81条** **願書、明細書又はそれらに関する書類の補正** (1) 特許願書若しくは完全明細書又はそれらに関する書類の57条に基づく補正申請は、様式13により行わなければならない。
(2) If the application for amendment under sub-rule (1) relates to an application for a patent which has not been granted, the Controller shall determine whether and subject to what conditions, if any, the amendment shall be allowed.	(2) (1)に基づく補正申請が特許付与前の特許出願に係るときは、管理官は、当該補正を許可すべきか否か及びいかなる条件（もしあれば）を付すべきか否かを決定しなければならない。
(3) (a) If the application for	(3) (a)(1)に基づく補正申請が特

amendment under sub-rule（1）is made after grant of patent and the nature of the proposed amendment is substantive, the application shall be published.

（b）Any person interested in opposing the application for amendment shall give a notice of opposition in Form 14 within three months from the date of publication of the application.

（c）The procedure specified in rules 57 to 63 relating to the filing of written statement, reply statement, leaving evidence, hearing and costs shall, so far as may be, apply to the hearing of the opposition under section 57 as they apply to the hearing of an opposition proceeding.

許の付与後に行われ、かつ、提案された補正の内容が本質的であるときは、当該申請は、公告しなければならない。

（b）補正申請に異議を申し立てようとする者は、当該申請の公告の日から3か月以内に、様式14により異議申立書を提出しなければならない。

（c）陳述書及び答弁書の提出、証拠提出、聴聞並びに費用に関する規則57条から63条までに規定の手続は、異議手続についての聴聞に対して適用するのと同様に、57条に基づく異議申立ての聴聞に対しても可能な限り適用する。

Rule 121
Period within which copies of specification etc. are to be filed
The period within which copies of specification or corresponding documents to be filed by the applicant under sub-section（1）of section 138 shall be three months from the date of communication by the Controller.

規則121条
明細書等の写しを提出すべき期間
138条(1)に基づいて出願人が明細書又は対応する書類の写しを提出すべき期間は、管理官による通知の日から3か月とする。

Rule 131
Form and manner in which statements required under section 146（2）to be furnished
（1）The statements shall be fur-

規則131条
146条（2）に基づき提出を求められる陳述書の様式及び提出方法
（1）146条(2)に基づいて各特許権

nished by every patentee and every licensee under sub-section (2) of section 146 in Form 27 which shall be duly verified by the patentee or the licencee or his authorised agent.	者及び各実施権者は、様式27により陳述書を提出しなければならず、当該陳述書は特許権者若しくは実施権者、又はその者により委任された代理人が適法に認証しなければならない。
(2) The statements referred to in sub-rule (1) shall be furnished once in respect of every financial year, starting from the financial year commencing immediately after the financial year in which the patent was granted, and shall be furnished within six months from the expiry of each such financial year.	(2) (1)にいう陳述書は、特許が付与された会計年度の直後に開始する会計年度以降、全ての会計年度に関して 1 回提出されなければならず、当該各会計年度の満了から 6 月以内に提出されなければならない。
(3) The Controller may publish the information received by him under sub-section (1) or sub-section (2) of section 146.	(3) 管理官は、146条(1)又は(2)に基づいて管理官が受領した情報を公開することができる。
Rule 137 **Powers of Controller generally** Any document for the amendment of which no special provision is made in the Act may be amended and any irregularity in procedure which in the opinion of the Controller may be obviated without detriment to the interests of any person, may be corrected if the Controller thinks fit and upon such terms as he may direct.	**規則137条** **管理官の権限一般** 本法において補正についての特別規定がない書類は、補正することができ、また、管理官が何人の権利も害することなく取り除くことができると認める手続上の不備については、管理官が適切と認めるとき、かつ、管理官が指示することがある条件により、これを訂正することができる。
Rule 138 **Power to extend time prescribed** (1) Except for the time prescribed	**規則138条** **所定の期間を延長する権限** (1) 規則20条(4)(i)、規則20条(6)、

in clause (i) of sub-rule (4) of rule 20, sub-rule (6) of rule 20, rule 21, sub-rules (1), (5) and (6) of rule 24B, sub-rules (10) and (11) of rule 24C, sub-rule (4) of rule 55, sub-rule (1A) of rule 80 and sub-rules (1) and (2) of rule 130, the time prescribed by these rules for doing of any act or the taking of any proceeding thereunder may be extended by the Controller for a period of one month, if he thinks it fit to do so and upon such terms as he may direct.	規則21条、規則24B 条(1)、(5)及び(6)、規則24C 条(10)及び(11)、規則55条(4)、規則80条(1A)、規則130条(1)及び(2)に規定がある期間を除き、本規則に基づく何らかの行為をするため又は何らかの手続をとるために本規則に規定される期間は、管理官がそうすることを適切と認めるとき、かつ、管理官が指示することがある条件により、管理官はこれを1か月延長することができる。
(2) Any request for extension of time prescribed by these rules for the doing of any act or the taking of any proceeding thereunder shall be made before the expiry of such time prescribed in these rules.	(2) 本規則に基づく何らかの行為をするため又は何らかの手続をとるために本規則に規定される期間の延長の請求は、所定の期間の満了前に行わなければならない。

その他の条項及び様式は右記の二次元バーコードを参照されたい。

参考文献

- Supriti S Narayanan, Kaveri Mohan "Halsbury's Laws of India 20(2) Intellectual Property-Ⅱ"(2005)LexisNexis
- P. Narayanan "Patent Law"(2006)Eastern Law House
- M. B. Rao、Manjula Guro "Patent Law in India"(2010)Kluwer Law International
- Tamali Sen Gupta "Intellectual Property Law in India"(2011)Kluwer Law International
- Kalyan .C. Kankanala、Arun K. Narasani、Vinita Radhakrishnan " Indian Patent Law and Practice"(2012)Oxford University Press
- Vishun S Warrier "Understanding PATENT LAW"(2015)Lexis Nexis
- "The Patents Act, 1970(39 of 1970)"(2022)Lexis Nexis
- Sharad Vadehra ほか『インド特許法と実務』2011年 経済産業調査会
- Kalyan C. Kankanala ほか『インド特許法とそのプラクティス』2013年 発明推進協会
- 遠藤　誠『インド知的財産法～特許・意匠・商標・著作権法及び各規則の英日対照表付き～』2014年 日本機械輸出組合
- 三森八重子『インド特許法改正と医薬品産業の展望』2015年 医薬経済社
- 孝忠延夫、浅野宜之『インドの憲法―21世紀「国民国家」の将来像』2006年 関西大学出版部
- 尾島　明『逐条解説 TRIPS 協定：WTO 知的財産権協定のコンメンタール』1999年 日本機械輸出組合
- Tina Hart ほか『イギリス知的財産法』2007年 レクシスネクシス・ジャパン
- 田中英夫『英米法総論 上』1980年 東京大学出版会
- 田中英夫『英米法総論 下』1980年 東京大学出版会
- 田中英夫『英米法辞典』1991年 東京大学出版会

索　引

※複数のページ番号を挙げている項目のうち、**ゴシック体**は主要なページを示しています。

※下線の用語は本書には登場しませんが、関連用語として本書中の用語に紐付けています。

〔タ行〕

〔マ行〕

〔ヤ行〕

〔ラ行〕

〔ワ行〕

370

〔アルファベット〕

affidavit → 宣誓供述書

appeal → 不服申立て

capable of industrial application
→ 産業上の利用可能性

CGPDTM（Controller General of Patents, Designs & TradeMarks）
→ 特許意匠商標総局長官

complete specification → 完全明細書

Controller → 管理官

convention application → 条約出願

craftsman → 職人

DAS → デジタル・アクセス・サービス

date of grant → 特許権付与日

date of patent → 特許証の日付

date of recordal → 登録日

divisional application → 分割出願

economic significance → 経済的意義

E-Gateways ……………………… 299

EMR（Exclusive Marketing Rights）
→ 排他的販売権

Examiner → 審査官

fair notice → 公正な告知

false patent marking → 虚偽表示

false representation → 不実表明

false suggestion → 虚偽の示唆

FER（First Examination Report）
→ 最初の審査報告

FFL（Foreign Filing License）
→ 外国出願許可

first inventor → 最初の発明者

hearing → 聴聞

hindsight analysis → 後知恵

IDA（International Depositary Authority）
→ 国際寄託当局

innocent infringement → 無知侵害

InPASS ……………………………… 180

invention → 発明

inventive step → 進歩性

IPAB（Intellectual Property Appellate Board）→ 知的財産審判委員会

IPD（Intellectual Property Division）
→ 知的財産部門

jurisdiction → 管轄（※裁判所）

legal assignment → 法律上の譲渡

main invention → 主発明

MPPP ……………………………………… 4

national phase application
→ 国内段階出願

natural suggestion → 自然な思い付き

NBA（National Biodiversity Authority）
→ 国家生物多様性局

new → 新規性

new invention → 新規発明

ordinary application → 通常の特許出願

patent marking → 特許表示

patent of addition → 追加特許

おわりに

　私がインド特許に興味を持って勉強を始めてから早10年、拙著の初版発行後も度々規則改正が行われ、古いまま放置されていたMPPP（特許庁の実務及び手続マニュアル）も改訂されました。インターネット上のインド特許実務情報も10年前に比べ随分と増え、実務環境が改善されたと思います。

　とはいうものの、お国柄なのか、何か裏事情があるのか分かりませんが、規則やMPPPが改訂されても必ず不明確な部分が残されるのが常です。これがインド特許法の面白いところなのですが、日々の業務をこなす実務家としては大変です。拙著を改訂するに当たり、ベストプラクティスを示してほしいという要望もありました。ただ、絶対的な正解がなく、どうしても最善策を示すことができない事項が幾つかありました。発明の技術分野、予算の規模、リスクの許容範囲、実務家の立場など、個別事情によってベストプラクティスが異なるためです。

　しかし、インド特許法の基本的な考え方や、特許実務指針のヒントを示すことはできたのではないかと思います。賢明な読者であれば、拙著で得た知識と現地代理人の助言を活用し、様々な法的問題に対処することができるものと信じています。

2023年5月

安田　恵

著者紹介

安田 恵(やすだ けい)

2000年　大阪市立大学 理学部物理学科 卒業

2003年　京都大学大学院 理学研究科 物理学専攻修士課程 修了

2006年　弁理士登録

2009年　特定侵害訴訟代理業務付記登録

2009－2011年　日本弁理士会 特許委員会 委員

2013年　インド現地事務所 実務研修

2003年－現在　河野特許事務所・弁理士

　現在、インドを含む国内外の特許・商標登録出願、特許調査、特許等訴訟、無効審判、和解交渉など、特許及び商標に関する知財業務に広く携わる。

〔主な講演活動〕

・2019年　金沢工業大学大学院のセミナーにて「インド特許制度のいま～刻々と変化する法解釈・手続きについて～」をテーマに講師を担当

・2021年、2022年　知財実務情報Lab.のセミナーにて「インド特許実務、その特殊性、対応ポイントおよび審判部廃止などコロナ禍以降の最新動向」をテーマに講師を担当

・2023年　日本弁理士会関西会のセミナーにて「インド特許 拒絶理由通知書の読み方とその対処法」をテーマに講師を担当

〔主な著作〕

・『インド特許実務ハンドブック』2018年 発明推進協会

・「インド特許法の基礎」(「知財ぷりずむ」2013-2017年)

・「インド特許法」(「The Lawyers」2016-2017年)

・「インドにおける特許出願での条約に基づく優先権主張の手続」(「新興国等知財情報データバンク」2020年、2022年改訂)

・「インドにおける特許早期権利化(早期審査請求)」(「新興国等知財情報データバンク」2022年)

・「インド特許の分割出願における実務上の留意点」(「知財管理」2022年 72巻 9号)

著者紹介

バパット・ヴィニット（Dr. Vinit BAPAT）

1982年　プネ大学（インド）卒業

1984年　プネ大学（インド）修士課程 修了

1991年　東京大学 博士課程 修了

2004－2011年　金沢工業大学大学院 客員教授（「米国特許実務特論」担当）

2010年　株式会社サンガム IP 設立、インド特許弁理士登録

2011－2014年　金沢工業大学大学院 客員教授（「米国特許特論」担当）

2015年－現在　金沢工業大学大学院 客員教授（「インド特許特論」担当）

2017年　知的財産翻訳検定試験 1 級 合格

　1986年に日本文部省留学生として来日し、1992年から2010年まで日本国内の特許事務所で勤務。現在、複数の日本企業及び特許事務所の顧問を務める。

〔主な講演活動〕

・2017年－現在　日本弁理士会のeラーニングにて「特許、意匠、商標講座」を担当

・2017年－現在　日本知的財産協会の研修にて「インド特許制度（コース F6、WA1、WA21）」を担当

〔主な著作〕

・『インド特許実務ハンドブック』2018年 発明推進協会

・「知財論談 バパット・ヴィニット」（「発明」2010年 107巻 11号）

・「インドの関連外国出願に関する情報提供義務について」（「発明」2011年 108巻 9号）

・「近年におけるインド特許規則改正－実務への影響と考察－」（「A.I.P.P.I.」2016年 61号）

・「インドの特許代理人と特許代理人制度」（「パテント」2015年 68巻 8号）

・「［インド］登録商標の使用が詐称通用にあたるとして差し止めが認められたケース」（「知財管理」2016年 66巻 10号）

・「インドにおける産業財産権利化費用」（「新興国等知財情報データバンク」2019年）

・「インドにおける知的財産審判委員会（IPAB）の廃止－その後－」（「新興国等知財情報データバンク」2021年）

デザイナー紹介

大樹 七海（おおき ななみ）※雅号

2001－2005年　理化学研究所・創薬研究開発業務従事

2005－2009年　産業技術総合研究所・国際戦略業務従事

2010年　金沢工業大学大学院 修士課程 修了

2011年－現在　産業科学技術・知財分野における調査執筆活動

2021年　弁理士登録

2022年－現在　日本知財標準事務所勤務

　現在、「弁理士、科学＆知財クリエイター」として知的財産権取得支援や知財教育、デザイン支援・科学技術史の執筆などを行っている。

〔主な講演活動〕

・2018年　『新常識！経営企画・事業企画のためのビジネスツールとしての知的財産入門』
　　　　　金沢工業大学大学院　知財マネジメント講演

・2020年　『弁理士にお任せあれ』KIT プロフェッショナルミーティング講演

・2021年　第21回政刊懇談会本づくり大賞『世界の知的財産権』優秀賞受賞スピーチ

・2022年　第228回知的財産マネジメント研究会 (Smips) 日本知財学会・知財学ゼミナール共催 政策研究大学院大学 科学技術イノベーション政策プログラム講演

〔主な著作〕

・『マンガでわかる規格と標準化』2017年 日本規格協会　※内閣府知財教育選定

・『弁理士にお任せあれ 特許・商標・意匠早道解決』2020年 発明推進協会

・『ストーリー漫画でわかるビジネスツールとしての知的財産』2021年 マスターリンク

・『世界の知的財産権』2021年 経済産業調査会　※同書で政刊懇談会の「第21回本づくり大賞優秀賞」を受賞

・「大樹七海の『規格と標準化』探訪」（「標準化と品質管理」2018-2020年）

・「くらしの中の JIS」（2022年 経済産業省）

・「大樹七海の知財教室」（「建材試験情報」2022年 Vol.58 No.11・12から連載中）

・「世界の著名な特許にみる世紀の発明事業列伝」（「知財ぷりずむ」2023年 2月号より連載中）

装丁・カバーデザイン・イラスト
大樹 七海

インド特許実務ハンドブック第2版

2018（平成30）年11月7日　初 版 発行
2022（令和4 ）年6月30日　初 版 第2刷 発行
2023（令和5 ）年6月27日　第2版 発行

著　者	安田　恵
	Vinit BAPAT
©2023	YASUDA Kei
	Vinit BAPAT
発　行	一般社団法人発明推進協会
発行所	一般社団法人発明推進協会
	所在地　〒105-0001
	東京都港区虎ノ門2-9-14
	電　話　東京　03（3502）5433（編集）
	東京　03（3502）5491（販売）
	ＦＡＸ　東京　03（5512）7567（販売）

乱丁・落丁本はお取り替えいたします。　印刷：株式会社丸井工文社
ISBN978-4-8271-1385-3　C3032　　　　　　　　Printed in Japan

発明推進協会ホームページ：http://www.jiii.or.jp/